재무 실무 Financial Accounting

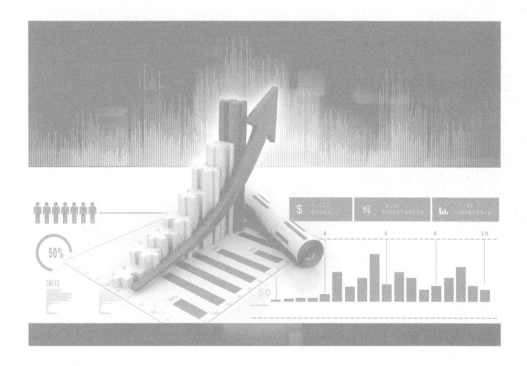

머리말

최근 정부는 국가직무능력표준(NCS)를 개발·도입하여 우리나라에 있는 대부분의 직종을 체계화하고, 교육단계별로 수준에 맞는 실무형 인재를 육성하고 있으며 회계분야도 NCS의 소분류 중 하나로 자리잡고 있습니다. 즉, 국가직무능력표준(NCS, National Competency Standards)은 산업현장에서 직무를 수행하기 위해 요구되는 지식·기술·태도 등의 내용을 국가가 체계화한 것을 말합니다.

자격	필수 능력단위		
종목명	분류번호	능력단위명	수준
세무회계정보관리_L2	0203020101_14v2	전표관리	2
	0203020102_14v2	자금관리	2
	0203020104_14v2	결산관리	4
	0203020105_14v2	회계정보시스템 운용	2
	0203020201_16v3	전표처리	2
	0203020202_16v3	결산관리	2
	0202010107_13v1	업무지원	2

이러한 시대적 요구에 부응하여 실무 중심의 교육·훈련과정으로 개편되었으며, 산업현장에서 직무를 성공적으로 수행하기 위해 기본적으로 회계에 대한 지식을 갖출 것이 요구되고 있습니다. 특히 회계업무가 전산화되어짐에 따라 전산회계에 대한 실무적응 능력도 동시에 요구되고 있는 실정입니다.

이러한 이유로 대학에서 회계학을 전공하고 있는 학생들은 물론 회계학을 전공하지 않는 학생들조차도 전산회계 자격증을 취득하기 위해 열심히 공부하고 있는 것입니다. 이 책은 회계를 공부하고자 하는 학생들과 실무에 계신 많은 분들에게 조금이나마 도움을 드리고자 그동안 대학교단에서 학생들을 대상으로 강의하고 연구한 내용을 정리하였습니다.

보통 회계를 말할 때 단순히 돈계산하는 것이라고 이해하고 있는 경우가 많은데, 이는 회계를 기업경영의 전체적인 차원에서 이해하지 못하고 기능을 중심으로 한 부분적인 관점에서 잘못 이해하고 있기 때문입니다. 이러한 점을 감안하여 이 책에서는 회계를 단순히 기능적인 측면에서가 아니라 기업전체의 시스템적인 관점에서 파악할 수 있도록 거래의 인식에서 부터 재무제표의 작성·회계순환과정에 이르기까지의 회계 흐름을 체계적으로 살펴보고, 이를 전산회계 프로그램을 이용한 실습예재를 통하여 연습함으로써 실무 및 시험에 충실히 활용할 수 있도록 하였습니다.

이 책은 기출문제를 중심으로 크게 전산회계 2급 실습 부분과 전산회계 2급 이론 부분으로 이루어져 있습니다. 먼저, 전산회계 2급 실습 시험에 대비하기 위해서 프로그램 매뉴얼 설명과 더불어 실제 하나의 회사를 설립하고 거래를 처리함으로써 재무제표를 작성하는 회계처리의 전 과정을 다루고 있습니다. 또한 해당 장마다 전산회계 2급 실습 기출문제를 심층적으로 분석하고 풀이과정을 제시함으로써 자격시험 실습시험에 대비할 수 있도록 하였습니다.

그리고 전산회계 2급 이론 시험에 대비하기 위해서 해당 장마다 전산회계 2급 이론 기출문제를 내용별로 분류 정리하였습니다. 또한 전산회계 2급 이론 기출 문제 풀이와 더불어 회계학 이론을 핵심 내용만 요약하여 체계적으로 정리하였습니다.

책을 출간하기에 앞서 많은 부족함을 느끼지만, 회계학을 공부하고 전산회계 자격증 시험을 준비하는 여러 학생들과 실무자분들께 한 권의 좋은 지침서가 되기를 바랍니다. 또한 여러분들이 이 책을 통해 회계학과 좀더 친숙해 지는 계기가 되기를 소망합니다.

혹, 본 교재를 강의 교재로 채택하여 쓰시는 경우에는 출판사 혹은 저에게 연락주시면 강의에 필요한 자료를 보내드리도록 하겠습니다. 또한 공부하는 중에 문의가 있거나 실습 데이터가 필요하신 경우 메일을 주시면 친절히 답해 드리겠습니다.

늘 새벽제단에서 기도해주시고, 격려해 주시는 부모님과 가족들에게 감사의 말씀을 전하며, 이 책의 출간에 협조해 주신 한올출판사 임순재 대표님과 최혜숙 실장님께 감사의 말씀을 드립니다. 그리고 지혜와 빛으로 나를 인도해주시는 하나님께 진심으로 감사를 드립니다.

2018. 3
대구한의대학교 통상경제학부 교수
오은해(oeh89@nate.com)

차 례

computer accounting•computer accounting•computer accounting

'💲' Chapter 1_ 프로그램 설치 및 시작하기 / 1

'💲' Chapter 2_ 기초정보등록 / 9

'💲' Chapter 3_ 전기분 재무제표 등 / 47

"🌐 Chapter 4_ 일반전표 입력 / 93

"🌐 Chapter 5_ 결산 및 재무제표 / 229

Chapter 6_ 장부관리 / 267

전산회계2급 기출문제 / 293

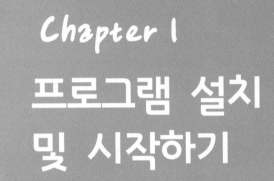

Chapter 1

프로그램 설치
및 시작하기

제1장
프로그램 설치 및 시작하기

1. 프로그램 다운로드 및 설치하기

KcLep(케이렙) 프로그램은 한국세무사회 국가공인자격시험 홈페이지(http://license. kacpta.or.kr)에서 다운로드 가능하다.

다운받은 설치파일을 더블클릭하여 컴퓨터에 설치한다. 설치가 완료되면 바탕화면에 "KcLep 교육용"이라는 아이콘이 생성된다.

이때, 설치파일의 날짜가 현재와 가까울수록 최신파일이다. 따라서 작업시에는 최신 파일로 설치한 후 작업한다.

2. 프로그램 시작하기

전산세무회계 교육용 프로그램 "KcLep(케이렙)"을 실행하면 다음과 같은 사용자 설정화면이 나타난다.

"⬤ 급수선택

실행하고자 하는 급수 [전산회계2급]을 선택한다.

급수에 따라서 시험출제 범위내의 프로그램만이 실행가능하게 된다. [1]

"⬤ 드라이브

작업한 데이터를 저장하고자 하는 드라이브 [C:₩KcLepDB]를 선택한다.

데이터는 보통 [C 드라이브] - [KcLepDB] 폴더 - [KcLep] 폴더 - [회사코드] 폴더 안에 저장된다.

---

[1] 자격시험 급수별로 메뉴모듈의 차이가 있으므로 응시하려는 급수를 선택한다. 상위급수는 하위급수의 메뉴를 포함한다.
- 전산회계2급 - 회계관리 메뉴 일부
- 전산회계1급 - 회계관리+부가가치 모듈의 메뉴 일부
- 전산세무2급 - 회계관리+부가가치+원천징수 모듈의 메뉴 일부
- 전산세무1급 - 회계관리+부가가치+원천징수+법인조정 모듈 등 전 메뉴

기존에 이미 작업이 이루어진 경우에 그 작업할 회사의 코드번호를 선택하는 곳이다.

최초 작업시에는 기존에 작업한 회사가 없기 때문에 선택할 회사가 없다. 따라서 하단의 "회사등록" 버튼을 클릭하여 작업할 회사를 먼저 등록해야 한다.

회사등록 작업을 마친 후에 [Esc]키로 빠져나온 후 "회사코드"란에서 작업한 회사코드를 입력 또는 조회[F2] or 🔍한다.

회사코드를 선택하면 선택된 회사의 회사등록에서 입력한 회사명이 자동 표시된다.

[회사코드]를 선택하면 선택한 회사의 「회계관리」 화면이 실행되며, 「회계관리」는 전표입력, 기초정보등록, 장부관리, 결산및재무제표, 전기분재무제표등, 데이타관리로 구성되어있다.

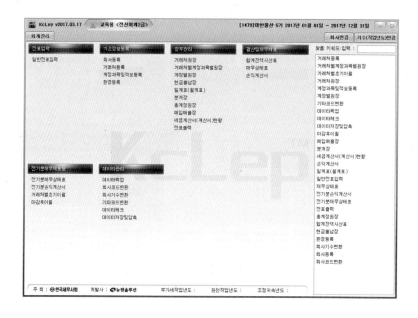

3. 메뉴 실행하기

일반적으로 메뉴실행은 메인메뉴에 나타난 메뉴를 클릭하여 작업할 메뉴를 실행한다. 메뉴를 찾는 방법은 2가지가 있다.

① 키워드로 찾는 방법

메인화면 오른쪽상단의 "찾을 키워드 입력"을 활용한다. "찾을 키워드 입력"란은 특정모듈안에 있는 메뉴를 검색하여 보여준다. 메뉴이름 2글자를 입력하거나 초성2글자를 입력하면 해당모듈안에 있는 메뉴를 검색해 보여준다.

② '퀵서치' 기능으로 찾는 방법

메인화면에 마우스를 놓고 마우스중간의 휠을 누르거나 'Ctrl + Enter↵' 단축키를 입력하면 메인화면 중간에 "퀵서치"라는 메뉴검색창이 뜬다. 키워드 메뉴와 마찬가지로 이름 2글자 또는 초성 2글자를 입력하면 프로그램 안에 있는 모든 메뉴를 검색해서 보여준다.

메뉴코드도움창이 뜨면 방향키로 원하는 메뉴를 선택하고 Enter↵ 하면 해당메뉴로 이동한다. "찾을 키워드 입력"은 찾으려는 메뉴가 어느 모듈에 있는지 미리 파악하여야 하지만 '퀵서치'는 모든 모듈의 메뉴가 검색되므로 사용하기 편한 방법을 선택하면 된다.

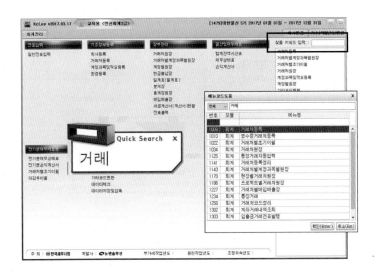

4. 백데이터 설치해서 회사코드 불러오기

① 작업한 파일은 "[C 드라이브] - [KcLepDB] 폴더 - [KcLep] 폴더" 안에 '1479(회사코드)'
폴더로 저장된다. '1479' 폴더는 다음 실습시간을 위해 USB 등의 메모리에 저장해
둔다.[2]

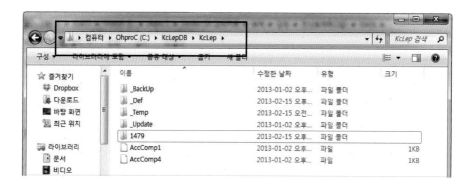

② 저번시간까지 작업한 '1479' 폴더를 "[C 드라이브] - [KcLepDB] 폴더 - [KcLep] 폴더"
안에 붙여넣기 한다.
③ KcLep(케이렙) 프로그램을 실행한 후, '회사등록' 버튼을 클릭한다.
④ '회사등록' 상단 메뉴에서 'F4 회사코드 재생성'을 클릭하면, '1479' 코드의 회사가
'회사등록' 화면에 나타난다.
⑤ 창을 닫고 메인화면으로 돌아온 후 '회사코드'를 클릭하면 '1479'가 보인다. 선
택한 후 프로그램을 실행한다.

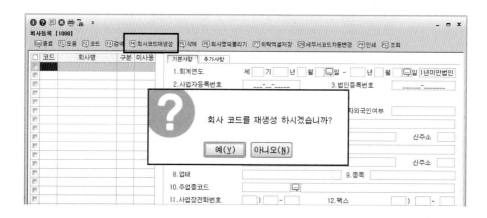

---

2) 기출문제를 설치한 경우, 파일은 "[C 드라이브] - [KcLepExamDB] 폴더 - [KcLep] 폴더" 안에 '회사코드' 폴더로
저장된다.

5. 작업할 회사변경 방법

① KcLep(케이렙) 실행 중 변경 방법

이미 KcLep(케이렙) 프로그램이 실행중이라면 메인화면 상단의 오른쪽에 있는 "회사변경" 버튼을 클릭하여 다른 회사를 선택하여 변경할 수 있다. 이 방법은 '급수선택'은 이미 선택된 급수에서의 회사변경만 가능하다.

우측상단의 회사변경을 누르면 회사코드, 회사명, 사업자번호, 구분, 대표자명이 있는 선택박스가 나타나고 선택할 회사정보가 있는 란에 커서를 위치 시킨후 더블클릭하면 회사가 변경된다.

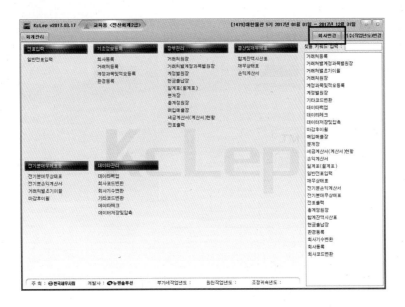

② 프로그램 종료 후 변경 방법

실행 중인 KcLep(케이렙) 프로그램을 완전히 종료한 후 회사코드를 바꿔 다시 실행하면 된다. 이 방법은 '급수선택'을 포함한 모든 사항을 변경하여 사용할 수 있다.

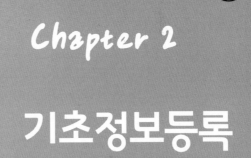

Chapter 2

기초정보등록

제2장

기초정보등록

기초정보등록이란 회계처리를 하고자 하는 회사에 대한 기본적인 등록작업을 말한다.

1. 회사등록

회사등록은 회계처리작업을 하고자 하는 회사를 프로그램상에 등록하는 작업으로 프로그램 운영상 가장 먼저 실행해야 하는 작업이다. 회사등록사항은 사업자등록증의 내용에 의하여 작성된다.

회사등록사항의 내용은 각종 신고서 및 출력물 등 프로그램 전반에 걸쳐 사용되므로 정확히 입력해야 한다. 두개 이상의 회사를 관리할 경우나 사업자정보가 변경이 되어 한 회사코드로 관리 할 수 없는 경우에는 회사를 추가 등록한다.

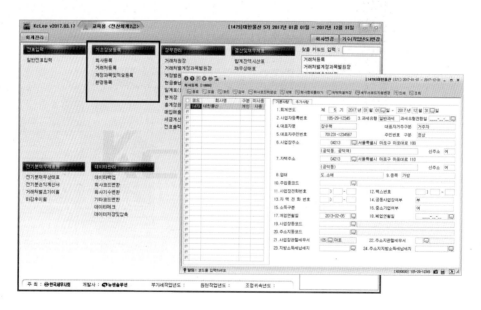

🍃 코드

등록할 회사의 코드를 "0101 ~ 9999"번호 중 사용자가 원하는 숫자 4 자리를 입력한다. 2자리 이하는 입력되지 않으며 3자리는 앞자리수가 0으로 기록된다.

🍃 회사명

사업자등록증에 기재된 상호명을 입력한다. 한글 15자, 영문 30자 이내로 입력한다.

🍃 구분

사업자가 법인인 경우에는 "1:법인"을 선택하고 개인인 경우에는 "2:개인"를 선택한다. 자격시험 전산회계 2급의 회계처리 대상은 개인사업자이고, 전산회계 1급부터 전산세무 1급까지의 회계처리 대상은 법인사업자이다.

🍃 미사용

해당 회사의 사용 여부를 선택한다. 회사코드를 사용하는 경우는 "0:사용", 사용하지 않는 경우는 "1:미사용"을 선택한다. 해당 회사를 더 이상 사용하지 않을 경우 "1:미사용"을 선택하면 프로그램 실행화면에서 조회되지 않게 된다.

🌿 기본사항[3]

1. **회계연도** : 회사의 기수와 회계연도를 입력한다. 기수란 사업개시연도 이후 몇 번째 회계연도인지를 말하는 것으로, 사업개시연도는 제1기가 된다. 기수와 회계연도는 회사등록에 필요한 최소한의 내용이므로 반드시 모두 정확히 입력해야 프로그램이 정상적으로 실행된다.

2. **사업자 등록번호** : 사업자등록증상의 등록번호를 입력한다. 사업자등록번호는 일정한 규칙[4]에 의하여 부여된 번호이므로 잘못된 번호를 입력하면 오류 메시지가 뜨며

---

3) [추가사항] 탭 전체의 내용은 자격시험과 무관하므로 설명을 생략한다.

프로그램에서는 이를 검증하여 빨간색으로 표시하도록 되어 있다.

3. **과세유형** [5] : "1.일반과세, 2.간이과세, 3.면세사업자" 중에서 선택하여 입력한다. 자격시험의 사업자 과세유형은 일반과세자이다.

4. **대표자명·대표자 거주구분** [6] : 사업자등록증상의 대표자명을 입력한다. 대표자 거주구분은 "1.거주자, 2.비거주자" 중에서 선택하여 입력한다.

5. **대표자 주민번호·주민번호 구분** : 대표자의 주민등록번호를 입력한다. 주민번호 구분은 "0.부여오류~10.종중단체" 으로 구분되어 있으며, 입력된 주민등록번호가 정상이면 주민번호 구분은 '1.정상'으로 자동 입력된다.

6. **사업장주소·신주소** : 사업자등록증상의 사업장소재지를 입력한다. 우편번호란에 커서를 두고 코드도움F2 or 말풍선키(🖥)키를 이용하여 우편번호를 입력한다. 검색란에 해당 동네명 2자리를 입력하면 검색이 된다.[7] 신주소 이용여부에 따라 "0.부, 1.여" 중에서 선택하여 입력한다.

7. **자택주소·신주소** : 사업자의 자택 우편번호와 주소를 입력한다. 신주소 이용여부에 따라 "0.부, 1.여" 중에서 선택하여 입력한다.

8. **업태** : 사업자등록증상의 업태를 입력한다. 업태란 어떤 형태의 사업을 하는 회사인가를 나타내는 부분이다.

9. **종목** : 사업자등록증상의 종목을 입력한다. 종목이란 회사가 해당 업태에서 무엇을 제조, 판매하는가 하는 구체적인 취급 품목을 입력하는 부분이다.

---

4) 사업자등록번호의 구성(×××-××-×××××)
　▸ 최초 3자리: 사업등록을 최초로 신고한 세무서 코드
　▸ 가운데 2자리
　　- 개인사업자 : 개인과세사업자(01~79까지), 개인면세사업자(90~99까지)
　　- 법인사업자 : 영리법인의 본점(81, 86, 87), 영리법인의 지점(85), 비영리법인의 본점 및 지점(82)
　▸ 마지막 5자리 : 앞 4자리는 일련번호이고 마지막 1자리는 검증번호이다.

5) 부가가치세의 과세대상인 재화 또는 용역을 공급하는 사업자를 '과세사업자'라고 하며, 부가가치세의 과세대상이 아닌 재화 또는 용역을 공급하는 사업자를 '면세사업자'라 한다. 그리고 과세사업자 중에서 직전 연도의 공급대가의 합계액이 4,800만원에 미달하는 개인사업자를 '간이과세자'라고 한다. 부가가치세에 대한 자세한 설명은 전산회계1급에서 다루기로 한다.

6) '거주자'란 국내에 주소를 두거나 1년 이상 거소를 둔 개인을 말하며, '비거주자'란 거주자가 아닌 자를 말한다.

7) 인터넷이 연결되어 있지 않은 경우라면 화면 하단의 "인터넷이 안되는 경우 이 버튼을 눌러주세요" 버튼을 클릭하여 검색한 후 주소를 입력한다.

10. **주업종코드** : 주업종코드 도움을 이용하여 부가가치세 전자신고에 수록되는 사업장의 주업종코드를 입력한다.

11. **사업장 전화번호** : 사업장 전화번호를 지역번호와 함께 입력한다.

12. **팩스번호** : 사업장의 팩스번호를 입력한다.

13. **자택 전화번호** : 사업자의 자택 전화번호를 입력한다.

14. **공동사업장여부** : "0.부, 1.여" 중에서 선택하여 입력한다.

15. **소득구분** : 대표자의 종합소득세 소득구분을 위해 "30.부동산임대, 32.주택임대, 40.사업소득" 중에서 선택하여 입력한다.

16. **중소기업여부** : "0.부, 1.여" 중에서 선택하여 입력한다.

17. **개업년월일** : 사업자등록증상의 개업 년, 월, 일을 입력한다.

18. **폐업년월일** : 폐업시 폐업 년, 월, 일을 입력한다.

19. **사업장 동코드** : 해당 사업장의 동코드번호를 조회F2 or [🖥]하여 입력한다.

20. **주소지 동코드** : 해당 사업자의 주소지 동코드번호를 조회F2 or [🖥]하여 입력한다.

21. **사업장 관할세무서** : 사업장관할세무서 코드번호를 조회F2 or [🖥]하여 입력한다. 사업장은 사업장이 위치한 주소를 관할하는 세무서의 관리를 받게 된다. 사업장관할세무서는 국세에 관한 사무를 담당하는 행정기관이다.

22. **주소지 관할세무서** : 사업자의 주소지 코드번호를 조회F2 or [🖥]하여 입력한다.

23. **지방소득세 납세지** : 지방소득세 납세지를 입력한다.

24. **주소지 지방소득세 납세지** : 주소지 지방소득세 납세지를 입력한다.

[예제] 회사등록 따라하기!

 "대한물산"은 가방(상품)을 구입하여 판매하는 개인기업체이며, 당기 회계 연도는 제5기
문제 (2018.1.1.~2018.12.31.)이다. 사업자등록증을 보고 회사코드 1479로 등록한다. 이때,
제시된 자료 이외의 내용은 기본값을 적용하거나 생략한다.

사 업 자 등 록 증

(개인사업자용)

등록번호 : 105 – 29 – 12345

---

1. 상   호   명 : 대한물산

2. 대 표 자 명 : 김소연

3. 개 업 년 월 일 : 2014. 2. 5

4. 주민등록번호 : 701231 – 1234567

5. 사업장소재지 : 서울특별시 마포구 마포대로 100

6. 사업자의 주소 : 서울특별시 마포구 마포대로 110

7. 사업의 종류 : [업태] 도.소매 [종목] 가방

8. 교 부 사 유 : 신규

2014년 2월 5일

마 포 세 무 서 장 (인)

▶ 프로그램을 실행한 후 [사용급수] '전산회계2급'을 선택한다.

▶ [드라이브] 'C:₩KcLepDB]'를 선택하고, 하단의 "회사등록" 버튼을 클릭한다.

※ 사업자등록증을 참고하여 [기본사항]만 입력하되, 사업자등록증상에 없는 내용은 생략한다.

▶ [코드]란에 커서를 놓고, "1479"를 입력한다.
▶ [회사명] : "대한물산"을 입력한다.
▶ [구분] : 개인사업자이므로 "2:개인"을 선택한다.
▶ [미사용] : 회사코드를 사용하므로 "0:사용"을 선택한다.

코드	회사명	구분	미사용
1479	대한물산	개인	사용

▶ 회계연도 : 회사의 기수 "5"와 회계연도 "2018 01 01 ~ 2018 12 31"을 입력한다. 이때, 기수는 사업개시연도가 2014년도이므로, 5번째 회계연도에 해당하는 5기이다.

기본사항	추가사항

1. 회계연도   제 5 기 2018 년 01 월 01 일 ~ 2018 년 12 월 31 일
2. 사업자등록번호   105-29-12345   3. 과세유형 일반과세   과세유형전환일 ___-__-__
4. 대표자명   김소연   대표자거주구분 거주자
5. 대표자주민번호   701231-1234567   주민번호 구분 정상

▶ 사업자 등록번호 : 잘못된 번호를 입력하면 오류 메시지가 뜨며 프로그램에서는 이를 검증하여 빨간색으로 표시된다.
▶ 과세유형 : 사업자등록번호를 입력 후 Enter← 하고 지나가거나 "1.일반과세"를 선택하여 입력한다. 자격시험의 사업자 과세유형은 일반과세자이다.
▶ 대표자명 · 대표자 거주구분 : 대표자 거주구분은 "1.거주자"를 선택하여 입력한다. 이때, 대표자 거주구분에서 Enter← 하면 "1.거주자"가 기본으로 입력된다.
▶ 대표자 주민번호 · 주민번호 구분 : 주민번호 구분은 "1.정상"을 선택하여 입력한다. 이때, 입력된 주민등록번호가 정상이면 주민번호 구분은 "1.정상"으로 자동 입력된다.

※ 사업자등록증을 참고하여 [기본사항]만 입력하되, 사업자등록증상에 없는 내용은 생략한다.

▶ 사업장주소 · 신주소 : 사업자등록증상의 사업장소재지를 입력한다. 우편번호란에 커서를 두고 코드도움F2 키 또는 옆에 말풍선키(🖳)를 클릭한다. 해당되는 주소를 선택하고 Enter↵ 하면, 신주소에 "1.여"가 자동 입력된다.

▶ 자택주소 · 신주소 : 사업자의 자택 우편번호와 주소를 선택하여 입력한다.

▶ 업태 · 종목 : 업태 란에 '도.소매', 종목 란에 '가방'을 입력한다.

▶ 개업년월일 : 사업자등록증상의 개업 년, 월, 일 '2013 2 5'를 입력한다.

▶ 사업장관할세무서 : 사업장관할세무서 코드번호를 조회F2 or [🖳]하여 "마포"를 선택한 후 확인한다.

▶ 회사등록 작업을 마친 후에 [Esc]키로 빠져나온 후 "회사코드"란에서 작업한 회사코드 '1479'를 입력 또는 조회F2 or [🖳]한다.

전산회계 2급 출제경향 심층분석

★ 전산회계 시험은 기초정보등록, 일반전표 입력, 결산정리,
장부조회의 각 메뉴에서 다양하게 출제된다. 그러나 회사등록부터
모든 자료를 입력해야 하는 것은 아니니 안심해도 좋다.
즉, 회사등록 및 모든 거래 자료가 이미 입력되어 있다.

그러면 여러분은 무엇을 할 것인가?

시험은 크게 3가지 파트로 구분해 볼 수 있다.

첫째, 이미 등록되어 있는 자료를 확인하고 수정하는 작업을 한다.
주로 기초정보등록에서 수정하는 문제가 많이 출제된다.

둘째, 거래자료를 분개하고 일반전표에 입력하거나, 입력되어있는
자료를 수정하여 입력하는 문제가 출제된다. 일반전표 입력과
결산수정분개가 여기에 포함된다.

셋째, 각종 장부를 조회하는 문제가 출제된다. 이것은 주관식 문제로
조회한 내용을 기록하였다가 답안저장에 입력하면 된다.

기출문제 다운로드 방법

※ 전산회계 문제파일은 'KcLep(케이렙) 프로그램'이 설치되어 있어야만 실행되며, 한국세무사회 국가공인자격시험 홈페이지(http://license.kacpta.or.kr)에서 다운로드 가능하다.[8] 이때, 설치파일의 날짜가 현재와 가까울수록 최신파일이다. 따라서 작업시에는 최신파일로 설치한 후 작업한다.

❶ http://license.kacpta.or.kr에 접속하여 회원가입을 한다.
❷ [기출문제]를 클릭하면, 실시되어진 전산회계 시험문제를 다운로드 받을 수 있다.

❸ 기출문제 파일을 다운로드 받아 바탕화면에 저장한다.

---

8) '프로그램 다운로드 및 설치하기'는 본 교재의 제1장을 참조한다.

❹ 저장한 파일은 '압축풀기'를 한다. 압축풀기를 하면, 문제파일과 실습파일 폴더가 생성된다. '회계2급'이라는 실습파일 폴더를 더블클릭하면 'Tax.exe'라는 설치파일을 확인할 수 있다.

❺ '회계2급'이라는 실습파일 폴더에서 'Tax.exe'를 더블클릭하여 전산회계 기출문제 파일을 설치한다.

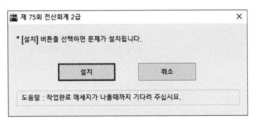

❻ 프로그램이 실행되면, '설치는 이렇게'라는 파일을 오픈하여, 감독관확인번호를 확인한다. 수험번호 '22111111'과 이름, 문제 유형 'A형'에 체크하고(A형 B형 상관 없음), 감독관확인번호 '36'을 입력한 후 로그인 한다.

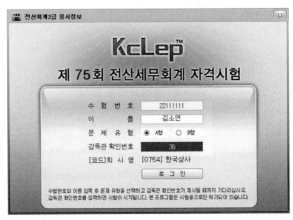

'회사등록' 출제경향

☞ 앞에서도 언급했듯이, 이미 데이터가 모두 들어있는 프로그램을 컴퓨터에 설치한다. [기초정
보등록]의 [회사등록] 메뉴를 오픈하면, 잘못 입력된 부분을 발견할 수 있을 것이다. 시험지에
있는 정확한 사업자등록증을 보고 비교하여, 오류부분을 수정한다.

기출문제 기획 ·

문제1
다음은 명륜컴퓨터의 사업자등록증이다. 회사등록메뉴에 입력된 내용을 검토하여 누락
분은 추가입력하고 잘못된 부분은 정정하시오.(주소입력시 우편번호는 입력하지 않아
도 무방함)(6점)

사 업 자 등 록 증

(개인사업자용)
등록번호 : 607-35-23558

상 호 : 명륜컴퓨터
성 명 : 조 윤 제
개 업 연 월 일 : 2013. 3. 15
생 년 월 일 : 1965년 05월 25일
사업장소재지 : 부산광역시 동래구 온천장로 20
사업의 종류 업태 : 도·소매   종목 : 컴퓨터및주변장치

교 부 사 유 : 신규

사업자 단위 과세 적용사업자 여부 : 여( ) 부(√)
전자세금계산서 전용 전자우편 주소 :

2013년 3월 15일

동래세무서장

답안

▶ 프로그램을 실행 한 뒤, [기초정보등록]-[회사등록]을 오픈한다.

① 사업장소재지 : 부산광역시 동래구 명륜로 30 → 부산광역시 동래구 온천장로 20
② 사업자등록번호 : 607-53-23559 → 607-35-23558
③ 종목 : 전자부품 → 컴퓨터 및 주변장치

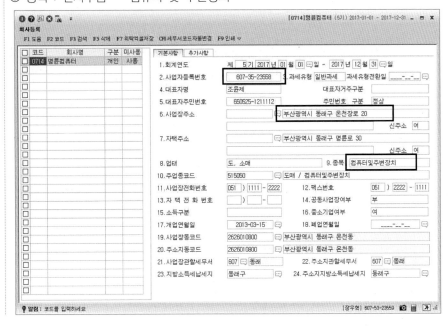

문제1 다음은 한국상사의 사업자등록증이다. 회사등록메뉴에 입력된 내용을 검토하여 누락분은 추가입력하고 잘못된 부분은 정정하시오.(주소 입력 시 우편번호는 입력하지 않아도 무방함)(6점)

사 업 자 등 록 증

(일반과세자)

등록번호 : 124-23-12344

상 호 명 : 한 국 상 사
대 표 자 명 : 신 민 주
개 업 연 월 일 : 2016. 4. 23
사업장소재지 : 경기도 수원시 권선구 구운로 911(구운동)
사업자의 종류 : 업태 도소매   종목 문구
교 부 사 유 : 신규

사업자 단위 과세 적용사업자 여부 : 여 ( ) 부 (√)

전자세금계산서 전용 전자우편 주소 :

2016년 4월 23일

수원세무서장

답안

▶ 프로그램을 실행 한 뒤, [기초정보등록] – [회사등록]을 오픈한다.

① 대표자명 : 김정훈 → 신민주로 수정 입력
② 업태 : 제조 → 도·소매로 수정입력
③ 관할세무서 : '용인' 세무서에서 → '수원' 세무서로 수정한다.

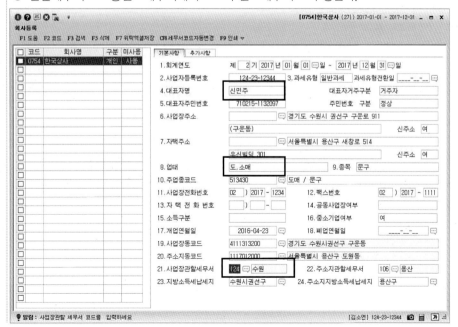

2. 거래처등록 및 수정

(1) 거래처 등록

'거래처등록'은 관리하고자 하는 매출·매입거래처의 기본정보를 등록하는 메뉴이다. 거래처는 '일반거래처와 금융기관, 신용카드'로 구분하여 입력한다. 각탭의 선택방법은 탭을 마우스 클릭하거나 Ctrl 키와 탭의 배열순에 따라 [Ctrl + 1], [Ctrl + 2], [Ctrl + 3]으로 선택한다.

이곳에서 관리하는 거래처에 대해서는 보조원장인 "거래처원장"을 만들 수 있다. 거래처등록은 회사등록과 마찬가지로 거래처의 사업자등록증 사본을 받아 등록하는 것이 가장 정확하지만, 세금계산서나 일반영수증을 보고 입력해도 된다. 참고로 관리가 필요하지 않는 거래처는 일반전표 입력시 거래처란에 상호만을 입력하면 족할 것이다.

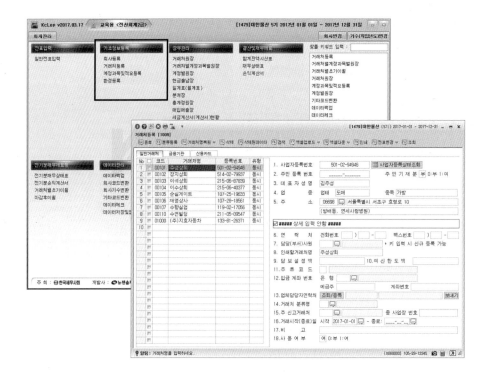

🌿 일반거래처[9)]

- **코드** : "00101~97999" 번호 중 사용자가 원하는 숫자 5자리 까지 입력한다.
- **거래처명** : 한글15자, 영문 30자 이내로 입력한다.
- **유형** : 거래처의 유형 "1.매출 2.매입, 3.동시" 중에서 선택한다.

1. 사업자 등록번호 : 거래처의 사업자등록번호를 입력한다.
2. 주민등록번호 : 거래처 대표자의 주민등록번호를 입력한다. 기업체가 아닌 일반인 (비사업자)의 경우 세금계산서 합계표상 주민등록 기재분 표시를 하는 경우는 주민 번호 입력 후 우측 '주민기재분'에서 '0:부, 1:여' 중에서 '1.여'를 선택한다.
3. 대표자성명 : 거래처의 대표자명을 입력한다.
4. 업종 : 업태 및 종목을 입력한다.
5. 우편번호 : 우편번호를 입력한다.
6. 사업장주소 : 사업장주소를 입력한다.

🌿 금융기관

- **코드** : 98000~99599 범위내에서 코드를 입력한다. 순차적으로 코드번호를 부여하고 자 하는 경우에는 98000번은 '0'을 입력하고 98001번은 '1'을 입력하면 빠르게 입력할 수 있다.
- **거래처명** : 금융기관명을 입력한다.
- **계좌 번호** : 화면 우측에 해당 계좌번호를 입력한다.
- **유형** : "1:보통예금, 2:당좌예금, 3:정기적금, 4:정기예금, 5:기타" 중에서 선택한다.

---

9) 상세입력안함 체크박스를 풀면 하단의 거래처 세부사항을 추가로 등록할 수 있다. 수험목적으로는 거래처의 일반사항만 입력해도 충분하다.

◎ 코드 : 99600~99999 범위내에서 코드를 입력한다. 순차적으로 코드번호를 부여하고자 하는 경우에는 99600번은 '0'을 입력하고 99601번은 '1'을 입력하면 빠르게 입력할 수 있다.

◎ 거래처명 : 신용카드사명을 입력한다.

◎ 가맹점(카드)번호 : 화면 우측에 해당 가맹점번호 또는 카드번호를 입력한다. 매출은 가맹점번호, 매입은 카드번호를 입력한다. 같은 카드사에서 매출도 발생하고 매입도 발생하면 매출카드사와 매입카드사를 따로 분류하여 입력한다.

◎ 유형 : '1:매출, 2:매입' 중에서 선택한다.

(2) 거래처 수정

① 거래처 삭제

등록된 거래처를 삭제하고자 할 때는 해당 거래처에 커서를 놓고 'F5'키를 누른 후, 보조창이 나타나면 '예'를 클릭한다.

② 거래처코드 수정

한번 등록된 거래처의 코드번호는 변경할 수 없다. 실무상 거래처의 코드번호를 변경해야 할 일이 발생하였다면 [데이타관리] - [기타코드변환] - [거래처코드변환] 탭으로 이동하여 수정한다. 이때, 잘못 입력된 거래처를 삭제하고 다시 입력해도 무방하다.

③ 거래처명 수정

기중에 거래처명이 바뀌어 수정을 하거나 등록되어 있는 거래처의 이름 등이 잘못 입력되어 있을 때는 거래처명을 수정해준다. 예를 들어 주성상회 거래처를 등록 후 3월까지 전표입력을 하던 중 주성상회㈜로 그 명칭을 바꿔야 한다면 해당 거래처명을 수정하고 화면상단의 전표변경버튼까지 클릭해주어야 3월까지 입력한 전표에까지 수정된 거래처명이 반영된다. 전표변경 버튼을 클릭하지 않으면 1월부터 3월까지 발생된 전표에서는 주성상회로, 3월 이후부터 발생되는 전표에는 주성상회㈜로 그 거래처가 반영된다.

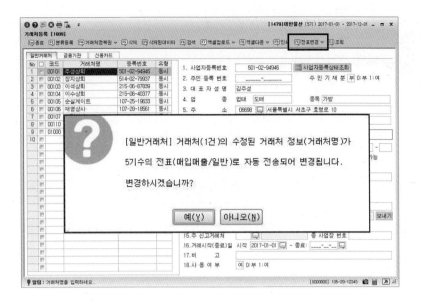

④ 삭제된 데이터 복구 및 완전삭제

삭제된 거래처를 복구하고자 할 경우에는 상단 메뉴에서 "삭제된데이타"를 클릭하면 '삭제된 거래처 관리' 보조창이 나타난다. 복구할 회사를 선택하고 '데이터 복구' 클릭한 후 '예'한다.

삭제된 거래처를 완전히 삭제하고자 하는 경우에는 상단 메뉴에서 "삭제된데이타"를 클릭한 후 '삭제된 거래처 관리' 보조창이 나타나면 완전히 삭제할 회사를 선택하고 '휴지통 비우기'를 선택한 후 '예'한다.

[예제] 거래처등록 따라하기!

문제 "대한물산에 대한 다음 자료를 이용하여 거래처등록을 하시오.

코드	유형	상호명	대표자	사업자등록번호	주소	업태	종목
101	동시	주성상회	김주성	501 - 02 - 94946	서울특별시 서초구 효령로 10	도매	가방
102	동시	장지상회	장지성	514 - 02 - 79937	경기도 남양주시 화도읍 가곡로 100	소매	가방
103	동시	이석상회	이석환	215 - 06 - 87839	서울특별시 강동구 동남로81길 10	제조	가방
104	동시	이수상회	이수안	215 - 06 - 40377	서울특별시 강동구 성내로 11	소매	가방
105	동시	순실게이트	최순실	107 - 25 - 19633	서울특별시 영등포구 영등포로 131	소매	가방
106	동시	재영상사	이재영	107 - 28 - 18561	서울특별시 서초구 서초중앙로 195	제조	가방
107	동시	수향실업	최수향	119 - 02 - 17056	서울특별시 구로구 구로동로 12	제조	가방
110	동시	수연빌딩	여수연	211 - 05 - 09547	서울특별시 동작구 여의대방로 128	부동산	임대
1000	동시	㈜지효자동차	이지효	133 - 81 - 26371	서울특별시 강남구 압구정로 106	제조	자동차
98001	보통예금	중소기업은행			등록사항 생략		
98002	당좌예금	대한은행			등록사항 생략		
98003	정기예금	영남은행			등록사항 생략		
99600	신용카드	국민카드			카드번호(매입) 4564-1110-1234-5678		

※ 거래처의 사업자등록증을 참고하여 입력하되, 제시된 자료에 없는 내용은 생략한다.

⟨일반거래처⟩

▶ 코드 · 거래처명 : 코드 란에 101, 거래처명 란에 '주성상회'를 입력한다. 거래처코드를 잘못 입력한 경우에는 여기서 수정할 수 없으므로, 상단 메뉴에서 '삭제(F5)'를 클릭하여, 삭제한 후 다시 입력한다.

▶ 유형 : "3.동시"를 선택한다.

▶ 사업자등록번호 : 방향키 또는 마우스로 우측으로 이동한 후 '501 02 94946'을 입력한다. 사업자등록번호는 잘못 입력하게 되면, 오류 메시지가 뜨며 프로그램에서는 이를 검증하여 빨간색으로 표시된다.

▶ 대표자 성명 : '김주성'을 입력한다.

▶ 업종 : 업태 란에 '소매', 종목 란에 '가방'을 입력한다.

▶ 사업장주소 : '서울특별시 서초구 효령로 10'을 간략히 입력한다. 우편번호는 생략해도 무방하다.

▶ 입력시 거래처 순서가 틀려도 상관없다. 빠진 거래처는 하단에 추가로 입력하면 코드 순으로 자동 정렬된다.

답안

〈금융기관〉

▶ 98001, 중소기업은행, 1:보통예금

▶ 98002, 대한은행, 2:당좌예금

▶ 98003, 영남은행, 4:정기예금

▶ 계좌 번호 : 계좌 번호가 있는 경우 방향키 또는 마우스로 우측으로 이동한 후 해당 계좌번호를 입력한다. 여기서는 생략한다.

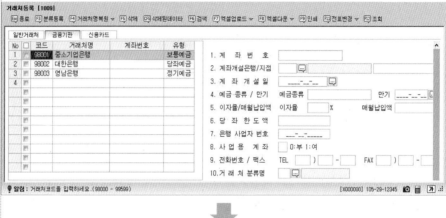

〈신용카드〉

▶ 코드 · 거래처명 : 코드 란에 99600, 거래처명 란에 '국민카드'를 입력한다. 거래처코드를 잘못 입력한 경우에는 여기서 수정할 수 없으므로, 상단 메뉴에서 '삭제(F5)'를 클릭하여, 삭제한 후 다시 입력한다.

▶ 유형 : "2:매입"을 선택한다.

▶ 카드번호(매입) : 4564-1110-1234-5678

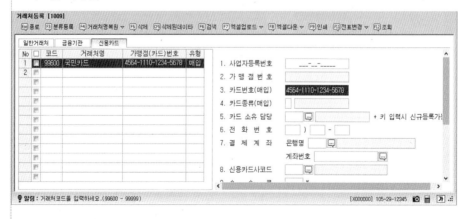

전산회계 2급 출제경향 심층분석

 '거래처등록' 출제경향

☞ '거래처등록' 메뉴에서는 추가로 거래처를 등록하는 문제가 출제된다.
[기초정보등록]의 [거래처등록] 메뉴를 오픈하여, 거래처를 등록한다.

 기출문제 기획 ···

3-2   하하상사는 신규거래처이다. 거래처등록메뉴에 추가 등록하시오. (3점)
      ※ 주소입력시 우편번호는 입력하지 않아도 무방함

> · 거래처코드 : 03330   · 상호 : 하하상사   · 유형 : 동시
> · 사업자등록번호 : 130-42-32555   · 대표자명 : 최하하
> · 업태/종목 : 도소매/컴퓨터 및 주변기기
> · 사업장소재지 : 서울시 영등포구 가마산로 320

 답안

▶ 프로그램을 실행 한 뒤, [기초정보등록] – [거래처등록]을 오픈한다.
▶ 커서를 화면 제일 아래에 두고 시험지에 제시된 자료를 입력한다.

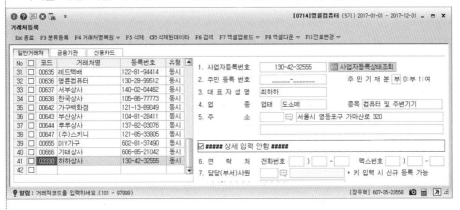

3-1

[1] 신규거래처인 수암의료기㈜와 경동헬스㈜를 거래처등록메뉴에 추가등록 하시오.
(단, 사업장 소재지 입력 시 우편번호 입력은 생략하고 직접 입력할 것)(3점)

수암의료기㈜ (코드:03084)	・대표자명 : 장병희 ・사업자등록번호 : 218-81-19448 ・거래처유형 : 매입 ・사업장소재지 : 충청북도 청주시 서원구 예체로 68 ・업태/종목 : 도소매/의료기기
경동헬스㈜ (코드:05016)	・대표자명 : 이경동 ・사업자등록번호 : 221-81-54306 ・거래처유형 : 매출 ・사업장소재지 : 대전광역시 서구 둔산남로 181 ・업태/종목 : 도소매/의료기기

답안

▶ 프로그램을 실행 한 뒤, [기초정보등록] – [거래처등록]을 오픈한다.
▶ 커서를 화면 제일 아래에 두고 시험지에 제시된 자료를 입력한다.
▶ 수암의료기㈜

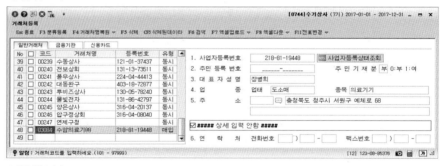

▶ 경동헬스㈜

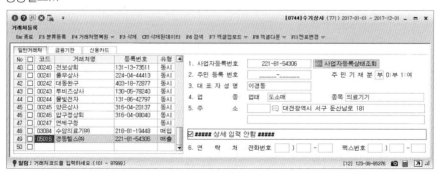

3. 계정과목 및 적요등록

 "계정"이란 거래의 발생과 더불어 나타나는 자산, 부채, 자본의 증감변동과 수익, 비용의 발생내용을 조직적이고 체계적으로 기록하고 계산하기 위한 복식부기 특유의 계산단위를 말한다. 이러한 계정의 명칭을 "계정과목"이라고 하며, 이 계정과목은 종류나 성질이 다른 다양한 거래를 일관된 기준에 의하여 정리할 수 있도록 해주는 계산의 기본단위가 된다.

 본 메뉴는 회사에서 사용할 계정과목을 "계정과목 설정의 원칙"에 따라 설정하고, 전표 입력시 빈번히 사용되는 계정과목과 적요를 미리 등록하여 입력의 편의와 능률향상을 도모하기 위한 메뉴이다. 일반적으로 사용되는 계정과목과 적요가 이미 입력되어 있는 상태이므로 회사 특성에 따라 필요한 계정과목명과 적요의 신규등록 또는 수정작업만 행하면 될 것이다.

 KcLep(케이렙)은 완전한 유동성배열원칙에 따라 자산, 부채, 자본, 수익, 비용 순서를 구성하고 있으며, 화면의 좌측에 [계정체계]를 보여주고 있다. 이 화면은 101부터 1010번까지 계정과목 코드가 어떤 원칙과 순서에 의해 정리되어 있는지를 보여준다. 또한 좌측의 "계정체계"의 항목 중 어느 하나를 선택하면 우측의 화면이 해당 항목부터 표시되는 형태로 바뀐다.

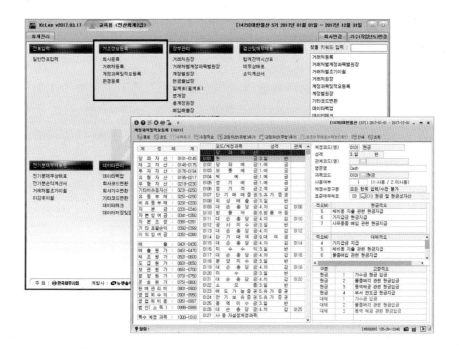

계정을 검색하려면 F2, Ctrl + F 또는 마우스 오른쪽을 클릭하여 [찾기]를 선택한다. 찾기에서 계정명 2글자를 입력하고 Enter↲ 키를 누르면 원가별로 계정이 검색된다. 예를 들어 복리후생비를 검색하면 각 원가별로 제조, 도급, 분양, 보관, 운송, 판매관리비의 6개의 복리후생비가 검색되므로 제조부분인지 판매관리비 부분인지 잘 구분하여 선택한다.

계정코드(명)

본 프로그램에는 기업회계기준에서 예시하는 계정과목 표시가 아니라 기업실무에서 사용하는 관리적 측면의 구체적인 계정명이 등록되어 있다. 그러므로 기업회계기준에서 사용하는 "현금및현금성자산" 또는 "매출채권"이라는 통합계정과목은 등록되어 있지 않다. 이것은 실무에서 매출채권이라는 통합계정을 사용한다면 관리적인 측면에서 문제가 발생하기 때문이다. 따라서 본 프로그램에서는 실제 사용시에는 구체적인 계정과목을 사용하고, 외부보고용 재무상태표(제출용) 작성시에는 기업회계기준에서 예시한 통합계정으로 자동 표시되는 형식을 취하고 있다.

- **신규등록** : 신규로 등록하고자 하는 계정과목의 성질을 파악하고 코드체계를 이용하여 이에 맞는 코드체계 범위를 조회한 다음 해당 번호 내의 "사용자설정계정과목"에 커서를 놓고 화면 오른쪽상단의 계정코드명에 추가할 계정명칭과 성격을 덧씌워 입력하면 된다.
- **수정등록** : 이미 등록 되어 있는 계정과목의 이름을 수정하고자 하는 경우에는 해당 계정과목에 커서를 놓고 화면 오른쪽상단의 계정코드명에 덧씌워 입력하면 된다. 단, 빨간색 계정과목은 프로그램운영상 특수한 성격이 있으므로 수정하지 않는 것이 바람직하다. 부득이하게 수정해야 할 경우에는 위와 같은 방법으로는 변경할 수 없고, 해당 계정과목에 커서를 위치한 다음 키보드의 Ctrl 키를 누른 상태에서 F2 키를 누르면 화면오른쪽의 계정코드명란이 활성화되면서 계정코드명을 수정할 수 있게 된다.

성격

전산으로 재무제표를 자동 작성하기 위해서는 각 계정과목이 갖는 특성을 설정해주어야 할 필요가 있다. 성격은 계정과목의 특성으로 이미 정확히 선택되어 있으므로 변경하지 말고 그대로 사용하면 된다.

관계코드(명)

계정과목 상호간의 관계를 설정하여 전산으로 자동분개를 가능하게 해주는 것이다. 이미 정확히 선택되어 있으므로 변경하지 말고 그대로 사용하면 된다.

영문명

각 계정과목의 영문 명칭을 입력한다. 영문 재무제표를 보고자 할 때 사용한다.

사용여부

"2:미사용"으로 설정된 계정과목은 해당 입력 메뉴 등 프로그램에서 사용할 수 없다.

적요

적요란 거래내역을 간략하게 요약한 일종의 메모이다. 이는 전표 출력시에 해당 분개에 대한 간략한 내용을 제공함으로써 거래의 내용을 자세히 알 수 있게 해주는 역할을 한다. 적요의 등록 및 수정은 전표 입력시에도 작업이 가능하다. 단, 붉은색으로 되어 있는 적요는 삭제가 불가능하다.[10]

- **신규등록** : 적요를 등록할 계정과목을 선택한 다음 화면 우측의 "적요등록사항"의 빈칸에 커서를 위치한 다음 적요의 내용을 입력한다.
- **수정등록** : 이미 등록된 적요를 수정하고자 할 경우에는 변경할 적요에 커서를 위치한 다음 덧씌워 입력하면 된다. 단, 빨간색 적요는 프로그램운영상 특수한 성격이 있으므로 수정할 수 없다.

- **현금적요** : 전표 입력시 전표유형에서 [1:출금] or [2:입금]을 선택하면 하단에 나타나는 적요로서 이미 기본적인 내용이 등록되어 있으며 추가등록 및 수정시에는 해당란에 커서를 위치하고 해당 내용을 입력하면 된다.
- **대체적요** : 전표 입력시 전표유형에서 [3:대체차변] or [4:대체대변]을 선택하면 하단에 나타나는 적요로서 이미 기본적인 내용이 등록되어 있으며 추가등록 및 수정시에는 해당란에 커서를 위치하고 해당 내용을 입력하면 된다.

---

10) 고정적요 : '146.상품'이나 '813.접대비' 등을 선택하면 고정적요가 나타난다. 고정적요는 프로그램운영상 특수한 기능이 있으므로 수정할 수 없다.

[예제] 계정과목 및 적요등록 따라하기!

문제1

판매비와관리비의 복리후생비 계정에 다음 내용의 적요를 등록하시오.

대체적요 3 : 명절선물대금 신용카드 결제

답안

▸ '복리후생비' 계정을 검색하기 위해 상단의 [F2:코드] or [Ctrl F] 찾기에서 계정명
'복리'를 입력하고 Enter⏎ 키를 누르면 원가별로 계정이 검색된다. 검색된 내용 중에
서 판매비와관리비 하위 항목의 '811.복리후생비'를 선택한다.
▸우측 '대체적요'의 세 번째 줄에 커서를 놓고 적요번호에 '3', 내용에 '명절선물대금
신용카드 결제'를 입력한다.

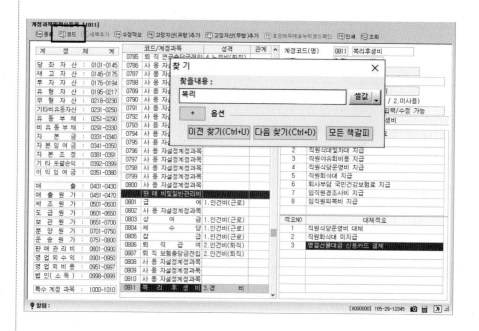

문제2

회사는 판매관리비 항목으로 업무추진비 계정과목을 설정하여 사용하려고 한다. 해당 항목에 아래의 계정과목을 추가 등록한다.

① 코드 : 810	② 계정과목 : 업무추진비	③ 구분 : 3. 경비

답안

▶ 코드란에 커서를 두고 '810'을 치면, 해당 계정과목으로 바로 이동한다.
▶ 우측의 계정코드명에 '업무추진비'를 입력하고 성격에 '3.경비'를 선택한다.

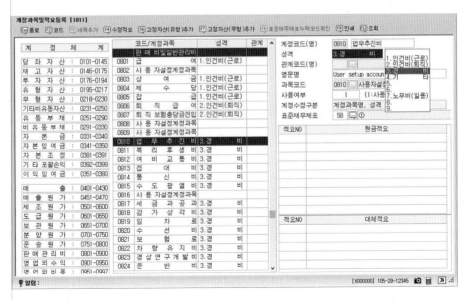

문제3 회사는 영업담당 직원들에게 휴대폰 사용요금의 50%를 지원하기로 하다. 판매비와 관리비의 통신비 계정에 다음 내용의 적요를 등록 하시오.

대체적요 3.	영업담당자 휴대폰 사용요금 지원

답안

문제4 회사는 대한택배사와 1년 계약(배송료 월말 일괄지급)으로 상품을 배송하기로 하다. 다음을 운반비 계정에 적요등록 하시오.

대체적요 4. 택배비 미지급

답안

'계정과목 및 적요등록' 출제경향

☞ '계정과목 및 적요등록' 메뉴에서는 추가로 계정과목을 등록하거나, 해당 계정과목의 적요를
수정하는 문제가 출제된다.

[기초정보등록]의 [계정과목 및 적요등록] 메뉴를 오픈하여, 계정과목을 등록하거나 적요를 수
정한다.

기출문제 기회

3-1

명륜컴퓨터는 임직원들에게 자녀교육비의 50%를 지원하기로 하였다. 판매비와 관리비
의 복리후생비 계정에 다음 내용의 적요를 등록 하시오. (3점)

대체적요 3.	임직원 자녀교육비 보통예금 계좌이체 지급

답안

▶ 프로그램을 실행 한 뒤, [기초정보등록] – [계정과목및적요등록]을 오픈한다.

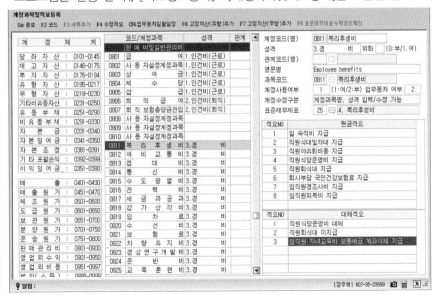

3-2
한국상사는 마트에서 추석명절에 직원들에게 지급할 선물을 현금으로 구입하였다. 계정과목 및 적요등록 메뉴에서 판매비와관리비의 복리후생비 계정에 다음 내용의 적요를 등록하시오.(3점)

현금적요 9 : 추석선물대금지급

답안
▶ 프로그램을 실행 한 뒤, [기초정보등록] - [계정과목및적요등록]을 오픈한다. 계정과목 및 적요등록에서 판매비 및 일반관리비의 복리후생비(811)계정의 현금적요란의 9번에 추석선물대금지급이라고 입력한다.

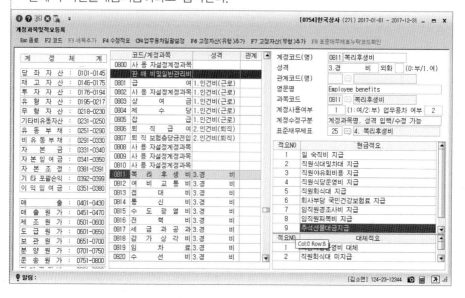

계정과목 이론 기출문제

📓 **계정과목의 이해 : 재무상태표 계정**

1. 다음의 ㉮, ㉯, ㉰, ㉱에 들어갈 내용으로 알맞은 것은?(67회=51회)

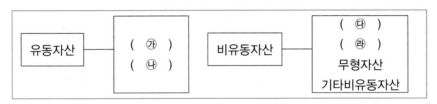

① ㉮ 당좌자산, ㉯ 투자자산
② ㉮ 당좌자산, ㉯ 재고자산
③ ㉰ 재고자산, ㉱ 유형자산
④ ㉰ 재고자산, ㉱ 투자자산

2. 다음의 계정과목 중 당좌자산에 해당되지 않는 것은?(63회)

① 당좌예금　　　② 외상매출금　　　③ 보통예금　　　④ 장기성예금

 **1** ② **2** ④

2. 장기성예금 – 투자자산

* [계정과목및적요등록] 메뉴에서 [Ctrl + F]로 계정과목을 검색한다.

재무상태표 계정	계 정 체 계		코드/계정과목		성격	관계
				당 좌 자 산		
유동자산	당 좌 자 산 :	0101-0145	0101	현　　　　　　금	3.일　　반	
	재 고 자 산 :	0146-0175	0102	당 좌 예 금	1.예　　금	
비유동자산	투 자 자 산 :	0176-0194	0103	보 통 예 금	1.예　　금	
	유 형 자 산 :	0195-0217	0104	제 예 금	1.예　　금	
	무 형 자 산 :	0218-0230	0105	정 기 예 금	1.예　　금	
	기타비유동자산 :	0231-0250	0106	정 기 적 금	2.적　　금	
부채	유 동 부 채 :	0251-0290	0107	단 기 매 매 증 권	5.유 가 증 권	
	비 유 동 부 채 :	0291-0330	0108	외 상 매 출 금	3.일　　반	
자본	자 본 금 :	0331-0340	0109	대 손 충 당 금	4.차　　감	0108
	자 본 잉 여 금 :	0341-0350	0110	받 을 어 음	8.받 을 어 음	
	자 본 조 정 :	0381-0391	0111	대 손 충 당 금	4.차　　감	0110
	기 타 포 괄 손 익 :	0392-0399	0112	공 사 미 수 금	3.일　　반	
	이 익 잉 여 금 :	0351-0380	0113	대 손 충 당 금	4.차　　감	0112

1011] 계정과목및적요등록
Esc종료 F2코드 F3세목추가 F4수정적요 F6고정자산(유형)추가 F7고정자산(무형)추가 F9

3. 다음 중 유동자산 항목으로만 구성된 것은?(75회)

① 매출채권, 건물, 토지, 기계장치 ② 상품, 선급금, 현금, 당좌예금

③ 현금, 받을어음, 미수금, 구축물 ④ 매출채권, 미수이자, 건물, 투자유가증권

4. 다음 자료에서 유동부채 금액은?(71회)

• 단기차입금 : 5,000,000원	• 외상매입금 : 1,000,000원
• 미지급비용 : 500,000원	• 예 수 금 : 2,000,000원

① 8,500,000원 ② 6,000,000원 ③ 6,500,000원 ④ 8,000,000원

5. 다음 중 당좌자산의 종류가 아닌 것은?(69회)

① 선급금 ② 미수수익 ③ 선수수익 ④ 단기매매증권

6. 다음 중 부채계정으로만 짝지어진 것은?(62회)

① 선급금, 선수금 ② 미지급금, 미수금 ③ 선급금, 미수금 ④ 선수금, 미지급금

7. 아래 내용의 (가)에 해당하는 계정과목으로 옳은 것은?(67회)

부채는 1년을 기준으로 유동부채와 (가)로 분류된다.

① 외상매입금 ② 예수금 ③ 퇴직급여충당부채 ④ 선수금

8. 유동부채만으로 짝지어진 것은?(65회)

① 가수금, 받을어음 ② 예수금, 지급어금

③ 선수금, 장기차입금 ④ 미수금, 외상매입금

해답 **3** ② **4** ① **5** ③ **6** ④ **7** ③ **8** ②

3. 상품, 선급금, 현금, 당좌예금은 유동자산이다.
4. 8,500,000원=5,000,000원+1,000,000원+500,000원+2,000,000원
5. 선수수익은 유동부채에 속한다.
6. 선급금, 미수금은 자산계정
7. 부채는 상환기간 1년을 기준으로 유동부채와 비유동부채로 구분한다.
8. 받을어음과 미수금은 자산계정, 장기차입금은 비유동부채이다.

9. 다음 중 영업외비용 계정과목으로만 짝지어진 것은?(75회)

① 재해손실, 잡손실　　　　　　　　② 가지급금, 가수금

③ 대손상각비, 가수금　　　　　　　④ 접대비, 잡손실

10. 다음과 같은 거래내역에 가장 적합한 계정과목을 고르면?(60회)

| • 직원 자녀 학자금 지급 | • 직원 경조사비 지급 |
| • 직원 작업복 지급 | • 직원 회식비 지급 |

① 예수금　　　　　② 복리후생비　　　　　③ 접대비　　　　　④ 가지급금

11. 다음 계정과목 중 영업외비용이 아닌 것은?(55회)

① 기부금　　　　② 이자비용　　　　③ 매출할인　　　　④ 기타의대손상각비

해답 **9** ① **10** ② **11** ③

* [계정과목및적요등록] 메뉴에서 [Ctrl] + F로 계정과목을 검색한다.

10. [보기]는 계정과목의 "적요" 내용을 참고한다.

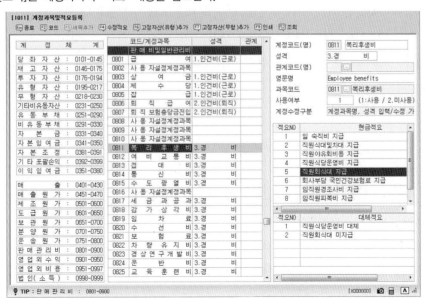

12. 다음 항목과 관련된 계정과목으로 바르게 연결된 것은?(54회)

① 비용 : 급여, 광고선전비, 임대료   ② 자산 : 보통예금, 선수금, 외상매출금
③ 부채 : 단기차입금, 지급어음, 미지급비용 ④ 수익 : 이자수익, 선수수익, 수수료수익

13. 다음 설명에 해당하는 계정과목으로 바르게 짝지어 진 것은?(53회)

> 기업의 영업활동에서 상품 판매에 소요되는 비용과 기업 전체의 관리 및 일반사무와
> 관련하여 발생하는 비용이다.

① 급여, 이자비용   ② 기부금, 통신비
③ 임대료, 광고선전비   ④ 접대비, 감가상각비

14. 다음 중 영업외비용 및 영업외수익에 해당하는 계정과목끼리 올바르게 연결한 것은?(56회)

① 선급비용, 미수수익   ② 이자비용, 선수수익
③ 미지급비용, 이자수익   ④ 이자비용, 이자수익

15. 다음 중 손익계산서 나타나는 계정과목이 아닌 것은?(61회)

① 미수수익   ② 이자수익   ③ 대손상각비   ④ 유형자산처분손실

16. 다음에서 계정과목의 분류로 올바르지 않은 것은?(58회)

① 자산 : 현금, 상품매출, 건물   ② 부채 : 외상매입금, 단기차입금
③ 자본 : 자본금   ④ 비용 : 급여, 보험료, 광고선전비

17. 영업외수익에 해당하는 내용으로 옳은 것은?(64회)

① 택시회사의 택시요금 수입액   ② 가구점의 학생용 책상 판매액
③ 완구점의 곰돌이 인형 판매액   ④ 전자제품 판매상사의 건물 일부 임대 수입액

해답   **12** ③   **13** ④   **14** ④   **15** ①   **16** ①   **17** ④

12. 임대료-수익, 선수금, 선수수익-부채

13. [보기]는 판매비와관리비에 대한 내용이다. 이자비용, 기부금은 영업외 비용, 임대료는 수익.

15. 미수수익은 자산계정으로 재무상태표에 나타난다.

16. 상품매출 - 수익

18. 다음 중 영업외비용과 판매비와관리비로 짝 지어진 것은?(65회)

① 개발비 : 재해손실　　　　　　② 기부금 : 수도광열비
③ 임대료 : 이자비용　　　　　　④ 대손상각비 : 감가상각비

19. 다음 중 영업외비용만으로 묶은 것은?(59회)

㉠ 여비교통비	㉡ 기타의대손상각비	㉢ 기부금
㉣ 접대비	㉤ 퇴직급여	㉥ 개발비

① ㉠, ㉣　　　　② ㉡, ㉢　　　　③ ㉤, ㉥　　　　④ ㉣, ㉥

20. 다음 빈칸 안에 들어 갈 내용으로 알맞은 것은?(66회)

구 분	계 정	재무제표
단기매매증권평가손익	(가)	손익계산서
선수수익	유동부채	(나)

① (가)영업외손익 (나) 손익계산서　　② (가)판매비와관리비 (나)현금흐름표
③ (가)영업외손익 (나) 재무상태표　　④ (가)판매비와관리비 (나)재무상태표

해답　**18** ②　**19** ②　**20** ③

18.　· 판매비와관리비 : 잡비, 임차료, 대손상각비, 감가상각비,　· 무형자산 : 개발비
　　· 영업외비용 : 재해손실, 기부금, 이자비용,　· 영업외수익 : 임대료

19. 영업외비용:㉡,㉢　판매비와 관리비:㉠,㉣,㉤　투자자산:㉥

20. 결산일 현재 공정가치로 평가할 때 장부가액과의 차액은 단기매매증권은 영업외손익(손익계산서 계정), 선수수익은 유동부채(재무상태표 계정)으로 반영한다.

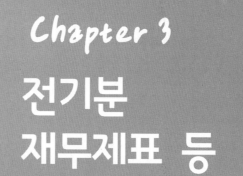

Chapter 3

전기분
재무제표 등

전기분 재무제표 등

전기이월작업은 본 프로그램으로 전기에 결산을 하고 [마감후 이월] 메뉴에서 마감작업을 하면 자동으로 반영되므로 작업할 필요가 없다. 하지만 당기에 프로그램을 처음 구입한 경우에는 전기에 대한 자료가 없기 때문에 전기에 결산이 완료된 전기분 재무상태표와 손익계산서 등을 보고 입력하여 당기에 필요한 전기이월자료를 넘겨받는 것이다. 이 자료에 의하여 '비교식 재무상태표 및 손익계산서'가 작성이 된다.

또한 전기분 재무상태표에 입력된 자료는 전기분 손익계산서의 '기말상품재고액'과 [거래처별 초기이월] 메뉴의 기초자료를 제공하기 때문에, 전기이월작업은 반드시 "전기분 재무상태표 → 전기분 손익계산서"의 순으로 작업해야 한다.

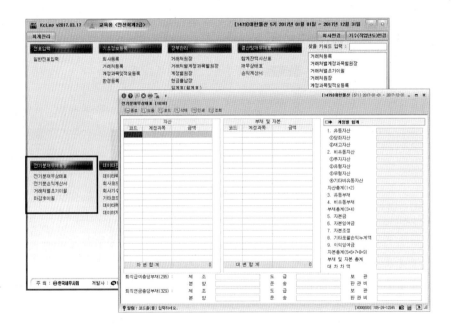

1. 전기분 재무상태표

KcLep(케이렙)의 전기분재무상태표는 자산과 부채 및 자본을 구분하여 입력하도록 화면구성이 되어있다. 차변에는 자산항목만 조회되며 대변에는 부채 및 자본항목만 검색되도록 되어있다.

코드 및 계정과목

전기분 재무상태표를 보고 계정과목코드 3자리와 금액을 입력한다. 이때, 계정과목의 코드를 모르는 경우 첫째, F2 키를 이용하여 계정과목을 조회하거나, 둘째, 코드란에 커서를 위치시키고 입력하고자 하는 계정과목명의 2자를 입력하고 Enter↵ 키를 눌러 해당 계정과목을 찾아 입력한다.

본 메뉴를 종료하면 입력된 자료는 코드번호 순서대로 자동 정렬이 되므로 입력에는 순서가 없다. 그러므로 입력도중 하나의 계정과목이 빠진 경우에는 위에 입력된 내용을 삭제하지 않고 가장 아래에 입력하면 된다. 또한 입력된 계정과목의 삭제는 해당 계정과목에 커서를 놓고 상단 툴바의 '삭제' 키를 클릭한다.

금액

금액을 입력하는 경우 "000"의 천 단위 숫자는 숫자판의 "+"키를 눌러 간편하게 입력할 수 있다. 예를 들어, 10,000,000을 입력하려면 10++키를 눌러서 입력한다.

차변합계/대변합계

차변에는 자산항목을 입력하고 대변에는 부채 및 자본항목을 입력한다. 계정과목의 코드와 금액은 차변·대변 구분 없이 모두 양수(+)로 입력하며, 각종 충당금 및 결손금 등의 경우 계정과목명칭이 차감적 의미를 내포하고 있으므로 금액 입력 시 음수(−)로 입력하지 않도록 주의한다.

그리고 차감적 계정(대손충당금, 감가상각누계액 등)은 해당 계정과목의 바로 다음 코드를 선택해야 한다. 예를 들어 "108.외상매출금"의 대손충당금은 외상매출금 바로 다음 코드인 "109.대손충당금"을 선택해야 재무상태표에 해당 채권의 바로 아래에서 차감하는 형태로 표시된다.

이러한 점을 고려하여 KcLep(케이렙)은 대손충당금 등의 계정과 관련된 자산의 계정과목을 코드도움창의 참고에 제공하고 있다.

🐻 대차차액

모든 입력이 끝나면 차변과 대변의 합계금액이 맞는지 확인하고 대차차액은 뜨지 않는지 확인한다. 대차차액이 발생하면 화면의 우축 아래에 붉은 글씨로 그 차액이 나타난다. 차변잔액이 크면 차액만큼 양수로 표시되고, 대변잔액이 크면 차액만큼 음수로 표시된다.

🐻 계정별 합계

계정과목별로 입력된 좌측의 내용을 반영하여 자동 표시해 주는 합계액이다.

[예제] 전기분 재무상태표 따라하기!

문제

대한물산의 다음 자료를 전기분 재무상태표 메뉴에 입력하시오.

재 무 상 태 표
제4기 2017. 12. 31 현재

회사명 : 대한물산 (단위 : 원)

과 목	금 액		과 목	금 액
자 산			부 채	
유 동 자 산		289,500,000	유 동 부 채	103,055,000
당 좌 자 산		279,500,000	외 상 매 입 금	40,000,000
현 금		46,500,000	지 급 어 음	35,000,000
당 좌 예 금		52,000,000	미 지 급 금	22,500,000
보 통 예 금		17,500,000	예 수 금	55,000
외 상 매 출 금	100,000,000		선 수 금	500,000
대 손 충 당 금	1,000,000	99,000,000	단 기 차 입 금	5,000,000
받 을 어 음	50,000,000		비 유 동 부 채	100,000,000
대 손 충 당 금	500,000	49,500,000	장 기 차 입 금	100,000,000
단 기 대 여 금		10,000,000	부 채 총 계	203,055,000
선 급 금		5,000,000		
재 고 자 산		10,000,000		
상 품		10,000,000	자 본	223,370,000
비 유 동 자 산		136,925,000	자 본 금	223,370,000
투 자 자 산		30,000,000	(당기순이익 :	
장 기 대 여 금		30,000,000	72,370,000포함)	
유 형 자 산		65,925,000	자 본 총 계	223,370,000
건 물	50,000,000			
감 가 상 각 누 계 액	5,000,000	45,000,000		
차 량 운 반 구	35,000,000			
감 가 상 각 누 계 액	15,275,000	19,725,000		
비 품	2,000,000			
감 가 상 각 누 계 액	800,000	1,200,000		
무 형 자 산		0		
기 타 비 유 동 자 산		41,000,000		
임 차 보 증 금		41,000,000		
자 산 총 계		426,425,000	부 채 와 자 본 총 계	426,425,000

▶ [코드]란에 커서를 놓고 입력하고자 하는 계정과목의 두 글자 '현금'을 입력하고 Enter↵ 키를 치면, [계정코드 도움] 보조창이 나타난다. 해당 계정과목을 선택하고 확인한다. 또는 F2 키를 이용하여 계정과목을 조회한 후 입력한다.

▶ 금액을 입력하는 경우 "000"의 천 단위 숫자는 숫자판의 "+"키를 눌러 간편하게 입력할 수 있다. 예를 들어, 10,000,000을 입력하려면 10＋＋ 키를 눌러서 입력한다.

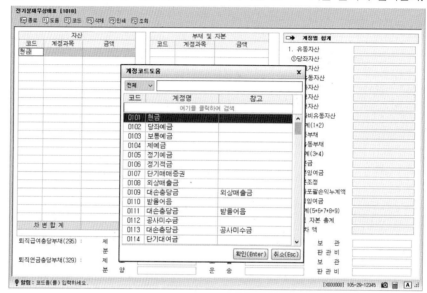

▶ 차감적 계정(대손충당금, 감가상각누계액 등)은 해당 계정과목의 바로 다음 코드를 선택해야 한다. 예를 들어 "108.외상매출금"의 대손충당금은 외상매출금 바로 다음 코드인 "109.대손충당금"을 선택해야 하며, "208.차량운반구"의 감가상각누계액은 "209.감가상각누계액"을 선택해야 재무상태표에 해당 계정의 바로 아래에서 차감하는 형태로 표시된다.

▶ 입력하면서, 재무상태표상의 계정별 합계금액과 프로그램 입력창의 오른쪽에 나타나 있는 "계정별 합계"가 일치하는지 확인한다.

▶ 차변합계와 대변합계가 일치하는지 확인한다.

▶ 대차평균의 원리에 의해 대차차액이 발생하지 않도록 한다.

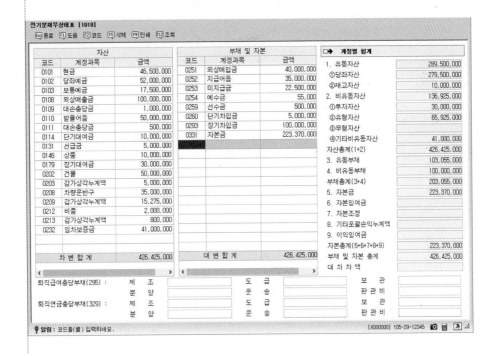

전산회계 2급 출제경향 심층분석

'전기(초기)이월작업 - 재무상태표' 출제경향

☞ [전기분재무제표등]의 [전기분재무상태표] 메뉴를 오픈하면, 잘못 입력된 부분을 발견할 수 있을 것이다. 시험지에 있는 정확한 재무상태표를 보고 비교하여, 오류부분을 수정한다.

 기출문제 기회

문제2 다음은 명륜컴퓨터의 전기분 재무상태표이다. 입력되어 있는 자료를 검토하여 오류부분은 정정하고 누락된 부분은 추가 입력하시오.(6점)

재 무 상 태 표

회사명 : 명륜컴퓨터   제 4기 2016. 12. 31.   (단위 : 원)

과 목	금	액	과 목	금 액
현 금		1,352,000	외 상 매 입 금	15,100,000
당 좌 예 금		1,400,000	지 급 어 음	1,000,000
보 통 예 금		5,000,000	미 지 급 금	15,550,000
외 상 매 출 금	20,000,000		예 수 금	355,000
대 손 충 당 금	200,000	19,800,000	단 기 차 입 금	1,000,000
받 을 어 음	5,000,000		자 본 금	31,697,000
대 손 충 당 금	50,000	4,950,000	(당기순이익	
미 수 금		1,500,000	: 5,000,000)	
선 급 금		2,200,000		
단 기 대 여 금		1,500,000		
상 품		10,000,000		
차 량 운 반 구	20,000,000			
감 가 상 각 누 계 액	4,500,000	15,500,000		
비 품	3,000,000			
감 가 상 각 누 계 액	1,500,000	1,500,000		
자 산 총 계		**64,702,000**	**부 채 와 자 본 총 계**	**64,702,000**

답안

▶ 프로그램을 실행 한 뒤, [전기분재무제표등] – [전기분재무상태표]를 오픈한다.

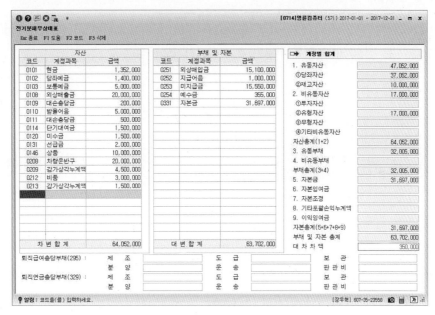

1. 받을어음 대손충당금 500,000을 50,000으로 수정

2. 단기차입금 누락분 1,000,000을 입력

3. 선급금 2,000,000을 2,200,000으로 수정

문제2 다음은 수기상사의 전기분 재무상태표이다. 입력되어 있는 자료를 검토하여 오류부분은 정정하고 누락된 부분은 추가 입력하시오.(6점)

재 무 상 태 표

회사명 : 수기상사　　　　　제6기　2016.12.31. 현재.　　　　　(단위 : 원)

과　목	금　액		과　목	금　액
현　　　　금		50,000,000	외 상 매 입 금	45,000,000
당 좌 예 금		40,000,000	지 급 어 음	20,000,000
보 통 예 금		30,000,000	선 수 금	10,000,000
외 상 매 출 금	66,000,000		단 기 차 입 금	50,000,000
대 손 충 당 금	660,000	65,340,000	자 본 금	189,040,000
받 을 어 음	30,000,000			
대 손 충 당 금	300,000	29,700,000	(당기순이익 : 15,000,000)	
상　　　　품		80,000,000		
비　　　　품	20,000,000			
감가상각 누계액	1,000,000	19,000,000		
자 산 총 계		314,040,000	**부채와 자본총계**	314,040,000

답안

▶ 프로그램을 실행 한 뒤, [전기분재무제표등] – [전기분재무상태표]를 오픈한다.

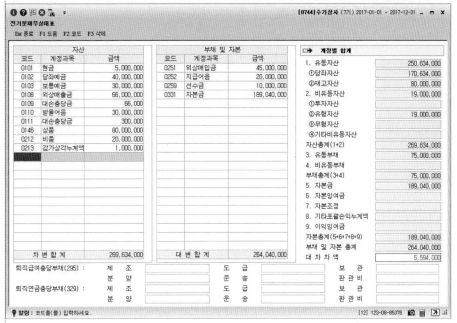

① 현금 : 5,000,000원을 50,000,000원으로 수정입력

② 대손충당금(외상매출금) : 66,000원을 660,000원으로 수정입력

③ 단기차입금 : 50,000,000원 추가입력

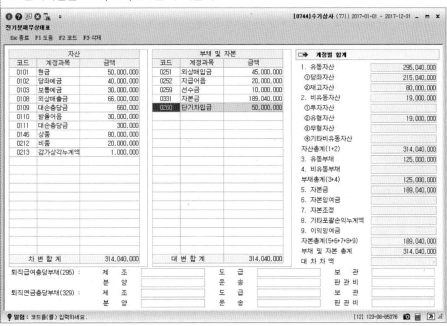

 재무상태표 이론 기출문제

📖 **재무제표 및 재무상태표**

1. 일반기업회계기준 상 재무제표에 해당되는 것으로만 짝지어진 것은?(69회=62회))
   ① 재무상태표, 손익계산서, 현금흐름표, 자본변동표, 제조원가명세서
   ② 재무상태표, 손익계산서, 현금흐름표, 자본변동표, 주석
   ③ 재무상태표, 손익계산서, 현금흐름표, 합계시산표, 주석
   ④ 재무상태표, 손익계산서, 합계시산표, 자본변동표, 이익잉여금처분계산서

2. (가), (나), (다) 및 (라)에 들어갈 용어를 올바르게 짝지은 것은?(67회=63회=57회)

   > • 재무상태표는 (가)의 (나)를 나타내는 재무제표이다.
   > • 손익계산서는 (다)의 (라)를 나타내는 재무제표이다.

   ① 가 : 일정기간   나 : 재무상태   다 : 일정시점   라 : 경영성과
   ② 가 : 일정기간   나 : 경영성과   다 : 일정시점   라 : 재무상태
   ③ 가 : 일정시점   나 : 재무상태   다 : 일정기간   라 : 경영성과
   ④ 가 : 일정시점   나 : 경영성과   다 : 일정기간   라 : 재무상태

3. 다음 중 재무제표에 함께 기재하지 않아도 되는 것은?(51회)
   ① 기업명   ② 보고기간종료일 또는 회계기간
   ③ 대표자명   ④ 보고통화 및 금액단위

해답 1 ② 2 ③ 3 ③

📖 재 무 상 태 표 : 일정시점에 기업이 보유하고 있는 자산과 부채 및 자본에 대한
　　　　　　　　　　정보를 제공하는 재무제표
📖 포괄손익계산서 : 일정기간 동안 기업의 경영성과 및 수익성에 관한 정보를 제공해
　　　　　　　　　　주는 재무제표
📖 현 금 흐 름 표 : 일정기간 동안 기업의 현금흐름 변동내용을 표시하는 재무제표
📖 자 본 변 동 표 : 일정기간 동안 자본의 변동내용을 상세히 보여주는 재무제표
📖 주　　　　　　석 : 재무제표상의 해당 과목 또는 금액에 기호를 붙이고 난외 또는
　　　　　　　　　　별지에 동일한 기호를 표시하여 그 내용을 명료하게 기재하는 것

---

4. '거래를 분개 시 차변 금액과 대변 금액이 같으므로, 계정 전체의 차변 합계액과 대변 합계액이 일치해야 한다'와 관련 있는 회계 용어는?(44회)

① 분개의 원리   ② 대차 평균의 원리   ③ 거래 요소의 결합   ④ 거래의 이중성

5. 재무상태표 등식으로 옳은 것은?(66회)

① 총비용=총수익+당기순이익   ② 자산=부채+자본

③ 총수익=총비용+당기순손실   ④ 기말자산+총비용=총수익+기말자본+기말부채

6. 다음 빈칸에 들어갈 금액을 바르게 나열한 것은?(49회)

회 사 명	자 산	부 채	자 본
일산물산	(A)	450,000원	550,000원
바로상사	900,000원	360,000원	(B)

	(A)	(B)			(A)	(B)
①	1,000,000원	1,260,000원		②	1,000,000원	540,000원
③	100,000원	1,260,000원		④	100,000원	540,000원

해답 4 ②   5 ②   6 ②

6. 대차평균의 원리(재무상태표 등식) : **"자산 = 부채 + 자본"**

자산(A) = 부채(450,000) + 자본(550,000)
자본(B) = 자산(900,000) - 부채(360,000)

재무상태표

재 무 상 태 표
제×기 20××년 ×월 ×일 현재

회사명   (단위 : 원)

자 산	×××	부 채	×××
유 동 자 산		유 동 부 채	
당 좌 자 산		비 유 동 부 채	
재 고 자 산		자 본	×××
비 유 동 자 산		자 본 금	
투 자 자 산		자 본 잉 여 금	
유 형 자 산		자 본 조 정	
무 형 자 산		기타포괄손익누계액	
기타 비유동 자산		이 익 잉 여 금	
자 산 총 계	₩ ×××	부 채 와 자 본 총 계	₩ ×××

7. 다음은 2016년 12월 31일 자료이다. 자본금을 계산하면 얼마인가?(69회)

• 현금 300,000원	• 단기차입금 400,000원	• 외상매입금 250,000원
• 외상매출금 300,000원	• 비품 400,000원	• 건　　물 700,000원
• 지급어음　100,000원	• 받을어음　200,000원	

① 1,150,000원　　　② 1,350,000원　　　③ 1,550,000원　　　④ 1,650,000원

8. 2015년 12월 31일 현재 각 계정의 잔액은 다음과 같다. 2015년 12월 31일 단기차입금은 얼마인가?(63회)

• 현금 : 500,000원	• 외상매출금 : 250,000원	• 미수금 : 120,000원
• 선수금 : 150,000원	• 선급금 : 130,000원	• 미지급금 : 70,000원
• 자본금 : 400,000원	• 단기차입금 :　　?	• 장기차입금 : 160,000원

① 210,000원　　　② 220,000원　　　③ 310,000원　　　④ 320,000원

해답　7 ①　8 ②

7. 자산(현금300,000원+외상매출금300,000원+비품400,000원+건물700,000원+받을어음200,000원) = 1,900,000원
　부채(단기차입금400,000원+외상매입금250,000원+지급어음100,000원)=750,000원
　자산 1,900,000원 - 부채 750,000원 = 자본 1,150,000원
8. 500,000 + 250,000 + 120,000 + 130,000 = 150,000 + 70,000 + 단기차입금 + 160,000 + 400,000

---

* [계정과목및적요등록] 메뉴에서 [Ctrl + F]로 계정과목 검색을 활용한다.

■ **유동자산**
　- 당좌자산 : 현금및현금성자산(현금, 당좌예금, 보통예금), 단기금융상품(정기예금, 정기적금), 단기투
　　　　　　　자자산(단기매매증권), 매출채권(외상매출금, 받을어음), 단기대여금, 미수금, 선급금 등
　- 재고자산 : 상품, 원재료, 재공품, 제품 등
■ **비유동자산**
　- 투자자산 : 장기금융상품(장기성예금, 특정현금과예금), 매도가능증권, 장기대여금, 투자부동산 등
　- 유형자산 : 토지, 건물, 구축물, 기계장치, 차량운반구, 공구와기구, 비품 등
　- 무형자산 : 영업권, 산업재산권(특허권, 상표권 등), 개발비, 라이선스, 프랜차이즈, 저작권, 소프트
　　　　　　　웨어 등
　- 기타비유동자산 : 임차보증금, 전세권, 기타보증금, 장기매출채권, 장기미수금, 부도어음과수표 등
■ **유동부채** : 매입채무(외상매입금, 지급어음), 미지급금, 예수금, 당좌차월, 가수금,　선수금, 단기차
　　　　　　　입금, 미지급세금 등
■ **비유동부채** : 사채, 장기차입금, 임대보증금, 퇴직급여충당부채, 장기성매입채무, 장기미지급금 등
■ **자본** : 기업의 자산 총액에서 부채 총액을 차감한 잔여액 또는 순자산(net worth)

9. 다음은 유동자산의 분류이다. (가)에 해당하는 계정과목으로 옳은 것은?(71회)

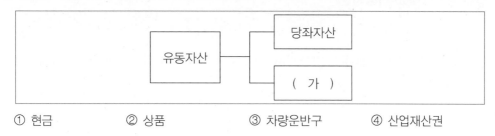

① 현금   ② 상품   ③ 차량운반구   ④ 산업재산권

10. 다음 중 비유동자산이 아닌 것은?(71회=61회)

① 무형자산   ② 유형자산   ③ 투자자산   ④ 재고자산

11. 기말 자산계정의 잔액이다. 재무상태표에 당좌자산으로 표시될 금액은?(51회)

| • 현   금 : 2,000원 | • 보통예금 : 5,000원 | • 상   품 : 3,000원 |
| • 외상매출금 : 3,000원 | • 받을어음 : 2,000원 | • 비   품 : 1,000원 |

① 12,000원   ② 13,000원   ③ 14,000원   ④ 15,000원

12. 자산, 부채, 자본에 대한 설명으로 적절하지 않은 것은?(72회)

① 기업이 경영활동을 위하여 소유하고 있는 각종의 재화와 채권을 자산이라 한다.
② 기업이 장래에 타인에게 갚아야 할 채무를 부채라 한다.
③ 기업의 부채에서 자본을 차감한 것을 자산이라 한다.
④ 자산, 부채, 자본은 기업의 재무상태를 나타낸다.

13. 회사의 자산과 부채가 다음과 같을 때 자본(순자산)은 얼마인가?(68회)

| •상품 100,000원 | •대여금 40,000원 | •매입채무 70,000원 |
| •비품 80,000원 | •미지급금 10,000원 | |

① 100,000원   ② 140,000원   ③ 30,000원   ④ 50,000원

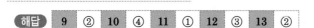

해답 9 ②   10 ④   11 ①   12 ③   13 ②

10. 비유동자산의 항목에는 투자자산, 유형자산, 무형자산, 기타 비유동자산이 있다.

11. 현금 : 2,000원 + 보통예금 : 5,000원 + 외상매출금 : 3,000원 + 받을어음 : 2,000원

13. 자산 220,000원(상품 100,000원 + 대여금 40,000원 + 비품 80,000원) - 부채 80,000원(매입채무 70,000원 + 미지급금 10,000원) = 140,000원

📖 **재무상태표 작성기준**

14. 다음의 자산계정과목 중 유동성배열법에 의한 재무상태표 작성시 가장 나중에 기재되는 계정 과목은?(66회)

① 매출채권　　　② 단기대여금　　　③ 선급보험료　　　④ 임차보증금

15. 현행 일반기업회계기준에서 재무상태표를 작성할 때, 유의해야 할 사항 중 가장 적절하지 않은 것은?(64회)

① 자산은 현금화하는데 빠른 계정과목을 먼저 기재한다.
② 장기차입금을 단기차입금보다 먼저(위에) 표시한다.
③ 중요하지 않은 항목은 성격 또는 기능이 유사한 항목에 통합하여 표시할 수 있다.
④ 자산, 부채, 자본은 총액을 기재함을 원칙으로 한다.

해답　14 ④　15 ②

📖 **재무상태표 작성기준**

① 구분표시 원칙 - 자산은 유동자산과 비유동자산으로 구분, 부채는 유동부채, 비유동부채로 구분, 자본은 자본금, 자본잉여금, 자본조정, 기타포괄손익누계액, 이익잉여금으로 구분

② 총액기준 원칙 - 자산 · 부채 및 자본은 총액에 의하여 기재함을 원칙으로 하고, 자산의 항목과 부채 또는 자본의 항목과는 상계함으로써 그 전부 또는 일부를 재무상태표에서 제외하여서는 안됨

③ 유동·비유동의 구분기준 - 자산과 부채는 1년을 기준으로 하여 유동자산 또는 비유동자산, 유동 부채 또는 비유동부채로 구분 하는 것을 원칙으로 함

④ 유동성배열법 - 재무상태표에 기재하는 자산과 부채의 항목배열은 유동성이 큰 항목부터 배열 하는 것을 원칙으로 함

⑤ 자본잉여금과 이익잉여금의 구분표시 원칙 - 자본거래에서 발생한 자본잉여금과 손익거래에서 발생한 이익잉여금을 혼동하여 표시하여서는 아니됨

⑥ 미결산항목과 비망계정의 불표시 원칙 - 가지급금 및 가수금, 현금과부족, 인출금, 미결산 등의 미결산항목은 그 내용을 나타내는 적절한 과목으로 표시하고, 대조계정 등의 비망계정은 대차 대조표의 자산 및 부채항목으로 표시하여서는 아니됨

⑦ 항목의 구분과 통합표시 - 자산, 부채, 자본 중 중요한 항목은 재무상태표 본문에 별도 항목으로 구분하여 표시하고, 중요하지 않은 항목은 성격 또는 기능이 유사한 항목에 통합하여 표시할 수 있으며, 통합할 적절한 항목이 없는 경우에는 기타 항목으로 통합하여 표시

16. 다음 자료에서 유동성배열법에 의해 자산 계정의 배열 순서가 옳은 것은?(70회)

(가) 비품	(나) 상품	(다) 단기대여금	(라) 영업권

① (나) - (다) - (가) - (라)　　② (다) - (나) - (가) - (라)
③ (나) - (다) - (라) - (가)　　④ (다) - (나) - (라) - (가)

17. 현금과부족계정, 인출금계정, 가지급금계정, 가수금계정 등의 공통점을 고르면?(63회)
① 일시적 가 계정　　② 손익계산서계정
③ 차감적 평가계정　　④ 재무제표 표시계정

18. 다음은 재무상태표의 기본구조에 대한 설명이다. 틀린 것은?(66회)
① 유동자산은 당좌자산과 재고자산으로 구분한다.
② 부채는 유동부채와 비유동부채로 구분한다.
③ 자산과 부채는 유동성이 낮은 항목부터 배열하는 것을 원칙으로 한다.
④ 자산은 유동자산과 비유동자산으로 구분한다.

19. 아래의 내용에 대한 설명 중 옳은 것은?(65회)

1년을 기준으로 유동자산과 비유동자산 그리고 유동부채와 비유동부채로 구분된다.

① 투자자산, 유형자산, 무형자산, 기타비유동자산은 비유동자산에 속한다.
② 유동부채와 비유동부채는 유동성배열법의 원칙과 관계없이 작성한다.
③ 건물, 차량운반구, 비품, 기계장치 등은 유동자산에 속한다.
④ 매입채무, 선수금, 사채, 장기차입금 등은 유동부채이다.

20. 다음 중 재무상태표 작성의 기준이 아닌 것은?(65회)
① 1년 기준　　② 총액주의
③ 유동성배열법　　④ 발생주의

해답　16 ②　17 ①　18 ③　19 ①　20 ④

16. 단기대여금(당좌자산), 상품(재고자산), 비품(유형자산), 영업권(무형자산) 순으로 배열
18. 자산과 부채는 유동성이 큰 항목부터 배열하는 것을 원칙으로 한다.(일반기업회계기준 2.19)
19. 비유동자산에는 유형, 무형, 투자, 기타비유동자산이 있다.
20. 발생주의는 손익계산서 작성 기준

21. 다음 중 계정잔액의 표시가 잘못된 것은?(64회)

① 　　　선수금　　　
　　　　　　　│　120,000원

② 　　　가수금　　　
　　　　　　　│　120,000원

③ 　　　미수금　　　
　　　　　　　│　120,000원

④ 　　　예수금　　　
　　　　　　　│　120,000원

22. 다음의 계정 중 잔액이 대변에 나타나지 않는 것은?(67회)

① 단기차입금　　　　　　　② 선급비용
③ 미지급금　　　　　　　　④ 미지급비용

23. 다음 중 기말 계정잔액의 표시가 잘못된 것은?(56회)

① 　　　받을어음　　　
150,000　│

② 　　　현　금　　　
200,000　│

③ 　　　자본금　　　
　　　　　│　300,000

④ 　　　미수수익　　　
　　　　　│　500,000

해답　21 ③　22 ②　23 ④

21. 선수금, 가수금, 예수금은 부채이고 미수금은 자산이다.
22. 자산 : 선급비용, 부채 : 미지급금, 미지급비용, 단기차입금
23. 미수수익은 자산이므로 차변에 위치한다.

📖 재무상태표계정·손익계산서계정 평상잔액의 관계

　계정의 평상잔액은 특정일자까지 잔액의 총 증가액이 총 감소액을 초과하는 부분을 나타내는 것으로 어떤 계정이든 평상잔액은 증가가 기입되는 편에 나타난다. 즉, **자산 및 비용의 평상잔액은 차변에, 부채와 자본, 수익의 평상잔액은 대변**에 나타난다.

　왜냐하면 어떤 계정이든 그 계정의 증가금액은 통상적으로 감소금액보다 크거나 같기 때문이다. 따라서 각 계정의 증가가 기록되는 위치와 각 계정이 재무상태표에 나타나는 위치가 일치한다는 것을 알 수 있다. 재무상태표와 손익계산서는 각 계정의 평상잔액을 이용하여 작성된다.

2. 전기분 손익계산서

전기분 손익계산서 메뉴를 클릭하면, [전기 제 ××기 ××년 ××월 ××일부터 ××년 ××월 ××일까지]라는 메시지가 나타나는 데 전기에 대한 확인으로 프로그램상 회사등록에서 기수가 정확히 입력되어 있으면 바르게 나타난다.

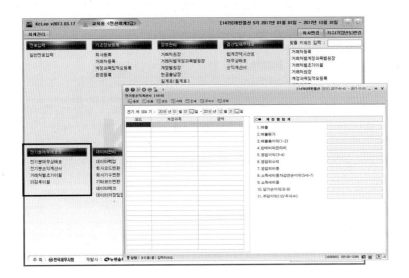

'🦅' 상품매출원가의 입력방법

코드에서 "451.상품매출원가"를 선택한다. 그러면 보조입력창이 나타난다. 이곳에서 "기초상품재고액"과 "당기상품매입액"을 직접 입력한다. 그리고 "기말상품재고액"은 이미 작업한 전기분 재무상태표에 의하여 자동으로 반영되어 표시되므로 이곳에서 직접 입력할 수 없다.

이처럼 상품매출원가는 기초상품재고액과 당기상품매입액을 합하여 기말상품재고액을 차감한 금액이 자동으로 표시되는 것이다.

'🦅' 계정별합계

계정과목별로 입력된 좌측의 내용을 반영하여 자동 표시해 주는 합계액이다.

[예제] 전기분 손익계산서 따라하기!

문제

대한물산의 다음 자료를 이용하여 전기분 손익계산서를 입력하시오.

손 익 계 산 서
제4기 2017. 1. 1. ~ 2017. 12. 31.

회사명 : 대한물산 (단위 : 원)

과 목	금 액	과 목	금 액
매 출 액	500,000,000	영 업 이 익	75,428,000
상 품 매 출	500,000,000		
매 출 원 가	292,000,000	영 업 외 수 익	142,000
기 초 상 품 재 고 액	2,000,000	이 자 수 익	142,000
당 기 상 품 매 입 액	300,000,000		
기 말 상 품 재 고 액	10,000,000	영 업 외 비 용	3,200,000
매 출 총 이 익	208,000,000	이 자 비 용	1,200,000
판 매 비 와 관 리 비	132,572,000	기 부 금	2,000,000
급 여	56,000,000		
복 리 후 생 비	13,385,000	소 득 세 차 감 전 이 익	72,370,000
여 비 교 통 비	2,400,000	소 득 세 등	0
접 대 비	9,450,000	당 기 순 이 익	72,370,000
통 신 비	2,560,000		
수 도 광 열 비	657,000		
세 금 과 공 과	1,780,000		
감 가 상 각 비	11,675,000		
임 차 료	24,000,000		
수 선 비	150,000		
보 험 료	1,200,000		
차 량 유 지 비	2,480,000		
운 반 비	1,750,000		
도 서 인 쇄 비	40,000		
소 모 품 비	745,000		
수 수 료 비 용	3,600,000		
광 고 선 전 비	300,000		
대 손 상 각 비	400,000		

▶ [상품매출원가의 입력방법] : 코드에서 "451.상품매출원가"를 선택한다. 그러면 보조 입력창이 나타난다. 이곳에서 "기초상품재고액"과 "당기상품매입액"을 직접 입력한다. 그리고 기말상품재고액은 이미 작업한 전기분 재무상태표에 의하여 자동으로 반영되어 표시되므로 이곳에서 직접 입력할 수 없으므로 Enter↵ 키를 치면서 넘어간다.

매출원가	X
기 초 상 품 재 고 액	2,000,000
당 기 상 품 매 입 액 +	300,000,000
매 입 환 출 및 에 누 리 -	
매 입 할 인 -	
타 계 정 에 서 대 체 액 +	
타 계 정 으 로 대 체 액 -	
관 세 환 급 금	
상 품 평 가 손 실 +	
상 품 평 가 손 실 환 입 -	
기 말 상 품 재 고 액 -	10,000,000
매 출 원 가 =	292,000,000

확인(Tab)

▶ 손익계산서의 당기순이익 72,370,000과 재무상태표의 당기순이익 72,370,000이 일치하는 것을 확인 할 수 있다.

전산회계 2급 출제경향 심층분석

'전기(초기)이월작업 - 손익계산서' 출제경향

☞ [전기분재무제표등]의 [전기분손익계산서] 메뉴를 오픈하면, 잘못 입력된 부분을 발견할 수 있을 것이다. 시험지에 있는 정확한 손익계산서를 보고 비교하여, 오류부분을 수정한다.

 기출문제 66회

문제2 다음은 청남상사의 전기분 손익계산서이다. 입력되어 있는 자료를 검토하여 오류부분은 정정하고 누락된 부분은 추가 입력하시오.(6점)

손 익 계 산 서

회사명 : 청남상사   제3기 2015.1.1. ~ 2015.12.31.   (단위 : 원)

과 목	금 액	과 목	금 액
I 매 출 액	475,800,000	V 영 업 이 익	35,370,000
1.상 품 매 출	475,800,000	VI 영 업 외 수 익	400,000
II 매 출 원 가	358,400,000	1.이 자 수 익	350,000
상 품 매 출 원 가	358,400,000	2.잡 이 익	50,000
1.기 초 상 품 재 고 액	20,100,000	VII 영 업 외 비 용	2,100,000
2.당 기 상 품 매 입 액	357,600,000	1.이 자 비 용	900,000
3.기 말 상 품 재 고 액	19,300,000	2.기 부 금	1,200,000
III 매 출 총 이 익	117,400,000	VIII 소 득 세 차 감 전 순 이 익	33,670,000
IV 판 매 비 와 관 리 비	82,030,000	IX 소 득 세 등	0
1.급 여	65,000,000	X 당 기 순 이 익	33,670,000
2.복 리 후 생 비	4,100,000		
3.여 비 교 통 비	200,000		
4.접 대 비	1,100,000		
5.수 도 광 열 비	700,000		
6.세 금 과 공 과 금	400,000		
7.감 가 상 각 비	700,000		
8.임 차 료	6,000,000		
9.보 험 료	900,000		
10.차 량 유 지 비	1,800,000		
11.소 모 품 비	800,000		
12.광 고 선 전 비	330,000		

▶프로그램을 실행 한 뒤, [전기분재무제표등] – [전기분손익계산서]를 오픈한다.

① 복리후생비 1,400,000원을 4,100,000원으로 수정
② 세금과공과금 400,000원 추가입력
③ 기부금 120,000원을 1,200,000원으로 수정

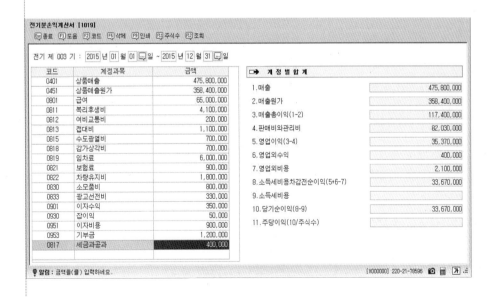

문제2 다음은 한국상사의 전기분 손익계산서이다. 입력되어 있는 자료를 검토하여 오류부분과 관련된 재무제표를 정정하고 누락된 부분은 추가 입력하시오.(6점)

손 익 계 산 서

회사명 : 한국상사 제1기 2016.4.23. ~ 2016.12.31. (단위 : 원)

과 목	금 액	과 목	금 액
I 매 출 액	85,000,000	V 영 업 이 익	56,850,000
상 품 매 출	85,000,000	VI 영 업 외 수 익	1,110,000
II 매 출 원 가	22,000,000	이 자 수 익	300,000
상 품 매 출 원 가	22,000,000	임 대 료	810,000
기 초 상 품 재 고 액	4,000,000	VII 영 업 외 비 용	400,000
당 기 상 품 매 입 액	31,000,000	유 형 자 산 처 분 손 실	400,000
기 말 상 품 재 고 액	13,000,000	VIII 소 득 세 차 감 전 순 이 익	57,560,000
III 매 출 총 이 익	63,000,000	IX 소 득 세 등	0
IV 판 매 비 와 관 리 비	6,150,000	X 당 기 순 이 익	57,560,000
급 여	3,200,000		
복 리 후 생 비	1,400,000		
여 비 교 통 비	540,000		
차 량 유 지 비	100,000		
소 모 품 비	230,000		
광 고 선 전 비	680,000		

답안

▶ 프로그램을 실행 한 뒤, [전기분재무제표등] - [전기분손익계산서]를 오픈한다.

① 전기분 재무상태표의 기말상품재고액 12,800,000원을 13,000,000원으로 수정후 전기분손익계산서 확인

② 전기분손익계산서의 여비교통비 54,000원을 540,000원으로 수정

③ 전기분손익계산서의 광고선전비 680,000원 추가 입력

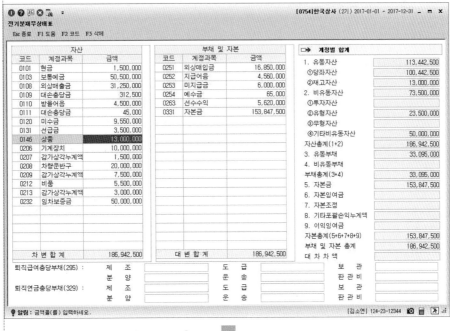

답안

전기분손익계산서

Esc 종료   F1 도움   F2 코드   F5 삭제   F11 주식수

전기 제 001 기 : 2016 년 04 월 23 [□] 일 ~ 2016 년 12 월 31 [□] 일

코드	계정과목	금액
0401	상품매출	85,000,000
0451	상품매출원가	22,000,000
0801	급여	3,200,000
0811	복리후생비	1,400,000
0812	여비교통비	540,000
0822	차량유지비	100,000
0830	소모품비	230,000
0833	광고선전비	680,000
0901	이자수익	300,000
0904	임대료	810,000
0970	유형자산처분손실	400,000

➡ 계 정 별 합 계

1.매출	85,000,000
2.매출원가	22,000,000
3.매출총이익(1-2)	63,000,000
4.판매비와관리비	6,150,000
5.영업이익(3-4)	56,850,000
6.영업외수익	1,110,000
7.영업외비용	400,000
8.소득세비용차감전순이익(5+6-7)	57,560,000
9.소득세비용	
10.당기순이익(8-9)	57,560,000
11.주당이익(10/주식수)	

💡 알림: 코드를(를) 입력하세요.   [김소연] 124-23-12344 📷 🖩 [가] .⌟

손익계산서 이론 기출문제

1. 다음 괄호 안에 들어갈 내용으로 옳은 것은?(52회)

> ( )는 일정 기간 동안 기업실체의 경영성과에 대한 정보를 제공하는 재무보고서이다.

① 현금흐름표 ② 손익계산서 ③ 재무상태표 ④ 합계잔액시산표

2. 다음 괄호 안에 들어갈 손익계산서의 구성항목은?(54회)

> ( )는(은) 제품, 상품 등의 매출액에 대응되는 원가로서 판매된 제품이나 상품 등에 대한 제조원가 또는 매입원가이다.

① 매출원가 ② 판매비와관리비 ③ 영업외비용 ④ 영업외수익

3. 다음 괄호 안에 순차적으로 들어갈 내용으로 옳은 것은?(52회)

> 비용이란 기업실체의 경영활동과 관련된 재화의 판매 또는 용역의 제공 등에 따라 발생하는 자산의 ( )이나 사용 또는 ( )의 증가이다.

① 유입, 자산 ② 유출, 부채 ③ 유출, 자산 ④ 유입, 부채

4. 다음 괄호 안에 들어갈 내용으로 옳은 것은?(57회)

> ( )은(는) 기업실체의 경영활동의 결과로서 발생하였거나 발생할 현금유출액을 나타내며, 경영활동의 종류와 당해 ( )이(가) 인식되는 방법에 따라 매출원가, 급여, 감가상각비, 이자비용, 임차비용 등과 같이 다양하게 구분될 수 있다.

① 자산 ② 부채 ③ 수익 ④ 비용

해답 **1** ② **2** ① **3** ② **4** ④

📖 **수익(revenues)** – 기업의 주요 경영활동으로서 재화의 판매 또는 용역의 제공 등의 대가로 발생하거나 그밖의 활동에서 발생하는 자산의 유입 또는 부채의 감소를 통하여 자본의 증가를 초래하는 일정 회계기간 동안에 발생한 경제적 효익의 증가

📖 **비용(expenses)** – 기업의 주요 경영활동으로서 재화의 판매 또는 용역의 제공 등에 따라 발생하거나 그밖의 활동에서 발생하는 자산의 유출 또는 부채의 증가를 통하여 자본의 감소를 초래하는 일정 회계기간 동안에 발생한 경제적 효익의 감소

---

5. 다음 자료에서 2016년의 상품매출총이익은 얼마인가?(69회)

• 2015년 기말상품재고액 : 600,000원	• 2016년 기말상품재고액 : 500,000원
• 2016년 판매가능상품액 : 5,500,000원	• 2016년 당기상품매출액 : 8,500,000원

① 2,400,000원   ② 2,900,000원   ③ 3,000,000원   ④ 3,500,000원

6. 다음 자료에서 총매입액을 계산하면 얼마인가?(69회)

• 총매출액 : 700,000원	• 기초재고액 : 120,000원	• 기말재고액 : 150,000원
• 매출에누리 : 60,000원	• 매출총이익 : 250,000원	• 매입에누리 : 40,000원

① 420,000원   ② 460,000원   ③ 500,000원   ④ 540,000원

해답 **5** ④ **6** ②

6. 순매출액(640,000원)=총매출액(700,000원)-매출에누리(60,000원)

  매출원가(390,000원)=순매출액(640,000원)-매출총이익(250,000원)

  순매입액(420,000원)=매출원가(390,000원)-기초재고액(120,000원)+기말재고액(150,000원)

  총매입액(460,000원)=순매입액(420,000원)+매입에누리(40,000원)

> (순)매출액 = 총매출액 − 매출환입및에누리 - 매출할인
>
> 상품매출원가 = 기초상품재고액 + (순)매입액 − 기말상품재고액
>
> (순)매입액 = 총매입액 − 매입환출및에누리 - 매입할인

손익계산서	
20 ××년 ×월 ×일부터	
20 ××년 ×월 ×일까지	
회사명	(단위: 원)

과 목	금 액
매 출 액	×××
매 출 원 가	− ×××
매 출 총 이 익	= ×××
판 매 비 와 관 리 비	− ×××
영 업 이 익	= ×××
영 업 외 수 익	+ ×××
영 업 외 비 용	− ×××
소 득 세 차 감 전 이 익	= ×××
소 득 세 등	− ×××
당 기 순 이 익	= ×××

7. 다음 자료에 의한 기말상품재고액은 얼마인가?(66회)

• 매출원가 : 20,000원	• 기초상품재고액 : 5,000원
• 당기매입액 : 25,000원	• 매입운반비 : 1,000원

① 5,000원   ② 11,000원   ③ 15,000원   ④ 20,000원

8. 아래 상품 거래와 관련된 내용을 토대로 판매가능금액을 구하면 얼마인가?(61회)

• 총매출액 : 1,500,000원	• 매출에누리 : 75,000원
• 기초상품재고액 : 350,000원	• 총매입액 : 1,050,000원
• 매입에누리 : 14,000원	• 기말상품재고액 : 370,000원

① 910,000원   ② 1,016,000원   ③ 1,386,000원   ④ 1,425,000원

9. 다음 자료에서 기초상품재고액은 얼마인가?(70회)

• 당기매입액 : 300,000원	• 당기매출액 : 600,000원
• 기말상품재고액 : 70,000원	• 매출총이익 : 250,000원

① 120,000원   ② 130,000원   ③ 160,000원   ④ 180,000원

10. 기말재고자산을 과소평가하였을 때 나타나는 현상으로 옳은 것은?(65회)
① 매출원가 : 과대, 당기순이익 : 과대   ② 매출원가 : 과대, 당기순이익 : 과소
③ 매출원가 : 과소, 당기순이익 : 과대   ④ 매출원가 : 과소, 당기순이익 : 과소

해답   **7** ②   **8** ③   **9** ①   **10** ②

7. 상품매출원가 = 기초상품재고액 + 당기순매입액 - 기말상품재고액
8. 판매가능금액이란 기초상품재고액에 당기상품순매입액 가산하여 산출되므로
   350,000원 + 1,050,000원 - 14,000원 = 1,386,000원이다.
9. 매출총이익 = 매출액 - 매출원가
   매출원가 350,000원 = 기초재고액 + 당기매입액 300,000원 - 기말재고액 70,000원
   기초재고액은 120,000원
10. 기말재고자산 과소평가시 매출원가 과대계상, 당기순이익 과소계상

11. 상품매매업을 영위하는 부산상사의 영업이익은?(68회)

• 매출액 : 120,000원	• 매출원가 : 55,000원	• 급　여 : 10,000원
• 임차료 : 5,000원	• 이자비용 : 10,000원	• 기부금 : 5,000원

① 35,000원　　　　② 45,000원　　　　③ 50,000원　　　　④ 55,000원

12. 다음 자료에서 매출총이익을 계산하면 얼마인가?(71회)

• 총매출액 : 800,000원	• 기초재고액 : 100,000원	• 기말재고액 : 150,000원
• 당기매입액 : 550,000원	• 광고선전비 : 30,000원	• 배당금수입 : 80,000원

① 380,000원　　　　② 350,000원　　　　③ 300,000원　　　　④ 270,000원

13. 다음 중 영업외수익에 해당하지 않는 것은?(71회)
① 기부금　　　　② 이자수익　　　　③ 배당금수익　　　　④ 임대료

14. 다음 중 판매비와관리비에 속하지 않는 계정과목은?(69회)
① 임차료　　　　② 복리후생비　　　　③ 감가상각비　　　　④ 기부금

해답　**11** ③　**12** ③　**13** ①　**14** ④

11. 매출액 120,000원 - 매출원가 55,000원 = 매출총이익 65,000원
　　매출총이익 65,000원 - 판매비와관리비15,000원(급여10,000원+임차료5,000원)
　　= 영업이익 50,000원
12. 총매출액(800,000)-{기초재고액(100,000)+당기매입액(550,000)-기말재고액(150,000)}=300,000

📖 **판매비와 관리비** ; 급여, 복리후생비, 여비교통비, 접대비, 통신비, 수도광열비, 세금과공과, 감가상각비, 임차료, 수선비, 보험료, 차량유지비, 운반비, 교육훈련비, 도서인쇄비, 소모품비, 수수료비용, 광고선전비, 대손상각비, 잡비

📖 **영업외수익** ; 이자수익, 배당금수익, 임대료, 단기투자자산평가이익, 단기투자자산처분이익, 유형자산처분이익, 투자자산처분이익, 자산수증이익, 채무면제이익, 보험차익, 잡이익

📖 **영업외비용** ; 이자비용, 기부금, 매출채권처분손실, 단기투자자산평가손실, 단기투자자산처분손실, 재해손실, 유형자산처분손실, 투자자산처분손실, 잡손실

＊ [계정과목및적요등록] 메뉴에서 Ctrl + F1로 계정과목 검색을 활용한다.

15. 회사의 영업이익을 증가시키는 요인으로 맞는 것은?(67회)
   ① 전화 요금을 줄인다.
   ② 자본금을 인출한다.
   ③ 자본을 추가 출자한다.
   ④ 차입금에 대한 이자를 줄인다.

16. 다음 자료에 의하여 매출총이익을 계산하면 얼마인가?(65회)

   • 당기총매출액 : 2,250,000원   • 매출환입및에누리 : 140,000원
   • 당기상품총매입액 : 1,850,000원   • 매입환출및에누리 : 220,000원
   • 기초상품재고액 : 300,000원   • 기말상품재고액 : 400,000원

   ① 500,000원   ② 540,000원   ③ 580,000원   ④ 620,000원

17. 다음 주어진 자료에 의하여 당기순이익을 계산하면 얼마인가?(75회)

   • 매출총이익 : 300,000원   • 대손상각비 : 50,000원
   • 기부금 : 70,000원   • 이자수익 : 30,000원

   ① 120,000원   ② 150,000원   ③ 210,000원   ④ 260,000원

18. 다음 중 기말 결산시 기말재고자산이 과대평가된 경우 재무제표에 미치는 영향이 옳은 것은?(70회)
   ① 매출원가의 과대계상
   ② 매출총이익의 과대계상
   ③ 당기순이익의 과소계상
   ④ 이익잉여금의 과소계상

해답 **15** ① **16** ③ **17** ③ **18** ②

16. • 순매출액(2,110,000원) = 총매출액(2,250,000원) - 매출환입및에누리(140,000원)
   • 매출원가(1,530,000원) = 기초상품(300,000원) + 순매입액(1,630,000원)-기말상품(400,000원)
   • 순매입액(1,630,000원) = 총매입액(1,850,000원) - 매입환출및에누리(220,000원)
   • 매출총이익(580,000원) = 순매출액(2,110,000원) - 매출원가(1,530,000원)

17. 210,000원 매출총이익-판매비와관리비(대손상각비)+영업외수익(이자수익)-영업외비용(기부금)= 당기순이익

18. 기말재고자산이 과대평가 되면 매출원가의 과소계상 → 매출총이익의 과대계상 → 당기순이익의 과대계상 → 이익잉여금의 과대계상이 된다.

손익계산 방법 - 순자산비교법

19. 다음 중 빈 칸에 들어갈 금액으로 옳은 것은?(67회)

기초	기말			당기순이익
자본	자산	부채	자본	
100,000원	㉮	90,000원	㉯	10,000원

　　　　㉮　　　　㉯　　　　　　　　　　㉮　　　　㉯
① 180,000원　110,000원　　　　② 180,000원　90,000원
③ 200,000원　110,000원　　　　④ 200,000원　90,000원

20. 다음 중 빈 칸에 들어갈 금액으로 옳은 것은?(64회)

기 초	기 말			당기순손실
자본	자산	부채	자본	
8,000,000원	㉮	9,000,000원	㉯	1,000,000원

　　　　㉮　　　　　㉯　　　　　　　　　　㉮　　　　　㉯
① 16,000,000원　7,000,000원　　　② 16,000,000원　9,000,000원
③ 18,000,000원　7,000,000원　　　④ 18,000,000원　9,000,000원

21. 다음 자료에서 기초자본과 총수익은 얼마인가?(70회)

기초자본	기말자산	기말부채	기말자본	총수익	총비용	총비용
	550,000원	250,000원			200,000원	80,000원

① 기초자본 210,000원, 총수익 270,000원　　② 기초자본 220,000원, 총수익 270,000원
③ 기초자본 220,000원, 총수익 280,000원　　④ 기초자본 210,000원, 총수익 280,000원

해답　**19** ③　**20** ①　**21** ③

손익계산 방법 - 순자산비교법

　■ 기초자산 = 기초부채 + 기초자본　　　■ 기말자산 = 기말부채 + 기말자본

　　(기초자본 + 추가출자액 + 수익 − 비용 - 인출액 = 기말자본)

---

19. 기말자본 110,000원 = 기초자본 100,000원 + 당기순이익 10,000원
　　기말자산 200,000원 = 기말부채　90,000원 + 기말자본 110,000원
20. • 당기순이익(손실) △ 1,000,000원 = 기말자본 － 기초자본 8,000,000원
　　　∴ 기말자본 = 7,000,000원
　　• 기말자산 = 기말부채 9,000,000원 + 기말자본 7,000,000원 = 16,000,000원
21. 기말자본 - 기초자본 = 당기순이익, (550,000원 - 250,000원) - 기초자본 = 80,000원
　　총수익 - 총비용 = 당기순이익, 총수익 - 200,000원 = 80,000원

22. 2017. 12. 31. 장부를 조사하여 다음과 같은 자료를 얻었다. 2017년 기초 자본은 얼마인가?(72회)

• 자산총액 : 150,000원	• 수익총액 : 300,000원
• 부채총액 : 80,000원	• 비용총액 : 280,000원

① 20,000원　　　② 40,000원　　　③ 50,000원　　　④ 70,000원

23. 다음 자료에 의하여 기말자본을 구할 경우 그 금액은 얼마인가?(67회)

• 기초자산 : 1,000,000원	• 기초부채 : 600,000원
• 총 수 익 : 2,000,000원	• 총 비 용 : 2,200,000원

① 100,000원　　　② 200,000원　　　③ 400,000원　　　④ 600,000원

24. 다음 자료에 의한 자본금의 추가 출자액은 얼마인가?(66회)

기초자산	기초부채	기말자본	총수익	총비용
4,300,000원	2,000,000원	5,300,000원	1,000,000원	500,000원

① 2,000,000원　　　② 2,500,000원　　　③ 3,000,000원　　　④ 3,500,000원

25. 다음은 2017년 한국상사의 자료이다. 당기 총수익으로 옳은 것은?(71회)

• 기초자본 : 500,000원	• 기말자본 : 800,000원
• 추가출자액 : 50,000원	• 총비용 : 2,600,000원

① 2,250,000원　　　② 2,350,000원　　　③ 2,750,000원　　　④ 2,850,000원

해답　**22** ③　**23** ②　**24** ②　**25** ④

22. 기초자본금 300,000원 (500,000+100,000+50,000+100,000-300,000-150,000)
　　기초자본금 300,000 + 순이익 200,000(손익계정 차변 자본금) = 기말자본금 500,000
23. • 기말자본 = 기말자산(150,000) - 기말부채(80,000) = 70,000
　　• 당기순손익 = 총수익(300,000) - 총비용(280,000) = 당기순이익(20,000)
　　• 기말자본(70,000) - 기초자본(x) = 당기순이익(20,000)　　　∴ 기초자본 = 50,000
24. 기말자본 = 기초자본 + 추가출자액 + 순이익(-순손실)
25. • 기말자본 = 기초자본 + 추가출자액 + 당기순이익(총수입-총비용)
　　800,000원 = 500,000원 + 50,000원 + (X-2,600,000).　 X = 2,850,000원

3. 거래처별 초기이월

거래처별 초기이월은 [거래처원장]의 각 거래처별 전기이월자료를 제공하기 위하여 입력하는 메뉴이다. "거래처원장"이란 각 계정과목별로 일정기간의 거래처별 거래내용이나 잔액을 기록한 "보조원장"인데, 거래처원장에서는 전기이월자료를 직접 입력할 수 없기 때문에 [거래처별 초기이월] 메뉴에서 거래처원장에서 관리하고자 하는 계정과목별로 각 거래처를 입력하는 것이다. 다만, 본 프로그램으로 전년도에 회계처리를 한 경우에는 [마감후 이월] 메뉴에서 마감을 하면 거래처별 잔액이 다음 기수의 거래처원장에 전기이월로 자동 반영되므로 작업할 필요가 없다. 하지만 당기에 프로그램을 처음 구입한 경우에는 전기에 대한 자료가 없기 때문에 전기에 결산이 완료된 [전기분재무상태표]와 [거래처 등록] 메뉴에서 거래처원장을 작성하여 관리하고자 하는 거래처를 미리 등록해야 사용가능하다. 거래처별초기이월 메뉴를 열어 화면상단의 'F4 불러오기' 버튼을 클릭하면 전기분재무상태표에 입력된 모든 계정을 불러온다.[30]

[전기분 재무상태표]와 거래처 자료를 참고하여 각 계정과목별로 우측에 해당 거래처와 금액을 등록하는 방식으로 작성된다. 입력할 계정과목을 선택한 후에 우측의 '코드'를 클릭한 후 거래처를 조회F2하여 해당 금액을 입력한다.

전기분 재무상태표의 합계액과 오른쪽에 입력된 금액이 일치하지 않으면 차액이 붉은색으로 표시된다. 입력이 완료된 자료는 거래처원장에 반영되어 각 계정과목에 따른 거래처별로 전기이월자료를 제공하게 된다.

---

30) 특정계정만 조회하여 작성하는 방법 : 계정과목 코드에서 F2 코드'를 클릭하여 특정계정과목을 선택하여 작성할 수도 있다. 이 경우 '계정코드도움'에서 계정을 선택하면 재무상태표금액이 표시되고 오른쪽화면에서 재무상태표 금액에 맞추어 거래처별 금액을 입력해 준다.

[예제] 거래처별 초기이월 따라하기!

 문제 대한물산의 다음 자료를 이용하여 거래처별 초기이월 메뉴에 입력하시오.

계정과목	거래처명	금 액	비 고
외 상 매 출 금	주성상회	15,000,000	
	장지상회	10,000,000	
	이석상회	38,000,000	
	이수상회	32,000,000	
	순실게이트	5,000,000	
받 을 어 음	주성상회	30,000,000	만기일 : 2018. 4. 25.
	장지상회	20,000,000	만기일 : 2018. 2. 9.
단 기 대 여 금	수향실업	10,000,000	
선 급 금	재영상사	5,000,000	
장 기 대 여 금	수향실업	10,000,000	
	지효자동차	20,000,000	
임 차 보 증 금	수연빌딩	41,000,000	
외 상 매 입 금	수향실업	30,000,000	
	이석상회	10,000,000	
지 급 어 음	수향실업	25,000,000	만기일 : 2018. 6. 4.
	재영상사	10,000,000	만기일 : 2018. 8. 15.
미 지 급 금	지효자동차	22,500,000	
선 수 금	이수상회	500,000	
단 기 차 입 금	중소기업은행	3,000,000	만기일 : 2018. 4. 25.
	수연빌딩	2,000,000	만기일 : 2018. 8. 12.
장 기 차 입 금	중소기업은행	100,000,000	만기일 : 2020. 7. 1.

▶ 거래처별초기이월 메뉴를 열어 화면상단의 'F4 불러오기' 버튼을 클릭하면 전기분재
무상태표에 입력된 모든 계정을 불러온다.

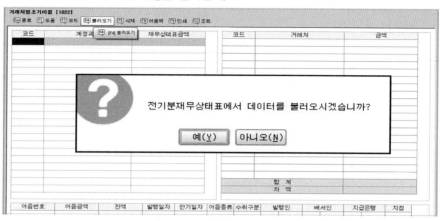

▶ '외상매출금' 거래처별 초기이월
▶ '외상매출금'을 선택한 후, 우측의 '코드'를 클릭하고, F2 키를 누른 후, 첫 번째 '101.
주성상회'를 선택하고 해당 금액을 입력한다.
▶ 다음 줄의 거래처의 코드란에서 F2 키를 누른 후, 두 번째 '102.장지상회'를 선택하고
해당 금액을 입력한다. … 마지막 '순실게이트'까지 입력한다.

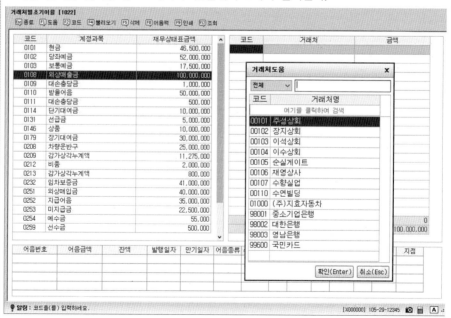

▶ '외상매출금' 거래처별 초기이월
▶ 차액 '0'을 확인한다.

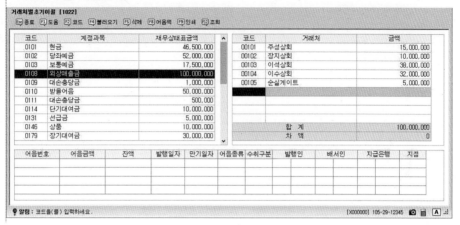

▶ '받을어음' 거래처별 초기이월
▶ 거래처, 금액 이외의 항목은 생략한다.

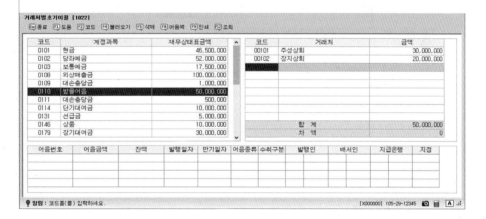

▶ '단기대여금' 거래처별 초기이월

답안 ▶'선급금' 거래처별 초기이월

거래처별초기이월 [1022]

[Esc]종료 [F1]도움 [F2]코드 [F4]불러오기 [F5]삭제 [F8]어음책 [F9]인쇄 [F12]조회

코드	계정과목	재무상태표금액		코드	거래처	금액
0111	대손충당금	500,000		00106	재영상사	5,000,000
0114	단기대여금	10,000,000				
0131	선급금	5,000,000				
0146	상품	10,000,000				
0179	장기대여금	30,000,000				
0208	차량운반구	25,000,000				
0209	감가상각누계액	11,275,000			합 계	5,000,000
0212	비품	2,000,000			차 액	0

어음번호	어음금액	잔액	발행일자	만기일자	어음종류	수취구분	발행인	배서인	지급은행	지점

💡 알림: 코드를(를) 입력하세요. [X000000] 105-29-12345 📷 🖩 Ａ ⠿

 답안 ▶'장기대여금' 거래처별 초기이월

거래처별초기이월 [1022]

[Esc]종료 [F1]도움 [F2]코드 [F4]불러오기 [F5]삭제 [F8]어음책 [F9]인쇄 [F12]조회

코드	계정과목	재무상태표금액		코드	거래처	금액
0111	대손충당금	500,000		00107	수향실업	10,000,000
0114	단기대여금	10,000,000		01000	(주)지호자동차	20,000,000
0131	선급금	5,000,000				
0146	상품	10,000,000				
0179	장기대여금	30,000,000				
0208	차량운반구	25,000,000			합 계	30,000,000
0209	감가상각누계액	11,275,000			차 액	0

어음번호	어음금액	잔액	발행일자	만기일자	어음종류	수취구분	발행인	배서인	지급은행	지점

💡 알림: 코드를(를) 입력하세요. [X000000] 105-29-12345 📷 🖩 ⠿

 답안 ▶'임차보증금' 거래처별 초기이월

거래처별초기이월 [1022]

[Esc]종료 [F1]도움 [F2]코드 [F4]불러오기 [F5]삭제 [F8]어음책 [F9]인쇄 [F12]조회

코드	계정과목	재무상태표금액		코드	거래처	금액
0209	감가상각누계액	11,275,000		00110	수연빌딩	41,000,000
0212	비품	2,000,000				
0213	감가상각누계액	800,000				
0232	임차보증금	41,000,000				
0251	외상매입금	40,000,000				
0252	지급어음	35,000,000				
0253	미지급금	22,500,000			합 계	41,000,000
0254	예수금	55,000			차 액	0

어음번호	어음금액	잔액	발행일자	만기일자	어음종류	수취구분	발행인	배서인	지급은행	지점

💡 알림: 코드를(를) 입력하세요. [X000000] 105-29-12345 📷 🖩 Ａ ⠿

▶ '외상매입금' 거래처별 초기이월

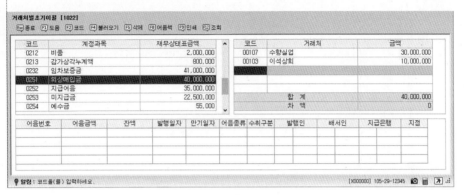

▶ '지급어음' 거래처별 초기이월

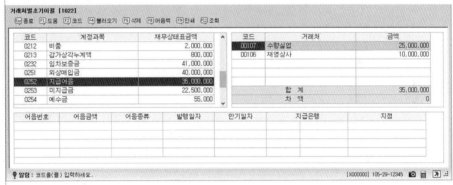

▶ '미지급금' 거래처별 초기이월

▶ '선수금' 거래처별 초기이월

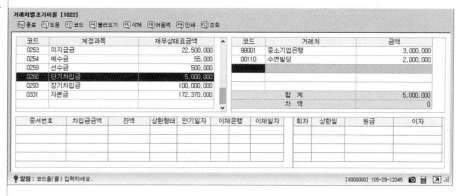

 ▶ '단기차입금' 거래처별 초기이월

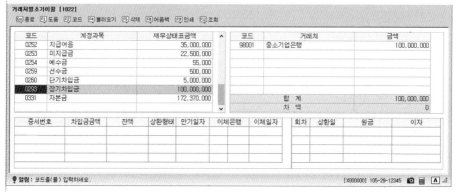 ▶ '장기차입금' 거래처별 초기이월

전산회계 2급 출제경향 심층분석

'거래처별 초기이월' 출제경향

☞ [전기분재무제표등]의 [거래처별 초기이월] 메뉴를 오픈하면, 잘못 입력된 부분을 발견할 수 있을 것이다. 시험지에 있는 계정과목과 거래처를 확인하고, 오류부분을 수정한다.

'✿' 기출문제 10회

3-1 나눔상사의 매입채무 초기이월은 다음과 같다. 거래처별초기이월 메뉴에서 수정 또는 추가입력 하시오.(3점)

외상매입금	• 하나상사 : 1,700,000원 • 맘스상사 : 34,000,000원	• 토이랜드 : 2,700,000원
지 급 어 음	• 해피실업 : 2,000,000원 • 남산상사 : 20,000,000원	• 동명완구 : 4,500,000원

답안 ▶ [전기분재무제표등]의 [거래처별 초기이월] 메뉴를 오픈한 후, 외상매입금을 클릭한다.

거래처별초기이월

Esc 종료 F1 도움 F2 코드 F4 불러오기 F5 삭제 F8 어음책

코드	계정과목	재무상태표금액
0102	당좌예금	18,000,000
0103	보통예금	32,500,000
0108	외상매출금	15,000,000
0110	받을어음	12,500,000
0232	임차보증금	2,000,000
0251	외상매입금	38,400,000
0252	지급어음	26,500,000
0260	단기차입금	13,000,000

코드	거래처	금액
03001	하나상사	2,700,000
06190	토이랜드	1,700,000
06340	맘스상사	34,000,000
	합 계	38,400,000
	차 액	0

어음번호	어음금액	잔액	발행일자	만기일자	어음종류	수취구분	발행인	배서인	지급은행	지점

♥ 알림 : 재무상태표금액(들)을 입력하세요.   [78] 206-13-30738

▶ 외상매입금 : 하나상사 1,700,000원, 토이랜드 2,700,000원으로 수정

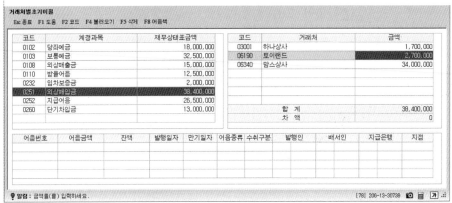

▶ 지급어음을 선택한다.

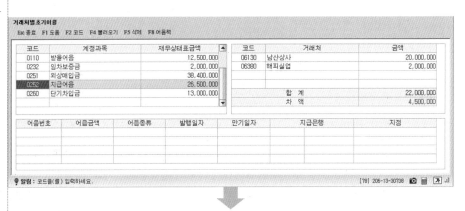

▶ 동명완구 4,500,000원 추가입력

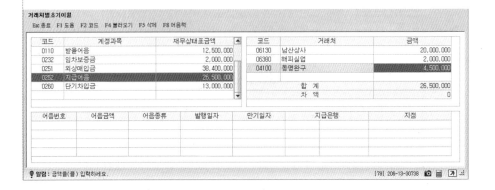

3-2

한국상사의 선급금과 외상매입금에 대한 거래처별 초기이월 자료는 다음과 같다. 주어진 자료를 검토하여 잘못된 부분을 정정하거나 누락된 부분을 추가 입력하시오.(3점)

계정과목	거래처명	금액(원)	계정과목	거래처명	금액(원)
선급금	안양상사	1,000,000	외상매입금	대한상사	8,600,000
	수원상사	1,800,000		국제상사	4,400,000
	대전상사	700,000		민국상사	3,850,000

답안

▶[전기분재무제표등]의 [거래처별 초기이월] 메뉴를 오픈한 후,
① 선급금: 수원상사 800,000원을 1,800,000원으로 수정한다.
  대전상사 1,700,000원을 700,000원으로 수정한다.

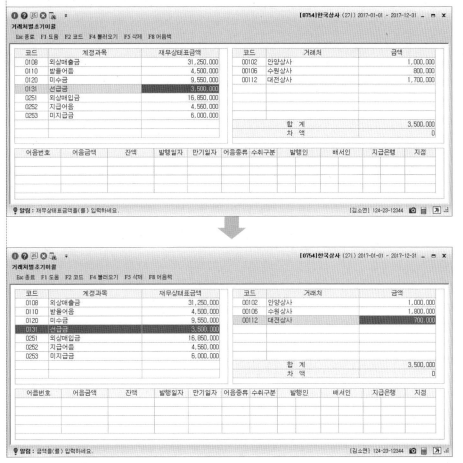

답안

② 외상매입금: 국제상사 4,000,000원을 4,400,000원으로 수정한다.

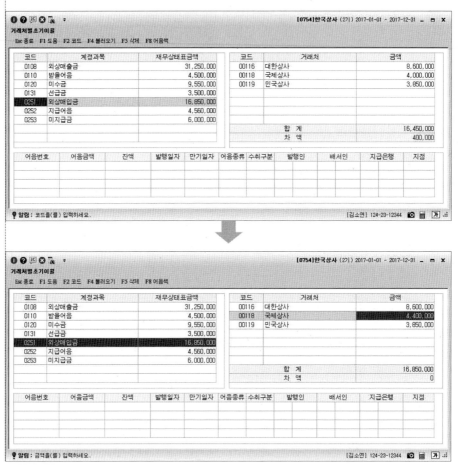

4. 마감후 이월

본 메뉴는 기중 모든 거래자료 입력이 완료되고 결산이 종료된 이후에 실행하는 메뉴이다. 결산의 모든 절차가 완료되면 다음 연도로 자료 및 거래처를 이월시켜야 하고 작업이 종료된 데이터는 더 이상 타인이 수정하지 못하도록 안전조치를 취해야 할 것이다. 이러한 기능을 수행하는 것이 [마감후 이월] 이다.

그러므로 기중에 실수로 마감을 하게 되면 자료의 입력 및 수정이 불가능하게 되므로 기중에는 마감을 하지 않도록 해야 한다. 만약 실수로 마감을 했다면 해당 메뉴의 마감취소(F11) 키를 누른다.

전산회계시험에서는 따로 마감할 필요는 없지만 실무프로그램에서는 자료의 추가 입력을 막고 입력한 자료가 보전되고, 다음회계연도로 회계정보의 이월이 가능하도록 마감을 해야 한다.

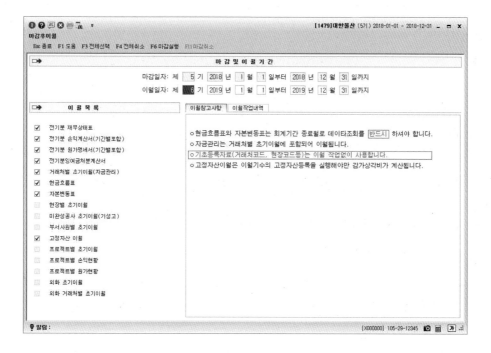

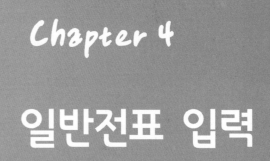

Chapter 4

일반전표 입력

일반전표 입력

본 메뉴는 회계상의 거래를 증빙이나 전표를 보고 전산회계 프로그램이 요구하는 형식에 맞추어 입력하는 작업이다. 입력된 자료는 자동으로 정리, 분류, 집계되어 분개장 및 총계정원장 등의 메뉴에 필요한 내용을 조회 및 출력 할 수 있다.

일반전표 메뉴의 현금잔액란에 표시된 금액은 전기분 재무상태표의 현금으로 입력한 금액이며, 전기말 현금잔액이 당기의 기초현금잔액으로 표시되는 것이다.

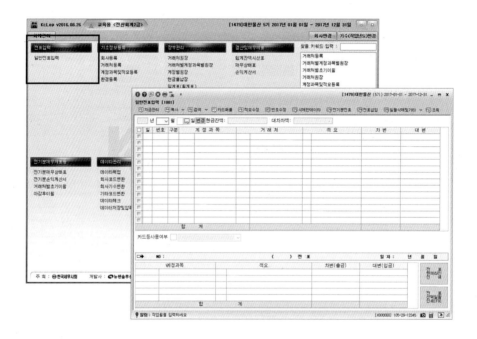

월

입력하고자 하는 전표의 해당월 2자리 숫자를 직접 입력하거나 열람단추를 클릭, 1월~12월중 해당월을 선택한다.

"(주)일

전표일자 입력방법에는 사용자 편의를 도모하고자 두가지의 방법으로 입력할 수 있다. 특정 일자를 지정하면 그 일자의 전표만, 월만 선택하면 한 달 전표를 입력할 수 있다. 12월 12일로 특정 일자를 지정하면 일자가 자동으로 세팅되어 구분부터 선택 입력하면 되고, 월만 지정하고 일자는 지정하지 않으면 일을 직접 입력하여 전표를 입력하면 된다.

"(주)번호

전표번호를 말하는데, 이는 "00001"부터 일자별로 자동 부여되며, 일자가 바뀌면 새로이 "00001"부터 부여된다. 대체분개 입력시는 차.대변 합계가 일치할 때까지 1개의 전표로 인식하여 동일한 번호가 부여되며, 차대변의 합계가 일치된 다음 입력되는 전표는 새로운 전표로 보아 다음 번호가 부여된다.

또한, 전표번호는 자동 부여되므로 커서가 들어가지 않도록 구성되어 있으며, 한번 부여후 삭제된 번호는 다시 부여되지 않는다. 그러나 전표를 잘못 입력하여 하나의 전표가 서로 다른 번호로 부여된 경우에는 상단 툴바의 '번호수정' 키를 클릭하고 직접 번호를 입력하여 수정한다.

"(주)구분

전표의 유형(type)을 입력한다. 해당란에 커서가 위치한 경우 좌측하단에 도움말이 보인다.

> 1 : 출금   2 : 입금   3 : 차변   4 : 대변   5 : 결산차변   6 : 결산대변

위의 유형 중에서 해당 거래에 적합한 유형을 선택한다.

① [1 : 출금]은 현금 감소거래를 선택한다. 현금 감소의 거래이므로 대변에 자동으로 현금계정이 표시되므로 차변계정과목만 선택하면 된다.

② [2 : 입금]은 현금 증가거래를 선택한다. 현금 증가의 거래이므로 차변에 자동으로 현금계정이 표시되므로 대변계정과목만 선택하면 된다.

③ [3 : 차변]과 [4 : 대변]은 현금이 포함되지 않은 거래 또는 현금이 일부만 포함된 경우에 선택하여 차변과 대변에 계정과목을 모두 선택한다.

④ [5 : 결산차변]과 [6 : 결산대변]은 결산 대체분개시 사용한다.

현금거래라고 해서 반드시 출금전표, 입금전표를 선택해야 하는 것은 아니고 대체전표로 입력해도 상관없지만, 업무의 효율상 출금전표 또는 입금전표로 입력하는 것이 바람직하다. 대체전표 입력 시에 차변에 금액을 입력하면 분개대차차액란에 양수(+)로 표시되고 대변에 금액을 입력하면 음수(−)로 표시된다. 이는 차변과 대변의 금액이 차이가 발생하지 않게 확인하는 것이며, 대차차액이 발생한 상황에서 종료하는 경우에는 오류메세지가 나타나므로 확인하고 종료해야 한다.

계정과목

계정과목은 코드번호의 선택 또는 입력으로 이루어진다. 계정과목의 코드를 모를 경우 코드란에 커서를 위치시키고 입력하고자 하는 계정과목명의 글자 2자를 입력하고 Enter↵ 키를 누르면 해당 글자가 포함되어 있는 계정과목명이 조회되므로, 선택하여 입력한다. 또는 F2 키를 이용하여 [계정코드도움] 창에서 해당 계정과목을 찾아 입력한다.

거래처

거래처원장에서 관리하고자 하는 거래처의 코드를 선택한다. 일반적으로 채권(외상매출금, 받을어음 등), 채무(외상매입금, 지급어음 등)에 관련된 계정과목들은 반드시 거래처 코드를 입력해야 한다. 거래처원장에서 관리할 필요가 없는 거래처는 코드를 입력하지 않고 거래처명만 직접 입력하면 된다.

거래처 코드를 모를 경우 코드란에 커서를 위치시키고 F2키를 이용하여 [거래처 코드도움] 창에서 해당 거래처를 직접 찾거나 또는 코드란에 커서를 놓고 "+" 또는 "00000"를 입력하고 거래처명을 두 자리 입력하고 Enter↵ 하면 해당 거래처가 조회된다.

이때 해당 거래처명이 없는 경우에는 거래처를 신규로 등록하는 작업이 진행된다. 신규거래처를 등록해야 할 경우에는 코드란에 "+" 또는 "00000"를 입력하고 거래처명을 입력하고 Enter↵ 하면 등록할 것인지, 수정할 것인지 묻는 메뉴가 나타난다. 그대로 등록하고자 하면 [등록]하고, 사업자등록증이 있어서 기타 메뉴를 수정하고자 하면 [수정]을 클릭하여 수정한 후 등록한다.

적요

거래내용을 간단하게 입력하여 전표에 표시해 주는 부분으로, 적절한 적요가 화면하단에 등록되어있으면 그 적요번호를 사용하고 등록되어있지 않은 사항이면 직접 입력한다. 특히 적요입력시 타계정대체 등의 경우에는 반드시 화면하단에 등록된 적요코드를 사용하여 입력해야 한다.

금액

거래금액을 입력한다. 참고로 "+"키를 치면 1,000단위로 입력이 되므로 이용하면 편리하다. 또한, KcLep(케이렙)프로그램에는 "대차차액자동입력" 기능이 있어서 차변금액을 입력하고 그에 상응하는 대변금액을 입력할 때 Space Bar로 간단하게 금액을 자동 생성할 수 있다. 예를 들어, 차변에 수수료비용 1,000원을 입력하고 대변금액을 1,001,000원으로 수정해야 한다고 하면 금액란에 커서를 놓고 스페이스바 키를 입력하면 대차차액 나던 1,000원 금액과 기존의 1,000,000원 금액을 합산한 1,001,000원을 자동으로 생성해준다.

거래내역을 입력한 후 대차차액이 발생하는지 여부를 확인한다. 화면상단의 '대차차액'란에 금액이 없으면 대차오류가 없다는 뜻이며, '차액'란에 금액이 있다면 대차오류가 발생한 것으로서 반드시 '대차차액'란에 금액이 없도록 수정해야 한다.

카드등 사용여부

사업자는 자기의 사업과 관련하여 사업자로부터 재화 또는 용역을 공급받고 그 대가를 지출하는 경우에는 적격증빙(세금계산서, 계산서, 신용카드매출전표, 현금영수증)을 받아 5년간 보관하여야 한다. 이를 수취하지 아니하면 증빙불비가산세를 부담해야 한다. 단, 거래 건당 3만원(접대비는 1만원)이하의 금액에 대하여는 적격증빙을 수취하지 않더라도 증빙불비가산세를 적용하지 않는다. 이와 관련해서 실무상 제출하는 서류가 "영수증수취명세서"인데 이 서식을 자동으로 작성하기 위해 사용되는 메뉴가 [카드 등 사용여부]이다. 따라서 본 메뉴는 자격시험 범위에 맞지 않아 출제되지 않을 것으로 판단된다.

🔑 전표삽입

KcLep(케이렙)프로그램은 동일전표사이에 계정을 추가할 수 있다. 예를 들어 외상매입금과 보통예금 사이에 은행수수료 계정을 추가하고 싶다면 계정을 추가하려는 자리 밑 라인을 클릭하고 화면 상단의 "전표삽입"버튼을 클릭한다. "전표삽입"버튼을 클릭하면 원하는 만큼 계정을 더 추가할 수 있다.

🔑 데이터 정렬방식

전표를 입력한 후 [일반전표입력] 메뉴를 종료하고 다시 들어가 보면 입력된 전표는 일자순(기본값)으로 자동 정렬이 된다. 가장 최근에 입력된 순서대로 보고 싶으면 동 메뉴의 아무 곳이나 커서를 놓고 마우스 오른쪽을 클릭하여 [데이타 정렬방식] - [일자순, 입력순 등]에서 입력순을 선택하여 볼 수 있다. 자격시험에서는 이미 전표가 입력되어 있는 상황에서 추가로 전표를 입력하게 된다. 이 경우 본인이 입력한 자료를 확인할 때 이 기능을 사용하면 유용할 것이다.

🔑 전표 삭제

입력된 전표를 삭제하고자 하는 경우에는 삭제하고자 하는 전표를 체크하고 F5키를 누르면 나타나는 보조창에서 Enter↵ 키를 치거나 예(y)를 클릭한다.

🔑 삭제한 데이터 복구 및 완전삭제

삭제한 데이터를 복구하고자 할 경우에는 상단 툴바의 "삭제한데이터"를 클릭하면 나타나는 「삭제데이터 조회기간 입력」 보조창에서 조회일자를 입력하고 확인(Tab)을 클릭한다. 복구할 데이터를 선택하고 "데이터복구"를 클릭하고 보조창에서 예(y)를 클릭한다. 삭제한 데이터를 완전히 삭제하고자 하는 경우에는 "휴지통비우기"를 클릭하고 보조창에서 예(y)를 클릭한다.

[예제] 1월 일반전표입력 따라하기!

 문제 대한물산의 다음 거래를 일반전표입력 메뉴에 입력하시오.

입력시 유의사항

- 적요의 입력은 생략한다.
- 부가가치세는 고려하지 않는다.
- 채권·채무와 관련된 거래처명은 반드시 기 등록되어 있는 거래처코드를 선택하는 방법으로 거래처명을 입력한다.
- 회계처리시 계정과목은 등록되어 있는 계정과목 중 가장 적절한 과목으로 한다.

 답안 ▶ [전표입력]에서 [일반전표입력]을 선택한다.

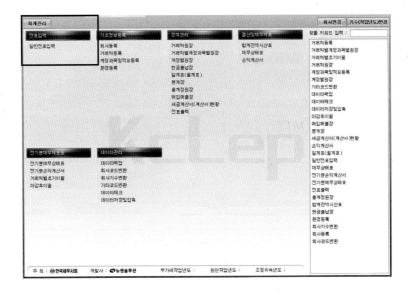

문제

1월 3일 : 영업부 대리 최두영의 시내 출장용으로 교통카드를 충전하고 대금은 현금으로 지급하다.

```
          [교통카드 충전영수증]
  역사명    : 종각역
  장비번호 : 151
  카드번호 : 10122521223251
  결재방식 : 현금
  충전일시 : 2018. 1. 3.
  - - - - - - - - - - - - - - - - - - - -
  충전전잔액 :              800원
  충전금액   :           50,000원
  충전후잔액 :           50,800원
  - - - - - - - - - - - - - - - - - - - -
  대표자명: 서울메트로 사장
  사업자번호: 114-82-01319
  주소: 서울특별시 서초구 효령로 432
```

[분개] (차)   (대)

답안

▶ [월 / 일] : 거래발생 날짜 "01 / 3"을 선택하거나 입력한다.
- 하루를 입력하는 경우에는 월 옆에 일자를 입력하고, 한달 거래를 입력하는 경우에는 월 옆칸을 비워두고 아래의 화면에서 일을 각각 입력한다.
▶ [구분] : 이 거래는 "현금 감소" 거래이므로, 구분에서 [1:출금]을 선택한다.
- [출금] or [입금] 거래를 [차변] / [대변]으로 입력해도 무방하다.

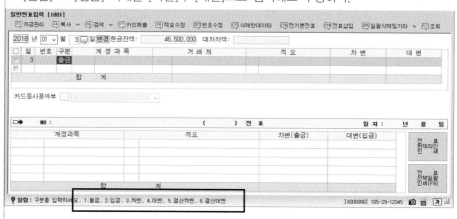

▶ [계정과목] : 계정과목의 코드를 모르는 경우 코드란에 커서를 위치시키고 '여비'라고 입력한 후 [Enter↵] 하면 해당 글자가 포함되어 있는 계정과목이 조회되므로, 선택하여 입력한다. 이때, [여비교통비] 코드는 판매비와관리비의 [812]로 한다.

– 참고로, [전산회계 2급]과정은 도.소매업에 해당하므로, [500~700]번대 코드는 사용하지 않는다!

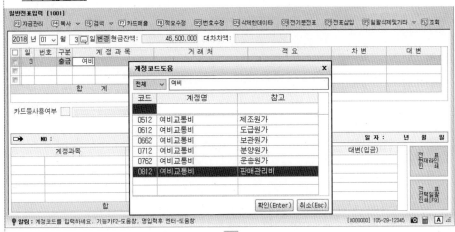

▶ [거래처] : 수험목적으로 필수입력사항은 아니며, 채권, 채무와 관련된 계정과목들만 반드시 거래처를 입력해야 한다.

▶ [적요] : 적요는 거래내용을 간략하게 설명하는 부분으로 수험목적으로 필수입력사항은 아니며, 문제에서 요구하는 경우에만 입력하면 된다.

▶ [금액] : 금액을 입력하는 경우 "000"의 천단위 숫자는 숫자판의 "+"키를 눌러 간편하게 입력할 수 있다. 50,000원 이므로, 50＋ 키를 눌러서 입력한다.

▶ (차)　812.여비교통비　　　50,000　　　(대) 101.현금　　　　　　50,000

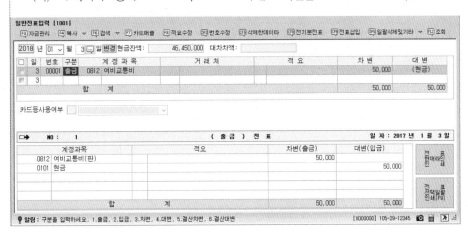

문제

1월 4일 : 마포구청에 영업관련 공과금 800,000원을 현금으로 지급하다.

[분개] (차)   (대)

답안

▶[**월 / 일**] : 거래발생 날짜 "01 / 4"를 입력한다.

▶[**구분**] : 이 거래는 "현금 감소" 거래이므로, 구분에서 [1:출금]을 선택한다.

▶[**계정과목**] : '817.세금과공과'를 입력한다.

📘 세금과공과 : 사업소세, 재산세, 자동차세 등의 세금, 상공회의소회비 등의 공과금

▶[**거래처**] : 세금과공과는 거래처 등록을 해도 무방하나, 거래처 관리 항목이 아니므로 생략한다.

▶[**적요**] : 문제에서 요구하지 않는 경우에는 생략해도 좋다.

▶[**금액**] : 800,000을 입력한다. 이때, 800+로 입력하면 천 단위가 자동 입력된다.

▶ (차) 817.세금과공과   800,000   (대) 101.현금   800,000

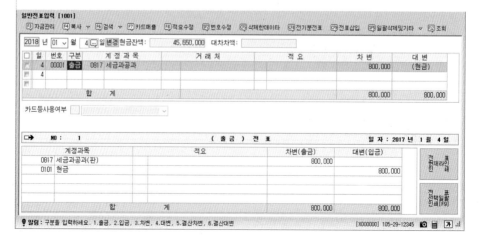

문제

1월 10일 : 전년도 12월분 급여지급시 예수한 갑근세 등 예수금 55,000원을 영남은행에 현금으로 납부하다(적요 1번 사용할 것).

[분개]   (차)   (대)

답안

▶ [월 / 일] : 01 / 10
▶ [구분] : 이 거래는 "현금 감소" 거래이므로, 구분에서 [1:출금]을 선택한다.
▶ [계정과목] : 254.예수금
▶ [거래처] : 거래처 관리 항목이 아니므로 생략한다.
▶ [적요] : '적요1번; 갑근세등예수금 현금납부'를 선택한다. 문제에서 적요 등록을 요구하고 있으므로 반드시 입력하도록 한다.
▶ [금액] : 55,000

▶ (차) 254.예수금 (적요 1)   55,000   (대) 101.현금   55,000

문제 1월 11일 : 총무부 대리 문용륜은 장부상 현금잔액보다 현금시재액이 100,000원 부족하다는 것을 발견하다.

[분개] (차)   (대)

답안

▶ [구분] : [1:출금]

▶ [계정과목] : 141.현금과부족

> 📓 현금과부족 : 현금의 시재와 장부상 잔액이 일치하지 않을 때 "현금과부족" 계정으로 처리한다. 원인이 판명되면 해당 계정으로 대체하고, 결산시까지 원인이 판명되지 않으면, 부족액은 잡손실, 초과액은 잡이익 계정으로 대체한다.

▶ (차) 141.현금과부족   100,000   (대) 101.현금   100,000

문제 1월 13일 : 영남은행에 만기가 3개월인 정기예금 10,000,000원에 가입하고 현금 지급하다.

[분개] (차)   (대)

답안
▶ [구분] : [1:출금]

▶ [계정과목] : 105.정기예금.

 보고기간말로부터 1년 이내에 만기가 도래하는 것을 단기금융상품(정기예금)으로 분류하고, 1년 이후에 만기가 도래하는 것을 장기금융상품(장기성예금)으로 분류한다.

▶ [거래처] : [98003.영남은행]을 등록하기 위해 [거래처 코드] 란에서 F2를 눌러서 거래처를 조회한 후 입력한다.

▶ (차) 105.정기예금   10,000,000   (대) 101.현금   10,000,000
        [98003.영남은행]

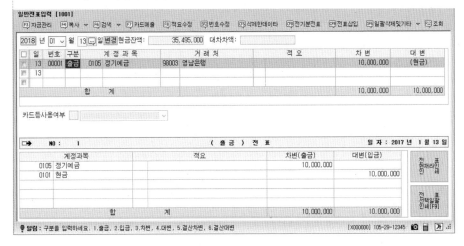

문제

1월 14일 : 수향실업에서 장기대여금에 대한 이자 500,000원을 현금으로 회수하다.

[분개] (차)　　　　　　　　　　　　　　　　　　　(대)

 답안

▶[구분] : 이 거래는 "현금 증가" 거래이므로, 구분에서 [2:입금]을 선택한다.

▶[계정과목] : 901.이자수익

▶ (차) 101.현금　　　　500,000　　　　(대) 901.이자수익　　　　500,000

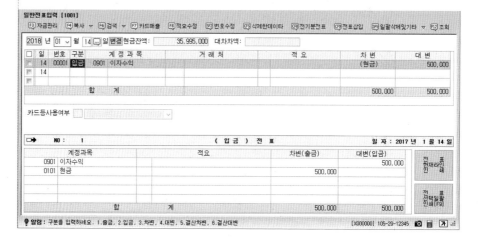

문제

1월 15일 : 상품보관을 위해 임차하고 있던 창고를 임대인인 수연빌딩에게 돌려주고 임차보증금 1,000,000원을 현금으로 돌려받다.

[분개] (차)   (대)

답안

▶ [구분] : 이 거래는 "현금 증가" 거래이므로, 구분에서 [2:입금]을 선택한다.

▶ [계정과목] : 232.임차보증금

▶ [거래처] : [110.수연빌딩]을 등록하기 위해 [거래처 코드] 란에서 F2를 눌러서 거래 처를 조회한 후 입력한다.

▶ (차) 101.현금   1,000,000   (대) 232.임차보증금 [110.수연빌딩]   1,000,000

문제

1월 16일 : 주성상회에 상품(가방 100개, @15,000, 1,500,000원)을 매출하고 동점 발행 당좌수표 1,000,000원과 자기앞수표 500,000원으로 회수하다.

[분개]　(차)　　　　　　　　　　　　　　　(대)

답안

▶[구분] : 이 거래는 "현금증가" 거래이므로, 구분에서 [2:입금]을 선택한다. 이 거래에서, 동점이란 주성상회를 말하는 것으로, 타인이 발행한 당좌수표와 자기앞수표는 통화대용증권으로 "현금"으로 회계 처리한다.

📖 **통화대용증권** : 타인발행당좌수표, 은행발행자기앞수표, 송금수표, 가계수표, 여행자수표, 우편환증서 [31], 전신환증서[32], 만기가 된 공·사채 이자표, 만기가 된 어음, 배당금지급통지표 등

▶'상품매출'에는 '부가세예수금'이 발생하는 것이 일반적이나, '전산회계2급'에서는 '부가가치세'를 다루지 아니하므로 생략하고 회계 처리한다.

▶　(차)　101.현금　　　　1,500,000　　　(대)　401.상품매출　　　　1,500,000

---

31) 우편환증서 : 은행의 송금과는 달리 가입계좌 없이 우편을 이용해 현금을 수송하는 제도
32) 전신환증서 : 수취인은 전신환증서를 우체국에 제시하고 환금을 지급받는 제도

문제

1월 17일 : 신상품의 판매 촉진을 위하여 통일신문에 광고를 게재하고 광고비 250,000 원을 당좌수표를 발행하여 지급하다.

[분개] (차)   (대)

답안

▶ [구분] : 이 거래는 대체거래이므로, [3 : 대체차변]/[4 : 대체대변]으로 입력한다.

▶ [3 : 대체차변] −[계정과목] : 833.광고선전비   −[금액] : 250,000

▶ [4 : 대체대변] −[계정과목] : 102.당좌예금

▶ 본 거래와 같이 하나의 거래이지만, 2줄 또는 3줄 이상이 입력될 수도 있다. 이때, 일 련번호가 동일하도록 유지해야 하며, 분개대차차액이 발생하지 않도록 주의한다. 일 련번호를 수정하고자 하는 경우, 툴바에서 [번호수정]을 클릭하면, 수정할 수 있다.

▶ 대차차액란에 금액이 없음을 확인한다. 차액이 발생했을 경우, 반드시 수정한다.

▶ (차) 833.광고선전비   250,000   (대) 102.당좌예금   250,000

문제

1월 22일 : 총무부 대리 문용륜은 현금 부족액 중 50,000은 경산 우체국에서 업무서류 등을 등기우편으로 발송하고 우편료를 지급한 것으로 확인하다.

[분개] (차)   (대)

답안

▶현금과부족에 대한 원인규명이 되었으므로 현금과부족을 통신비로 대체한다.

▶[구분] : 이 거래는 대체거래이므로, [3 : 대체차변]/[4 : 대체대변]으로 입력한다.

▶[3 : 대체차변]   −[계정과목] : 814.통신비   −[금액] : 50,000

▶[4 : 대체대변]   −[계정과목] : 141.현금과부족

▶ (차) 814.통신비   50,000   (대) 141.현금과부족   50,000

문제

1월 30일 : 회사는 전산망을 구축하기 위해 진동컴퓨터와 컴퓨터 구매계약을 아래와 같이 체결하고 계약서를 작성하다.

모델명	수량	단가	금액	대금 지급 방법
PC - 170 - RK	5대	@900,000	4,500,000원	구입 후 10개월 무이자할부

[분개] (차)   (대)

답안

▶ 분개없음
▶ 기업의 재무 상태에 미치는 영향이 없으므로, 회계상 거래가 아니다.

1. 다음 중 회계상의 거래에 해당하지 않는 것은?(67회)

   ① 새로운 거래처와 자사제품 판매계약을 체결하였다.
   ② 보관 중이던 상품이 화재로 소실되었다.
   ③ 발생된 월급을 종업원에게 지급하지 않았다.
   ④ 다음달분 보험료를 미리 지급하였다.

2. 다음 중 회계상 거래에 속하지 않는 것은?(61회)

   ① 7월 장마 폭우로 인해 1,000,000원의 건물 지붕이 소실되다.
   ② 매출대금으로 받아 보관중인 받을어음 1,000,000원이 지급거절되어 부도처리하다.
   ③ 공장에 화재가 발생하여 1,000,000원의 기계장치가 불에 전소되다.
   ④ 신제품 개발을 위하여 복판엔지니어와 1,000,000원의 연구개발 용역을 체결하기로 하다.

3. 다음 거래 내용에서 총계정원장에 기록할 수 있는 거래로 옳은 것은?(65회)

   ① 하나치킨집에 치킨 한 마리를 20,000원에 주문하다.
   ② 세운상가에서 냉장고를 1,000,000원에 구입하기로 계약하다.
   ③ 태풍으로 인하여 창고에 있는 상품 500,000원이 파손되다.
   ④ 기획사를 차리고 매니저 한명을 월급 3,000,000원을 주기로 하고 채용하다.

해답 **1** ① **2** ④ **3** ③

3. 주문, 계약, 고용(채용)은 회계상 거래가 아니다. 즉 총계정원장 작성을 할 수 없다.

📓 **회계거래(accounting transactions)**란 자산, 부채, 자본, 수익, 비용 등에 증가 또는 감소를 가져오는 경제적 사건을 말한다.

거래가 아닌 것	거래 인 것
• 상품을 주문하다	• 상품을 도난당하다
• 상품매매계약을 체결하다	• 현금을 분실하다
• 점포의 임대차계약을 체결하다	• 화재로 상품이 소실되다
• 은행에서 돈을 차입하기로 약속하다	• 상품의 파손, 부패가 발생하다
• 전기・수도료 등의 고지서를 받다	• 토지, 건물 등을 기증받다
• 종업원을 채용하다	• 외상대금을 못 받게 되다

4. 독도상사의 다음 거래에서 발생하지 않는 거래요소는?(70회)

> 오늘 이루어진 거래가 있었나요?
>
> 독도상사는 울릉도상사로부터 사무용 책상 500,000원을 구입하고, 300,000원은 현금으로 지급하고 나머지는 카드로 결재하였습니다.

① 자산의 증가　　② 자산의 감소　　③ 부채의 증가　　④ 수익의 발생

5. 다음과 같은 결합관계로 이루어진 거래로 옳은 것은?(66회)

> (차) 자산의 증가　　　　(대) 부채의 증가

① 건물을 2년간 임대하고 임대보증금 30,000,000원을 현금으로 받다.
② 매장의 유리창을 교체하고 대금 150,000원은 월말에 지급하기로 하다.
③ 차입금 60,000,000원과 그에 대한 이자 1,000,000원을 현금으로 지급하다.
④ 영업용 차량에 대한 1년간 보험료 1,000,000원을 현금으로 납부하다.

6. 다음의 내용이 설명하는 것으로 옳은 것은?(68회)

> 자산, 부채, 자본이 증감하는 거래에 있어 차변에 발생한 거래는 반드시 대변에도 같은 금액의 거래가 발생하여 이중으로 기입하게 된다.

① 거래의 이중성　② 거래의 8요소　　③ 대차평균의 원리　④ 유동성배열법

해답　4 ④　5 ①　6 ①

5. ② (차) 비용증가　(대) 부채증가　　　③ (차) 부채감소, 비용증가　(대) 자산감소
　④ (차) 비용증가　(대) 자산감소

 거래의 이중성(복식부기의 근본원리) : 어떤 하나의 거래가 이루어지면 반드시 왼쪽 요소와 오른쪽 요소가 원인과 결과로서 대립되어 성립하므로 거래는 항상 같은 금액으로 발생하게 된다.

거래의 8요소

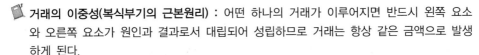

차변요소	대변요소
• 자산의 증가	• 자산의 감소
• 부채의 감소	• 부채의 증가
• 자본의 감소	• 자본의 증가
• 비용의 발생	• 수익의 발생

7. 다음과 같은 결합관계로 이루어진 거래로 옳은 것은?(68회)

(차) 자산의 증가	(대) 부채의 증가

① 상품 5,000,000원을 현금으로 매입하다.

② 단기대여금 2,000,000원을 현금으로 받다.

③ 은행으로부터 단기차입금 10,000,000원을 보통예금통장으로 이체받다.

④ 자동차세 150,000원을 현금으로 납부하다.

8. 다음 중 각 날짜별 분개에 대한 거래의 종류로 옳은 것은?(75회)

10/6 : 차) 단기차입금 30,000,000원   대) 현금 31,000,000원
이자비용   1,000,000원
10/9 : 차) 현금 10,000,000원   대) 자본금   10,000,000원

① 10/6 : 혼합거래, 10/9 : 손익거래   ② 10/6 : 혼합거래, 10/9 : 교환거래

③ 10/6 : 손익거래, 10/9 : 교환거래   ④ 10/6 : 교환거래, 10/9 : 손익거래

해답 **7** ③ **8** ②

7. (차) 현금(자산의 증가) (대) 단기차입금(부채의 증가)

📗 **자본거래(교환거래)** - 기업의 재무상태에는 영향을 미치지만 기업의 경영성과, 즉 수익이나 비용에 영향을 미치지 않는 회계거래, 재무상태표 항목만 변화

• 재무상태표 항목 ×××   /   재무상태표 항목 ×××

📗 **손익거래** - 기업의 순이익에 영향을 미치는 거래, 즉 기업의 수익과 비용에 영향을 미치고 결과적으로는 이익잉여금에 영향을 미치는 거래, 거래요소의 어느 한쪽이 수익, 비용의 발생으로만 결합한 거래

• 재무상태표 항목 ×××   /   손익계산서 항목 ×××
• 손익계산서 항목 ×××   /   재무상태표 항목 ×××

📗 **혼합거래** - 기업의 재무상태와 경영성과에 동시에 영향을 주는 거래, 교환거래와 손익거래가 혼합되어 동시에 발생하는 거래

• 재무상태표 항목 ×××   /   재무상태표 항목 ×××
손익계산서 항목 ×××
or
• 재무상태표 항목 ×××   /   재무상태표 항목 ×××
손익계산서 항목 ×××

---

9. 다음과 같은 거래의 결합관계와 거래의 종류로 이루어진 거래는?(64회)

거래의 결합관계		거래의 종류
(차변) 자산의 증가	(대변) 자산의 감소	교환거래

① 비품 1,000,000원을 구입하고 현금으로 지급하다.

② 국민은행으로부터 5,000,000원을 단기차입하다.

③ 현금 5,000,000원을 출자하여 상품매매업을 시작하다.

④ 상품을 2,000,000원을 외상으로 구입하다.

10. 다음 중 경영성과에 영향을 미치는 거래는?(65회)

① 거래처로부터 외상매입금에 대한 채무를 면제받다.

② 외상매입금을 약속어음을 발행하여 지급하다.

③ 대여금을 회수하여 기업주 개인이 사용하다.

④ 기업주 개인의 차입금을 기업이 대신 지급하다.

11. 다음 중 손익계산서 작성에 영향을 주는 거래는?(63회)

① 외상으로 매출한 대금을 현금으로 받다.

② 거래처와 상품 매매계약을 체결하다.

③ 보관중인 약속어음이 만기가 되어 현금으로 받다.

④ 건물에 대한 임차료를 현금으로 지급하다.

12. 다음 거래의 결합관계와 거래의 종류를 올바르게 표시한 것은?(71회)

> 단기차입금 150,000원을 현금으로 지급하다.

	차변요소	대변요소	거래의 종류		차변요소	대변요소	거래의 종류
①	자산의 증가	부채의 증가	교환 거래	②	부채의 감소	자산의 감소	교환 거래
③	자본의 감소	자산의 감소	혼합 거래	④	비용의 발생	수익의 발생	손익 거래

해답 | 9 | ① | 10 | ① | 11 | ④ | 12 | ② |

10. 손익거래(채무면제이익, 영업외수익), ①②③은 교환거래

11. 손익계산서 작성에 영향을 주는 거래는 손익거래 또는 혼합거래이다.
　　① 현금/외상매출금　② 분개없음　③ 현금/받을어음　④ 임차료/현금

12. (차) 단기차입금(부채의 감소)　(대) 현금(자산의 감소), 교환거래

분개 | 연습문제

문제

1. 당사 영업사원의 부친 회갑연 축하화환 100,000원, 거래처직원의 조문화환 100,000원을 팔도꽃배달에 주문하고 화환대금인 200,000원을 보통예금 통장에서 이체하다.(58회)

[분개] (차변)   (대변)

문제

2. 상품 1,500,000원을 매출하고 상품 대금은 거래처 발행 당좌수표 1,000,000원과 자기앞수표 500,000원으로 회수하다.(42회)

[분개] (차변)   (대변)

문제

3. 연말을 맞이하여 상품 포장을 위해 일용직근로자를 채용하고 잡급 430,000원을 현금으로 지급하다.(70회)

[분개] (차변)   (대변)

문제

4. 3/4분기 매출목표를 달성하여 영업부 직원들에게 상여금 3,000,000원을 보통예금계좌에서 이체하다.(단, 소득세등 예수한 금액은 없다)(57회)

[분개] (차변)   (대변)

문제

5. 현금 시재를 확인하던 중 장부상 현금보다 실제현금이 80,000원이 부족한 것을 발견하였으나 원인을 파악할 수 없으므로 임시계정으로 처리하다.(71회)

[분개] (차변)   (대변)

6. 결산일 현재 현금과부족계정으로 처리 되어있는 현금과다액 40,000원에 대한 원인이 아직 밝혀지지 않고 있다.(56회)

[분개] (차변)   (대변)

7. 성무상사에서 상품 2,000,000원을 매입하고 대금은 국민은행에서 발행한 당좌수표로 지급하다.(단, 당좌예금 잔액은 1,500,000원이며, 당좌차월 한도는 10,000,000원이다.)

[분개] (차변)   (대변)

8. 재상물산에 상품 1,000,000원을 매출하고 대금은 당좌예금 계좌에 입금되었다.(7번에 이어서 풀기)

[분개] (차변)   (대변)

9. 만기가 6개월인 정기예금에 가입하고 현금 10,000,000원을 은하은행에 입금하다.

[분개] (차변)   (대변)

10. 은하은행에 예치된 정기예금이 만기가 되어 원금 10,000,000원과 당기발생분 이자 500,000원이 당좌예금 통장으로 이체되었다.

[분개] (차변)   (대변)

11. 증권거래소에 상장된 ㈜동원의 주식 100주를 1주당 15,000원에 단기보유목적으로 취득하고, 증권회사에 주식매매수수료 15,000원과 함께 보통예금 통장에서 계좌이체하여 지급하다.(60회)

[분개] (차변)   (대변)

해답

1.	(차)	복 리 후 생 비	100,000	(대)	보 통 예 금	200,000
		접 대 비	100,000			
2.	(차)	현 금	1,500,000	(대)	상 품 매 출	1,500,000
3.	(차)	잡 급	430,000	(대)	현 금	430,000
4.	(차)	상 여 금	3,000,000	(대)	보 통 예 금	3,000,000
5.	(차)	현 금 과 부 족	80,000	(대)	현 금	80,000
6.	(차)	현 금 과 부 족	40,000	(대)	잡 이 익	40,000
7.	(차)	상 품	2,000,000	(대)	당 좌 예 금	1,500,000
					당 좌 차 월	500,000
8.	(차)	당 좌 차 월	500,000	(대)	상 품 매 출	1,000,000
		당 좌 예 금	500,000			
9.	(차)	정 기 예 금	10,000,000	(대)	현 금	10,000,000
10.	(차)	당 좌 예 금	10,500,000	(대)	정 기 예 금	10,000,000
					이 자 수 익	500,000
11.	(차)	단 기 매 매 증 권	1,500,000	(대)	보 통 예 금	1,515,000
		수 수 료 비 용	15,000			

[예제] 2월 일반전표입력 따라하기!

 문제

2월 1일 : 단기매매를 목적으로 ㈜케이의 주식을 1주당 @20,000원에 100주를 매입하다. 매입수수료는 매입가액의 1%이다. 매입관련 대금은 모두 당좌수표를 발행하여 지급하다.

[분개] (차)   (대)

 답안

▶ [구분] : 이 거래는 대체거래이므로, [3 : 대체차변]/[4 : 대체대변]으로 입력한다.

📓 단기매매증권 : 단기매매증권의 취득원가는 공정가치(거래가격)로 인식하며, 취득 시 발생한 수수료는 영업외비용의 '984.수수료비용'으로 처리한다.

▶ (차) 107.단기매매증권   2,000,000   (대) 102.당좌예금   2,020,000
        984.수수료비용   20,000

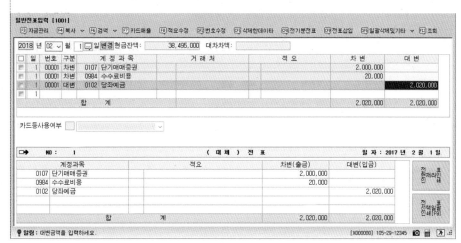

문제

2월 2일 : 재영상사에서 상품을 10,000,000원에 구입하고 구입대금 중 2,000,000원은 외상으로 하고, 잔액은 당점발행 약속어음으로 지급하다.

[분개] (차)   (대)

답안

▶ 외상매입금과 지급어음은 거래처 입력 필수 항목이다. 거래처 입력이란, 거래처코드와 거래처명이 함께 나타나는 것을 말하므로, 거래처코드가 입력되었는지 확인한다.

▶ (차) 146.상품   10,000,000   (대) 251.외상매입금 [106.재영상사]   2,000,000
                                        252.지급어음 [106.재영상사]   8,000,000

문제

2월 3일 : 매출처 순실게이트의 외상매출금 4,500,000원이 보통예금 계좌에 입금되었다.

[분개] (차)   (대)

답안

▶ (차) 103.보통예금 4,500,000   (대) 108.외상매출금 [105.순실게이트] 4,500,000

문제

2월 5일 : 회사 창립일을 맞이하여 영업사원 선물용 과일바구니 500,000원과 거래처 선물용 홍삼세트 200,000원을 국민카드로 결제하다.

[분개] (차)   (대)

답안

▶ 영업사원용은 복리후생비, 거래처용은 접대비로 처리한다.

▶ 본 거래는 상품매매 거래가 아니므로, 미지급금으로 처리한다.

▶ (차) 811.복리후생비   500,000   (대) 253.미지급금   700,000
　　　813.접대비   200,000   [99600.국민카드]

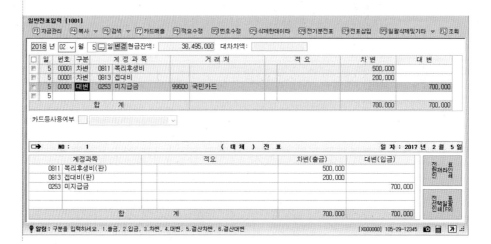

문제

2월 7일 : 주성상사에 상품 3,000,000원을 판매하고 대금 중 2,000,000원은 동점발행 약속어음(만기 : 2018. 3. 12)으로 하고 잔액은 외상으로 하다. 또한 당점부담의 운반비 40,000원은 현금으로 별도로 지급하다.

[분개] (차)   (대)

답안

▶ 상품 매출 시 발행한 어음은 매출채권의 받을어음 계정으로하고, 외상대금은 외상매출금 계정으로 한다.

▶ 이때, 이 프로그램에서 Enter↵ 키는 위의 데이터를 그대로 복사하는 속성이 있으므로, 거래처 등록을 생략하는 경우에는 방향키[→]를 이용하여 넘어간다. 복사가 되더라도 [Back space]를 이용하여 삭제한다.

▶ 상품 매출 시 발생한 운반비는 판매비와관리비이다.

▶ (차) 110.받을어음 [101.주성상사]   2,000,000   (대) 401.상품매출   3,000,000
         108.외상매출금 [101.주성상사]   1,000,000   101.현금   40,000
         824.운반비   40,000

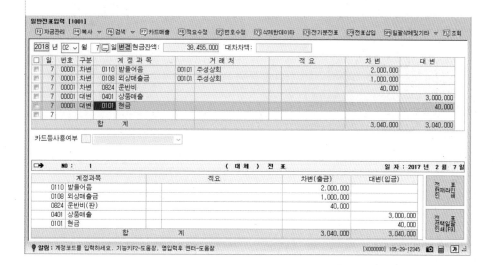

문제

2월 9일 : 장지상회에 상품판매대금으로 받은 약속어음 20,000,000원이 만기가 되어 추심 의뢰한 결과, 금일 당점 당좌예금 계좌에 추심수수료 50,000원을 제외한 금액이 입금되었음을 통지받다.

[분개] (차)   (대)

답안

▶ 받을어음이 만기가 되었으므로 추심(회수)회계처리를 한다.

▶ 이때, 발생한 추심수수료는 판매비와관리비 항목인 "831.수수료비용" 이다.

📒 **받을어음의 추심(회수)** : 만기일에 은행으로부터 추심되었다는 통지를 받으면 어음을 은행에 넘겨주는 것

▶ (차) 102.당좌예금   19,950,000   (대) 110.받을어음   20,000,000
         831.수수료비용   50,000   [102.장지상회]

일반전표입력 [1001]

일	번호	구분	계 정 과 목	거 래 처	적 요	차 변	대 변
9	00001	차변	0102 당좌예금			19,950,000	
9	00001	차변	0831 수수료비용			50,000	
9	00001	대변	0110 받을어음	00102 장지상회			20,000,000
9							
			합 계			20,000,000	20,000,000

2018 년 02 월 9 일 변경 현금잔액: 38,455,000 대차차액:

카드등사용여부

NO : 1   (대 체) 전 표   일 자 : 2017 년 2 월 9 일

계정과목	적요	차변(출금)	대변(입금)
0102 당좌예금		19,950,000	
0831 수수료비용(판)		50,000	
0110 받을어음			20,000,000
합 계		20,000,000	20,000,000

💡 알림: 계정코드를 입력하세요. 기능키F2-도움창, 명입력후 엔터-도움창   [X000000] 105-29-12345

문제

2월 11일 : 영업사원 강동훈의 급여 1,400,000원을 지급하면서 소득세·지방소득세·고용보험료·국민연금·건강보험료를 급여내역과 같이 차감하고 잔액을 보통예금 통장에서 이체하다.

(단위:원)

이 름	강동훈	지 급 일	2018.2.11.
기본급여	1,000,000	소 득 세	6,800
직책수당	100,000	지방소득세	680
상 여 금	·	고용보험	15,520
특별수당	100,000	국민연금	50,000
차량유지	200,000	건강보험	20,000
교육지원	·	기 타	·
급 여 계	1,400,000	공제합계	93,000
노고에 감사드립니다.		지급총액	1,307,000

[분개] (차)   (대)

답안

예수금 : 종업원에게 급여 지급시 원천징수하여 세무서에 납부하기까지 일시적으로 예수하는 원천징수 소득세예수금, 국민연금예수금, 의료보험료 예수금 등

▶ (차) 801.급여   1,400,000   (대) 103.보통예금   1,307,000
                                          254.예수금   93,000

문제

2월 15일 : 장지상회에서 상품 7,000,000원(200개, 1개당 35,000원)을 구입하기로 계약하고, 대금의 20%를 당좌예금 계좌로 이체하다.

[분개] (차)   (대)

답안

📖 **선급금** : 상품을 매입하기로 약정하고 계약금으로 미리 지급한 것

▶ 선급금 계정은 거래처관리 필수항목이다.

▶ 이때, 이 프로그램에서 [Enter↵] 키는 위의 데이터를 그대로 복사하는 속성이 있으므로, 거래처 등록을 생략하는 경우에는 방향키[→]를 이용하여 넘어간다. 복사가 되더라도 [Back space]를 이용하여 삭제한다.

▶ (차) 131.선급금 [102.장지상회] 1,400,000   (대) 102.당좌예금   1,400,000

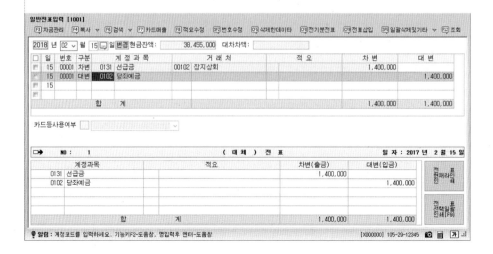

문제

2월 20일 : 이수상회로부터 상품 4,000,000원을 매입하고, 대금은 주성상회로부터 상품 판매대금으로 받아 보관중인 약속어음 2,000,000원(만기 2018. 3. 12)으로 지급하고 잔액은 당좌수표를 발행하다.

[분개] (차)   (대)

답안

📘 **배서양도(목적 – 거래대금 결제)** : 어음소지인이 만기일 이전에 어음상의 권리를 타인에게 양도하는 것

▶ 상품을 매입하면서 어음을 지급하면 매입채무인 지급어음으로 처리하지만, 본 거래는 받을어음을 배서양도한 거래이다. 따라서 받을어음의 거래처는 [101.주성상회]로 입력해야 한다.

▶ (차) 146.상품   4,000,000   (대) 110.받을어음 [101.주성상회]   2,000,000
                                          102.당좌예금   2,000,000

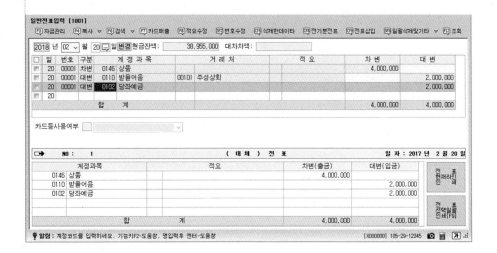

문제

2월 25일 : 주성상회에서 상품 판매대금으로 받아 보관중인 약속어음 30,000,000원 (만기 : 2018. 4. 25)을 대한은행에서 할인 받고, 할인료 500,000원을 차감한 금액을 당좌예금 계좌에 입금하다.

[분개] (차)   (대)

답안

▶ 2월 9일자 거래와 구분하여 본다. 2월 9일자 거래는 어음이 만기가 되어 추심의뢰한 경우이고, 본 거래는 만기를 2개월 남겨두고 어음을 매각한 거래로 본다. 따라서 그에 따른 손실은 매출채권처분손실로 인식한다.

📖 **어음의 할인 :** 소유어음을 만기일 이전에 자금조달의 수단으로 거래은행에 배서하고 할인료를 차감한 잔액을 받아 현금화하는 것

▶ (차) 102.당좌예금   29,500,000   (대) 110.받을어음   30,000,000
　　　 956.매출채권처분손실   500,000   [101.주성상회]

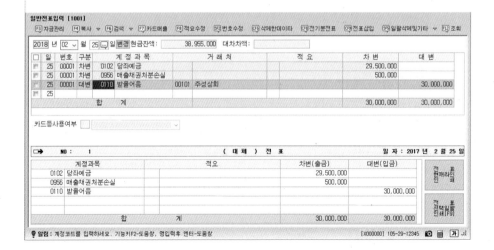

문제 2월 28일 : 보유 중인 (주)케이의 주식에 대하여 배당금이 확정되어 1,500,000원을 보통예금계좌로 받는다.(단, 별도의 거래처등록은 하지 않는다)

(정기) 배당금 지급통지서
(주)케이의 배당금 지급내역을 아래와 같이 통지합니다.

■ 주주명 : 대한물산　　　　　　　■ 주주번호 : 12551*********

·현금배당 및 세금내역

종 류	소유주식수	배당일수	현금배당률	A.배당금액	B.원천징수세액	
보통주	100	365	50%		소득세	
우선주				1,500,000	지방소득세	
					총세액	
				실지급액 (A−B)		

■ 배당금 지급기간 및 장소

1차	지급기간	2018. 2. 28.	지급장소	증권회사 거래계좌에 세금공제 후 자동입금
2차	지급기간			

[분개] (차)　　　　　　　　　　　　　　　　　(대)

답안 ▶ (차) 103.보통예금　1,500,000　　　　(대) 903.배당금수익 1,500,000

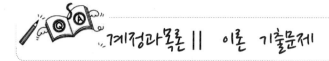

계정과목론 II 이론 기출문제

1. 다음 중 현금및현금성자산으로 회계처리할 수 없는 것은?(68회)

① 주화와 지폐   ② 타인발행 당좌수표

③ 당점발행 당좌수표   ④ 단기매매증권

2. 다음 중 출금거래가 아닌 것은?(75회)

① 상품 1,000,000원을 매입하고 상품대금은 지폐로 지급하다.

② 상품 1,000,000원을 매입하고 상품대금은 자기앞수표로 지급하다.

③ 상품 1,000,000원을 매입하고 상품대금은 당좌수표를 발행하여 지급하다.

④ 상품 1,000,000원을 매입하고 상품대금은 받아두었던 타인발행수표로 지급하다.

3. 아래의 자료를 토대로 재무상태표에 현금 및 현금성자산으로 합산되어 기록되는 금액은?(75회)

• 현　　　금 : 120,000원	• 선　급　금 : 240,000원	• 외상매출금 : 110,000원
• 보 통 예 금 : 150,000원	• 당 좌 예 금 : 180,000원	• 단기대여금 : 100,000원

① 270,000원   ② 300,000원   ③ 450,000원   ④ 560,000원

해답　**1**　④　**2**　③　**3**　③

2. 출금거래는 현금이 나가는 거래. 현금은 통화(주화, 지폐)와 통화대용증권(타인발행수표, 자기앞수표 등)을 말한다.

3. 현금 120,000원, 보통예금 150,000원, 당좌예금 180,000원

📖 **현금성자산** : 비록 취득당시에는 현금 형태가 아니지만 바로 그 취득시점에서 볼 때 조만간 현금화될 예정인 자산으로 현금(통화대용증권 포함), 보통예금, 당좌예금을 등을 말한다. 대개 큰 거래비용 없이 현금으로 전환이 용이하고, 이자율 변동에 따른 가치하락 변동이 작은 금융상품으로서 취득당시 만기(또는 상환일)이 3개월 이내인 단기수익증권 등을 현금에 준하는 자산이라는 뜻에서 현금성자산이라고 한다.

📖 **통화대용증권** : 타인발행당좌수표, 은행발행자기앞수표, 송금수표, 가계수표, 여행자수표, 우편환증서, 전신환증서, 만기가 된 공·사채 이자표, 만기가 된 어음, 배당금지급통지표 등

---

4. 경리담당자는 현재시재액이 장부잔액보다 30,000원 많은 것을 발견하였으나, 그 원인을 알 수 없어서 현금과부족계정을 이용하여 차이를 조정하였다. 그 후 현금불일치의 원인이 임대료수입의 기장누락에 있었음을 발견하였다. 현금불일치의 원인이 발견된 시점에서 필요한 분개는?(59회)

① (차) 현금과부족 30,000   (대) 현   금 30,000
② (차) 현금과부족 30,000   (대) 임 대 료 30,000
③ (차) 현   금 30,000   (대) 현금과부족 30,000
④ (차) 임 대 료 30,000   (대) 현금과부족 30,000

5. 다음 분개에 대한 설명으로 옳은 것은?(54회)

(차) 현 금 10,000   (대) 현금과부족 10,000

① 현금과잉액의 원인이 밝혀진 경우
② 현금의 실제 잔액이 장부 잔액보다 많음을 발견한 경우
③ 현금부족분의 원인이 밝혀진 경우
④ 현금의 실제 잔액이 장부 잔액보다 부족함을 발견한 경우

6. 다음 계정기입에 대한 설명으로 가장 옳은 것은? (단, 반드시 아래에 표시된 계정만으로 판단할 것.) (71회)

외상매출금		
	5/3 현금	500,000

① 상품 500,000원을 외상 매출하다.
② 외상매입금 500,000원을 현금으로 지급하다.
③ 외상매출금 500,000원을 현금으로 회수하다.
④ 상품 500,000원을 매출하고 현금으로 받다.

7. 다음 설명에 해당되는 계정과목은?(71회)

당좌예금 잔액의 범위를 초과하여 당좌수표를 발행하여도 거래은행과 약정에 의한 일정한 도까지는 거래은행이 부도처리 하지 않고 당좌수표를 발행할 수 있도록 하는 것을 말한다.

① 당좌예금   ② 지급어음   ③ 당좌차월   ④ 보통예금

해답 **4** ② **5** ② **6** ③ **7** ③

6. 분개 추정: 5/3 (차)현금 500,000   (대)외상매출금 500,000
   거래 추정: 5/3 외상매출금500,000을 현금으로 회수하다.
7. 거래은행과 당좌차월 약정을 체결하면 약정 한도 내에서 당좌수표를 발행할 수 있다. 당좌예금 잔액을 초과한 당좌 수표 발행액을 당좌차월이라는 부채계정으로 처리한다.

8. 단기매매증권에 관한 자료가 다음과 같은 경우 단기매매증권의 처분이익은?(70회)

> • 2015년 9월 25일, 주식 1,000주를 현금 6,000,000원으로 구입(1주당 액면 5,000원)
> • 2015년 12월 31일, 결산시 주식 1,000주의 공정가액(시가) 6,500,000원.
> • 2016년 3월 31일, 주식 500주를 3,500,000원에 현금으로 받고 처분.

① 250,000원　　　② 500,000원　　　③ 750,000원　　　④ 1,000,000원

9. 청석상점은 2017년 10월 15일 단기시세차익을 목적으로 시장성 있는 ㈜대성의 주식을 600,000원(액면금액 5,000원, 100주)에 구입하고 수수료 10,000원과 함께 현금으로 지급하였다. 이 주식을 2017년 11월 20일 700,000원에 전량 매각하였을 경우 단기매매증권처분이익으로 계상될 금액은 얼마인가?(75회)

① 90,000원　　　② 100,000원　　　③ 110,000원　　　④ 190,000원

10. 다음은 외상매입금 거래처원장이다. 9월 외상매입금 지급액으로 옳은 것은?(66회)

금성상회	
9/30차월이월 100,000원	9/01전월이월　40,000원 9/18매　입 960,000원

하성상회	
9/30차월이월 200,000원	9/01 전월이월　90,000원 9/15 매　입　710,000원

① 1,400,000원　　　② 1,500,000원　　　③ 1,600,000원　　　④ 1,700,000원

11. 다음 중 받을어음계정 차변에 기입하는 내용은?(66회)

① 어음 대금 회수　　　　　　　② 어음의 배서 양도
③ 어음의 부도　　　　　　　　④ 어음의 수취

해답　**8**　①　**9**　②　**10**　②　**11**　④

8. ・2015년 12월 31일 1주당 장부가액 6,500원 = 6,500,000원 ÷ 1,000주
　・2016년 3월 31일 처분손익 250,000원 = 3,500,000원 - (500주 × 6,500원)

9. 단기매매증권 구입 시 수수료는 (판)수수료비용 계정으로 당기 비용 처리한다. 그러므로 취득원가는 600,000원이고 처분가액은 700,000원이어서 처분이익은 100,000원 계상된다.

12. 다음 계정과목 중 대손충당금 설정 대상으로 적절하지 않은 것은?(58회)

   ① 미지급금   ② 받을어음   ③ 외상매출금   ④ 단기대여금

13. 대손충당금을 설정할 경우의 거래내용과 회계처리가 적절하지 않는 것은?(57회)

             거래내용   회계처리

   ① 대손예상액〉대손충당금 잔액   (차)대손상각비 ×××   (대)대손충당금 ×××

   ② 대손예상액=대손충당금 잔액   (차)대손상각비 ×××   (대)대손충당금 ×××

   ③ 대손예상액〈대손충당금 잔액   (차)대손충당금 ×××   (대)대손충당금환입 ×××

   ④ 대손충당금 잔액이 없을 경우   (차)대손상각비 ×××   (대)대손충당금 ×××

14. 표준용 재무상태표에 표시되는 매입채무계정에 해당하는 것은?(72회)

   ① 미수금과 미지급금   ② 외상매입금과 지급어음

   ③ 외상매입급과 미지급금   ④ 외상매출금과 받을어음

해답   **12** ①   **13** ②   **14** ②

12. 대손충당금은 회사가 보유하고 있는 채권에 대하여 설정하는 것으로, 미지급금은 부채계정으로 대손충당금을 설정하지 않는다.

① 년 말 결산시 대손예상액을 추정하여 대손충당금 설정

> 기말설정액 = 기말채권잔액 × 대손추정율(%) - 대손충당금잔액

거래내역	차 변	대 변
대손충당금 잔액이 없을 경우	대 손 상 각 비 ×××	대 손 충 당 금 ×××
대손예상액 〉 대손충당금 잔액	대 손 상 각 비 ×××	대 손 충 당 금 ×××
대손예상액 〈 대손충당금 잔액	대 손 충 당 금 ×××	대손충당금환입 ×××

② 대손이 발생한 경우의 회계처리

거래내역	차 변	대 변
대손액 〈 대손충당금 잔액	대 손 충 당 금 ×××	외 상 매 출 금 ×××
대손액 〉 대손충당금 잔액	대 손 충 당 금 ××× 대 손 상 각 비 ×××	외 상 매 출 금 ×××
대손충당금 잔액이 없을 경우	대 손 상 각 비 ×××	외 상 매 출 금 ×××

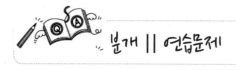
분개 || 연습문제

문제

1. 수동가구에 판매용 책상 3,000,000원을 매출하고 2,000,000원은 수동가구가 발행한 어음으로 받고 잔액은 외상으로 하다.(54회)

[분개] (차변)　　　　　　　　　　　　　　(대변)

문제

2. 해피상사에 상품 7,000,000원을 판매하고 판매대금 중 5,000,000원은 해피상사에 대한 외상매입금과 상계하고 나머지는 동점발행 약속어음으로 수취하다.(48회)

[분개] (차변)　　　　　　　　　　　　　　(대변)

문제

3. 동양상사부터 상품을 1,900,000원에 구입하고 구입대금 중 1,000,000원은 외상으로 하고, 잔액은 당점발행 약속어음으로 지급하다.

[분개] (차변)　　　　　　　　　　　　　　(대변)

문제

4. 동양상사에 상품매입 대금으로 발행해 준 약속어음 900,000원이 만기가 되어 당사 보통예금 계좌에서 이체하여 지급하다.(60회)

[분개] (차변)　　　　　　　　　　　　　　(대변)

문제

5. 경동은행에서 10,000,000원을 2개월간 차입하고, 선이자 500,000원을 차감한 잔액이 당사 보통예금통장에 계좌이체 되다.(선이자는 이자비용으로 회계처리 하기로 한다)(54회)

[분개] (차변)　　　　　　　　　　　　　　(대변)

6. 한세상사로부터 받은 받을어음 10,000,000원이 만기도래하여, 추심수수료 50,000
   원을 차감한 잔액을 보통예금으로 받다.(64회)

   [분개] (차변)   (대변)

7. 춘천상사에서 상품 3,000,000원을 매입하면서, 테크노마트로부터 매출대금으로 받
   아 보관 중인 약속어음 2,000,000원을 배서양도 하고, 잔액은 당사 발행 약속어음
   으로 지급하다.(70회=62회)

   [분개] (차변)   (대변)

8. 단기간의 매매차익을 목적으로 총액 7,000,000원에 구입한 상장회사 (주)구노물산
   의 주식 200주 중 80주를 주당 40,000원에 처분하였으며 처분대금은 소망은행 보
   통예금에 입금되다.

   [분개] (차변)   (대변)

9. (주)대신증권의 주식(장부가액 4,500,000원)을 4,000,000원에 매각하고 대금은 당
   사 당좌예금계좌로 이체되었다.

   [분개] (차변)   (대변)

10. 거래처 인천상사로부터 매출대금으로 받아 보관 중인 약속어음 5,000,000원을
    만기 전에 거래처 은행으로부터 할인을 받고, 할인료 155,000원을 차감한 금액
    을 당사 보통예금 계좌로 입금 받다.(단, 할인된 어음은 매각거래로 회계처리
    함)(62회)

    [분개] (차변)   (대변)

11. 남부상사의 외상매입금 1,000,000원을 지급하기 위하여 서부상사로부터 매출대금
    으로 받은 약속어음(만기일:2017.10.31.)을 배서양도하다.(71회)

    [분개] (차변)   (대변)

📓 해답

1.	(차)	받 을 어 음	2,000,000	(대)	상 품 매 출	3,000,000
		외 상 매 출 금	1,000,000			
2.	(차)	외 상 매 입 금	5,000,000	(대)	상 품 매 출	7,000,000
		받 을 어 음	2,000,000			
3.	(차)	상 품	1,900,000	(대)	외 상 매 입 금	1,000,000
					지 급 어 음	900,000
4.	(차)	지 급 어 음	900,000	(대)	보 통 예 금	900,000
5.	(차)	보 통 예 금	9,500,000	(대)	단 기 차 입 금	10,000,000
		이 자 비 용	500,000			
6.	(차)	보 통 예 금	9,950,000	(대)	받 을 어 음	10,000,000
		수 수 료 비 용	50,000			
7.	(차)	상 품	3,000,000	(대)	받 을 어 음	2,000,000
					지 급 어 음	1,000,000
8.	(차)	보 통 예 금	3,200,000	(대)	단 기 매 매 증 권	2,800,000
					단기투자자산처분이익	400,000
9.	(차)	당 좌 예 금	4,000,000	(대)	단 기 매 매 증 권	4,500,000
		단기투자자산처분손실	500,000			
10.	(차)	보 통 예 금	4,845,000	(대)	받 을 어 음	5,000,000
		매 출 채 권 처 분 손 실	155,000			
11.	(차)	외 상 매 입 금	1,000,000	(대)	받 을 어 음	1,000,000

[예제] 3월 일반전표입력 따라하기!

문제

3월 2일 : 순실게이트의 파산으로 외상매출금 잔액이 모두 회수불능하게 되어 대손처리하다.

[분개] (차)   (대)

답안

▶ 거래처가 부도가 난 경우, 대손회계처리를 하기 위해 먼저, [장부관리] – [거래처원장]에서 순실게이트를 조회하여 외상매출금 잔액을 확인한다.

▶ [기간] 1월1일 ~3월2일

▶ [계정과목]을 조회하기 위해 F2 또는 '🔍'을 클릭하여 "108.외상매출금"을 선택한다.

▶ [거래처분류]는 생략한다.[41)]

▶ [거래처코드]는 '순실게이트'만 조회하면 되므로, F2 또는 '🔍'을 클릭하여 '105.순실게이트' ~ '105.순실게이트'로 한다.

▶ 3월 2일 현재, 순실게이트의 외상매출금 잔액은 500,000원 이다.

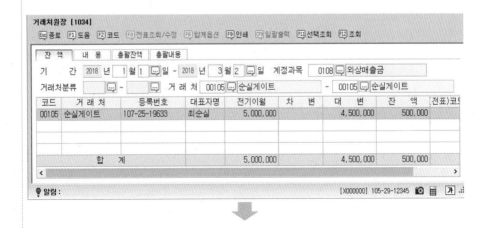

---

41) [거래처분류]는 [거래처등록] 메뉴에서 거래처를 분류등록한 경우 사용한다.

답안

▶ 다음, [결산및재무제표] – [합계잔액시산표] : '기간' 3월을 조회하여 외상매출금에
설정되어 있는 대손충당금 잔액 1,000,000원을 확인한다.

📖 대손이 발생한 경우의 회계처리

회수가 불가능한 채권은 대손충당금과 상계하고 대손충당금이 부족한 경우에는
그 부족액을 대손상각비로 처리한다.

거래내역	차 변	대 변
대손액 〈 대손충당금 잔액	대 손 충 당 금 ×××	외 상 매 출 금 ×××
대손액 〉 대손충당금 잔액	대 손 충 당 금 ××× 대 손 상 각 비 ×××	외 상 매 출 금 ×××
대손충당금 잔액이 없을 경우	대 손 상 각 비 ×××	외 상 매 출 금 ×××

▶ 거래처원장에서 조회한 대손액(외상매출금) 500,000원 보다, 시산표에서 조회한 대
손충당금 잔액 1,000,000원이 더 크므로, 전액 대손충당금으로 처리한다.

▶ 대손충당금 코드는 '108.외상매출금' 바로 다음 코드인 '109.대손충당금'으로 한다.

▶ (차) 109.대손충당금 500,000   (대) 108.외상매출금 [105.순실게이트] 500,000

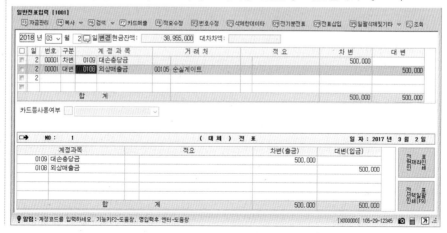

문제

3월 3일 : 장지상회에 3,000,000원을 2개월간 대여하기로 하고 선이자 30,000원을 공제한 2,970,000원을 당사의 보통예금 계좌에서 계좌이체 하다(이자수익으로 처리할 것).

[분개] (차)   (대)

답안

▶ 2개월간 대여하였으므로, 단기대여금이다.
▶ 단기대여금은 거래처관리 필수항목이다.

▶ (차) 114.단기대여금   3,000,000   (대) 103.보통예금   2,970,000
         [102.장지상회]   901.이자수익   30,000

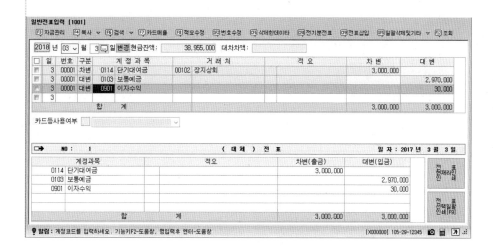

문제

3월 4일 : 이석상회에 상품을 판매하기로 하고, 계약금 500,000원을 이석상회 발행 당
좌수표로 받다.

[분개] (차)   (대)

답안

📖 **선수금** : 상품을 판매하기로 약정하고 계약금으로 미리 받은 것

▶ 선수금 계정은 거래처관리 필수항목이다.

▶ (차) 101.현 금 500,000   (대) 259.선수금 [103.이석상회] 500,000

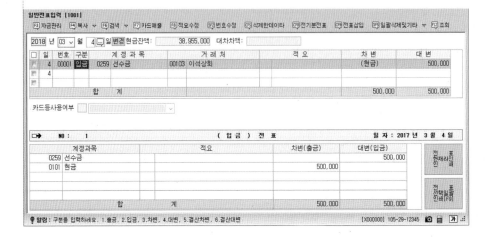

문제

3월 5일 : 매출처인 이수상회에 상품 5,000,000원을 판매하고 계약금 500,000원을
제외한 잔액은 약속어음(만기: 2019. 6. 15)으로 받다.

[분개] (차)   (대)

답안

▶ 상품매출이 완료되었으므로 선수금은 상계하고, 선수금을 제외한 나머지 금액은 외상
으로 하였으므로, 외상매출금으로 처리한다.

▶ (차) 259.선수금 [104.이수상회]   500,000 (대) 401.상품매출   5,000,000
        110.받을어음 [104.이수상회]   4,500,000

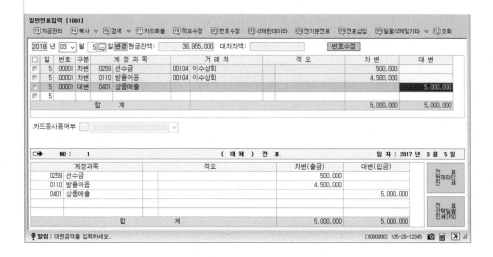

문제

3월 7일 : 재영상사에서 상품 8,000,000원을 매입하고 계약금을 제외한 나머지는 한 달 후에 지급하기로 하다.

[분개] (차)   (대)

답안

▶ [거래처원장]을 조회하여 선급금 5,000,000원을 확인한다.

▶ [기간] 1월1일 ~ 3월7일, [계정과목] 131.선급금,

▶ [거래처] 106.재영상사 ~ 106.재영상사

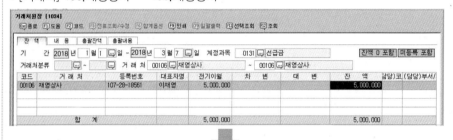

▶ (차) 146.상품   8,000,000   (대) 131.선급금 [106.재영상사]   5,000,000
                                    251.외상매입금 [106.재영상사]   3,000,000

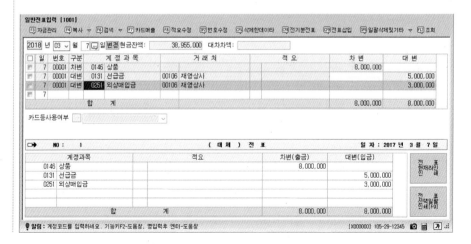

문제

3월 10일 : 영업용 승합차의 1년(2018. 3. 10 ～ 2019. 3. 9) 종합보험을 가입하고 보험료 500,000원을 제일화재해상보험에 현금으로 지급하다(비용으로 처리할 것).

[분개] (차)   (대)

답안

📓 보험료 지급시 자산 or 비용으로 회계 처리할 수 있다.
 - 자산으로 회계 처리하는 경우; (차) 선급비용 500,000   (대) 현금 500,000
 - 비용으로 회계 처리하는 경우; (차) 보험료 500,000   (대) 현금 500,000

▶ (차) 821.보험료 500,000   (대) 101.현금 500,000

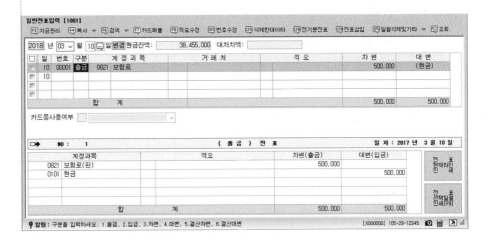

문제

3월 15일 : 본사 영업부 직원들의 업무역량 강화를 위해 외부강사를 초청하여 교육을 진행하고, 강사료 3,000,000원 중 132,000원을 원천징수하고, 2,868,000원을 보통예금 통장에서 이체하여 지급하다.

[분개] (차)   (대)

답안

▶ 종업원 교육을 위한 강사료는 '825.교육훈련비'이며, 이때, 원천징수한 것은 '254.예수금'으로 처리한다.

▶ (차) 825.교육훈련비   3,000,000   (대) 254.예수금   132,000
                                                  103.보통예금   2,868,000

일반전표입력 [1001]

F3 자금관리 ▾ F4 복사 ▾ F6 검색 ▾ F7 카드매출 F8 적요수정 SF2 번호수정 CF5 삭제한데이타 CF8 전기분전표 CF9 전표삽입 SF5 일괄삭제및기타 ▾ F11 조회

2018 년 03 ∨ 월 15 일 변경 현금잔액 :   38,455,000 대차차액 :

□	일	번호	구분	계정과목	거래처	적요	차변	대변
▣	15	00001	차변	0825 교육훈련비			3,000,000	
▣	15	00001	대변	0254 예수금				132,000
▣	15	00001	대변	0103 보통예금				2,868,000
▣	15							
			합 계				3,000,000	3,000,000

카드등사용여부 □ 　　　　　　　　　 ∨

⇨	NO :	1		(대 체) 전 표		일 자 : 2017 년 3 월 15 일	
	계정과목		적요	차변(출금)	대변(입금)		
0825 교육훈련비(판)				3,000,000			전표현재라인인쇄
0254 예수금					132,000		
0103 보통예금					2,868,000		전표선택일괄인쇄[F9]
	합 계			3,000,000	3,000,000		

💡 알림 : 계정코드를 입력하세요. 기능키F2-도움창, 명입력후 엔터-도움창   [X000000] 105-29-12345 📷 🛒 가 .::

문제

3월 20일 : 단기간의 매매차익을 목적으로 총액 2,000,000원에 구입한 상장회사 ㈜케이의 주식을 3,000,000원에 처분하였으며 처분대금은 보통예금에 입금되다.

[분개] (차)   (대)

답안

▶ 2,000,000원에 취득한 주식을 3,000,000원에 매각하였으므로 1,000,000원의 단기투자자산처분이익이 발생한다.

▶ (차) 103.보통예금   3,000,000   (대) 107.단기매매증권   2,000,000
                                     906.단기투자자산처분이익   1,000,000

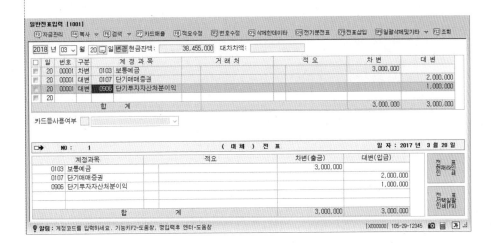

문제

3월 22일 : 대리 김형균의 부산 출장경비로 500,000원을 현금으로 선지급하다.

[분개] (차)   (대)

답안

📗 **가지급금** : 실제로 현금지출은 있었으나, 계정과목이나 금액을 확정할 수 없을 때 사용하며, 계정과목이나 금액이 확정되면 해당계정에 대체

▶ 출장경비로 500,000원 현금지출은 있었으나, 실제로 계정과목이나 금액을 확정할 수 없으므로 "가지급금" 계정으로 처리한다. 차후에 계정과목이나 금액이 확정되면 해당계정에 대체한다.

▶ (차) 134.가지급금 500,000   (대) 101.현금 500,000

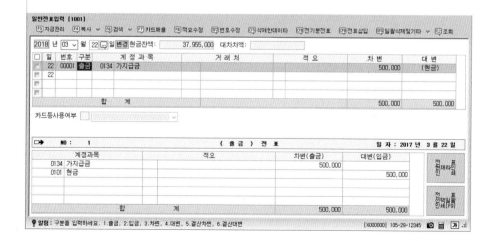

문제

3월 25일 : 지방출장을 마치고 돌아온 대리 김형균으로부터 다음과 같은 지출명세서를 받고 정산을 하다(전액 여비교통비로 처리할 것).

내　　역	금　　액
왕복교통비	50,000
현지교통비	30,000
숙　박　비	300,000
식　　　대	70,000
계	450,000

[분개]　(차)　　　　　　　　　　　　　　　　　(대)

답안

▶ 3월 22일 출장경비로 지급한 "가지급금"에 대해 계정과목이나 금액이 확정되었으므로 "812.여비교통비"로 대체하고, 나머지 금액은 현금 입금한다.

▶ (차)　812.여비교통비　　　450,000　　(대) 134.가지급금　　　500,000
　　　　101.현금　　　　　　　50,000

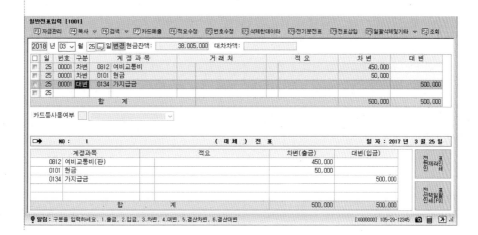

계정과목론 III 이론 기출문제

1. 다음은 급여명세표이다. 급여 지급 시 급여명세표의 공제내역에 관한 회계처리와 관련 있는 계정은?(68회)

소속 : 무한상사 영업부	성명 : 성실한	주민등록번호 : 801205-××××××××			
직급(호봉) : ×××(××)	실수령액 : 2,200,000원				
급 여 내 역			공 제 내 역		
기 본 급	1,900,000		소 득 세	150,000	
□□수당	300,000		주 민 세	15,000	
급 식 비	150,000		건강보험료	85,000	
교 통 비	100,000				
급여 계	2,450,000		공제 계	250,000	

① 예수금   ② 가수금   ③ 선수금   ④ 미수금

2. 다음 거래에 대한 설명이 틀린 것은?(60회)

• 상품을 현금으로 매입하다.	• 은행에서 현금을 차입하다.
• 종업원 급여 지급 시 소득세를 공제하다.	

① 부채계정이 발생한다.   ② 재고자산이 발생한다.

③ 예수금계정이 발생한다.   ④ 수익계정이 발생한다.

3. 다음 자료에서 당기 손익계산서에 보고되는 대손상각비는 얼마인가?(61회)

- 전기 말 외상매출금에 대한 대손충당금 잔액은 20,000원이다.
- 당기 중 거래처의 파산으로 외상매출금 10,000원을 대손처리하다.
- 당기 말 외상매출금 잔액 5,000,000원에 대해 1%의 대손을 설정하다.

① 20,000원   ② 30,000원   ③ 40,000원   ④ 50,000원

해답 **1** ① **2** ④ **3** ③

2. 상품매매 거래 : 상품(재고자산)계정, 은행에서 현금 차입시 : 단기차입금
   종업원 급여지급 시 : 소득세예수금 발생
3. (5,000,000원 × 1%) - (20,000원 - 10,000원)

4. 다음 자료에서 당기 손익계산서에 보고되는 외상매출금의 대손상각비는 얼마인가?(64회)

> • 전기말 외상매출금의 대손충당금은 30,000원이다.
> • 당기중 외상매출금 20,000원을 회수 불능으로 대손 처리하다.
> • 당기말 외상매출금 잔액 5,000,000원에 대해 1%의 대손을 설정하다.

① 20,000원 　　　② 30,000원 　　　③ 40,000원 　　　④ 50,000원

5. 다음의 자료를 토대로 기말 대손상각비로 계상할 금액은 얼마인가?(56회)

> • 기초 매출채권에 대한 대손충당금 잔액은 200,000원이다.
> • 3월 3일 거래처의 파산으로 매출채권 80,000원이 회수불능되었다.
> • 기말 매출채권에 대한 대손충당금은 150,000원이다.
> • 대손충당금은 보충법을 적용한다.

① 10,000원 　　　② 20,000원 　　　③ 30,000원 　　　④ 40,000원

6. 다음의 거래 중 지급어음계정의 대변에 기입되는 거래는?(72회)

① 상품을 매입하고 약속어음을 발행하여 지급하였다.
② 현금을 빌려주고 차용증서를 받다.
③ 거래처에 상품을 매출하고 매출처에서 발행한 약속어음으로 받다.
④ 약속어음이 만기가 되어 당점 당좌예금에 입금되었다.

7. 다음 계정 기입의 4월 25일 거래 추정으로 옳은 것은?(69회)

보통예금			
4/25 외상매출금	50,000	4/30 외상매입금	20,000

① 외상매출금 50,000원이 보통예금 계좌로 입금된다.
② 외상매입금 50,000원이 보통예금 계좌로 입금된다.
③ 외상매입금 50,000원을 당좌수표를 발행하여 지급하다.
④ 외상매출금 50,000원을 보통예금에서 계좌이체하여 지급하다.

해답　**4** ③　**5** ③　**6** ①　**7** ①

4. 기중 : (차) 대손충당금　20,000　　(대) 외상매출금　20,000
　　기말 : (차) 대손상각비　40,000　　(대) 대손충당금　40,000
　　　　　　5,000,000원(외상매출금 잔액) × 0.01 = 50,000원
　　　　　　50,000원 - 10,000원(대손충당금 잔액) = 40,000원
5. 150,000원 - (200,000원 - 80,000원) = 30,000원
7. (차) 보통예금　50,000　　(대) 외상매출금　50,000

8. 다음 9/20일 계정 기입에 대한 설명으로 옳은 것은?(69회)

가 수 금		(단위:원)
9/20 선 수 금 200,000	9/10 현 금 200,000	

① 원인 불명의 송금수표 200,000원이 선수금으로 밝혀지다.
② 상품을 매입하기로 하고 계약금 200,000을 현금 지급하다.
③ 업무용 비품을 매각하고 그 대금 200,000을 현금으로 받다.
④ 상품을 매출하기로 하고 현금 200,000원을 계약금으로 받다.

9. 휴대폰대리점인 광성상점의 아래와 같은 거래에 (가), (나)의 대변 계정과목으로 옳은 것은?(67회=56회)

• 휴대폰 (@700,000원) 10대 구입 (대금은 외상으로 함)
(가) 판매용 휴대폰 9대   (나) 직원용 휴대폰 1대

① (가) 외상매입금   (나) 외상매입금   ② (가) 미지급금   (나) 외상매입금
③ (가) 외상매입금   (나) 미지급금   ④ (가) 미지급금   (나) 미지급금

10. 다음 중 설명이 틀린 것은?(60회)
① 당점발행 당좌수표는 자기가 발행한 수표이므로 당좌예금계정으로 처리한다.
② 비품을 외상으로 구입하면 외상매입금계정으로 처리한다.
③ 상품을 매입하고 어음을 발행하면 지급어음계정으로 처리한다.
④ 타인에게 받은 수표는 현금으로 처리한다.

11. 소모품 50,000원을 구입하고, 구입 대금을 월말에 지급하기로 한 거래에서 사용하는 계정과목으로 올바르게 짝지은 것은?(61회)
① 소모품, 매입채무   ② 상품, 미지급금
③ 소모품비, 매입채무   ④ 소모품, 미지급금

12. 다음 중 미지급금 계정으로 처리할 수 없는 거래는 무엇인가?(60회)
① 전월 비품 구입시 결제한 카드대금 150,000원이 보통예금에서 자동이체되다.
② 운반용 화물자동차 1,000,000원을 무이자 할부로 구입하다.
③ 소모품 300,000원을 구입하고 대금은 월말에 지급하기로 하다.
④ 판매용 의자 210,000원을 구입하고 대금은 1개월 후 지급하기로 하다.

해답   **8** ①   **9** ③   **10** ②   **11** ④   **12** ④

8. 9/20 분개 (차)가수금 200,000원 /(대) 선수금 200,000원

13. 다음 중 거래에 대한 분개가 올바른 것은?(68회)

① 상장회사인 광주상사의 주식을 단기매매차익 목적으로 500,000원에 매입하고 매입수수료 50,000원과 함께 현금으로 지급하였다.

(차) 단기매매증권	550,000	(대) 현　　금	550,000

② 부산상사에서 차입한 단기차입금 500,000원이 만기가 되어 이자 50,000원과 함께 현금으로 지급하였다.

(차) 단기차입금	500,000	(대) 현　　금	550,000
이자비용	50,000		

③ 전주상사에 상품 500,000원을 외상으로 매출하고 운반비 50,000원을 당점이 현금으로 지급하였다.

(차) 외상매출금	550,000	(대) 매　　출	500,000
		현　　금	50,000

④ 대구상사에 상품 5,000,000원을 주문하고 계약금 500,000원을 현금으로 지급하였다.

(차) 선　수　금	500,000	(대) 현　　금	500,000

14. 다음 거래에서 대변에 외상매입금계정으로 회계처리 할 수 있는 것은?(64회)
① 업무용 컴퓨터를 구입하고 대금을 외상으로 한 경우
② 부동산매매업자가 판매용 토지를 매입하고 대금을 월말에 지급하기로 한 경우
③ 영업부 복사기를 구입하고 대금을 월말에 지급하기로 한 경우
④ 상품을 매입하고 대금은 약속어음을 발행하여 지급한 경우

15. 거래처의 파산 등으로 지급할 능력이 상실하여 채권을 회수할 수 없는 상태를 대손이라 한다. 다음 중 대손처리 대상이 아닌 것은?(70회)
① 외상매출금　　② 받을어음　　③ 단기대여금　　④ 선수금

16. 당좌차월계약을 맺은 후 당좌예금잔액을 초과하여 발행한 수표금액을 회계처리하는 계정과목으로 가장 적절한 것은?(72회)
① 현금　　② 미지급금　　③ 지급어음　　④ 단기차입금

해답　13 ②　14 ②　15 ④　16 ④

14. 부동산 매매업자가 매입한 토지는 판매용이기 때문에, 외상매입금으로 처리한다.
15. 선수금은 상품계약대금을 미리 받은 금액으로 부채계정으로 대손처리가 불가능하다.

분개 ||| 연습문제

문제

1. 진미상사에서 매입 계약(7월 2일)한 상품 1,000,000원을 인수하고, 계약금 (100,000원)을 차감한 잔액을 1개월 후에 지급하기로 하다. 인수 운임 30,000원은 당점이 부담하기로 하여 현금 지급하다.(59회)

[분개] (차변)   (대변)

문제

2. 목포상사에 매출 계약(8월 26일)한 판매가격 5,000,000원의 상품을 인도하고, 계약금(500,000원)을 차감한 금액 중 3,000,000원은 목포상사가 발행한 약속어음으로 받고 나머지 잔액은 1개월 후에 받기로 하다.(62회)

[분개] (차변)   (대변)

문제

3. 영업부 김소희 사원이 8월 1일 제주 출장시 지급받은 가지급금 500,000원에 대해, 아래와 같이 사용하고 잔액은 현금으로 정산하다.(가지급금에 대한 거래처 입력은 생략한다)(64회)

| • 왕복항공료 : 240,000원 | • 숙박비 : 160,000원 | • 택시요금 : 80,000원 |

[분개] (차변)   (대변))

문제

4. 거래처 금성상사에 대한 단기대여금 1,000,000원과 이자 50,000원을 현금으로 받다.(67회)

[분개] (차변)   (대변)

문제

5. 테크노마트에서 사무실 난방기(비품)를 300,000원에 구입하고, 삼성카드로 결제하다.(70회)

[분개] (차변)   (대변)

6. 명절에 사용할 현금을 확보하기 위하여 실용상사 발행의 약속어음 8,000,000원을 은행에서 할인 받고, 할인료 500,000원을 제외한 금액을 당좌예입하다.(단, 매각거래임)(66회)

[분개] (차변)   (대변)

7. 성일전자의 파산으로 외상매출금 1,000,000원이 회수불가능하게 되어 대손처리 하다.(단, 대손충당금 잔액은 66,000원 이다)(62회)

[분개] (차변)   (대변)

8. 일진상사의 파산으로 외상매출금 3,000,000원이 회수불능하여 대손처리하다. 단, 대손처리시점 외상매출금의 대손충당금 잔액은 500,000원 이다.(70회)

[분개] (차변)   (대변)

9. 의류판매를 위한 광고전단지를 한국기획에서 제작하고, 전단지 제작비 600,000원을 1개월 후에 지급하기로 하다.(64회)

[분개] (차변)   (대변)

10. 기말 현재 당사가 단기매매차익을 목적으로 보유하고 있는 주식현황과 기말 현재 공정가치는 다음과 같다.

주 식 명	보유주식수	주당 취득원가	기말 공정가치
(주)한성 보통주	2,000주	10,000원	주당 12,000원
(주)강화 보통주	1,500주	8,000원	주당 10,000원
(주)도전 보통주	100주	15,000원	주당 15,000원

[분개] (차변)   (대변)

11. 기업은행의 단기차입금 5,800,000원과 이자 58,000원을 당사 보통예금계좌에서 이체하여 지급하다.(72회)

[분개] (차변)   (대변)

해답

1.	(차)	상 품	1,030,000	(대)	선 급 금	100,000
					외 상 매 입 금	900,000
					현 금	30,000
2.	(차)	선 수 금	500,000	(대)	상 품 매 출	5,000,000
		받 을 어 음	3,000,000			
		외 상 매 출 금	1,500,000			
3.	(차)	여 비 교 통 비	480,000	(대)	가 지 급 금	500,000
		현 금	20,000			
4.	(차)	현 금	1,050,000	(대)	단 기 대 여 금	1,000,000
					이 자 수 익	50,000
5.	(차)	비 품	300,000	(대)	미 지 급 금	300,000
6.	(차)	당 좌 예 금	7,500,000	(대)	받 을 어 음	8,000,000
		매출채권처분손실	500,000			
7.	(차)	대 손 충 당 금	66,000	(대)	외 상 매 출 금	1,000,000
		대 손 상 각 비	934,000			
8.	(차)	대 손 충 당 금	500,000	(대)	외 상 매 출 금	3,000,000
		대 손 상 각 비	2,500,000			
9.	(차)	광 고 선 전 비	600,000	(대)	미 지 급 금	600,000
10.	(차)	단 기 매 매 증 권	7,000,000	(대)	단기투자자산평가이익	7,000,000
11.	(차)	단 기 차 입 금	5,800,000	(대)	보 통 예 금	5,858,000
		이 자 비 용	58,000			

[예제] 4월 일반전표입력 따라하기!

문제

4월 1일 : 증권거래소에 상장된 ㈜동원의 주식 100주를 1주당 15,000원에 단기보유목적으로 취득하고, 증권회사에 주식매매수수료 15,000원과 함께 보통예금 통장에서 계좌이체하여 지급하다.

[분개] (차변)   (대변)

답안

▶ 주식 취득시 발생한 수수료는 영업외비용의 '984.수수료비용'으로 처리한다.

▶ (차) 107.단기매매증권   1,500,000   (대) 103.보통예금   1,515,000

  984.수수료비용   15,000

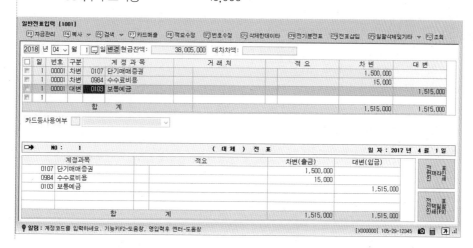

문제

4월 2일 : (주)박승상사에서 가방 50,000,000원을 외상으로 매입하고, 당점부담의 운반비 100,000원은 현금으로 지급하다(아래 자료를 이용하여 거래처등록을 할 것).

거래처 코드	200	유 형	동시
사업자등록번호	143 - 81 - 75511	사업장 소재지	대구 중구 동성로2길 50
상 호	(주)박승상사	성 명	박승연
업 태	도.소매	종 목	가방

[분개] (차)   (대)

 답안

▶ 상품 매입시 발생한 부대비용 운반비는 상품의 취득원가에 포함하여 50,100,000원이 된다.

▶ [신규거래처 등록] : 코드란에 "+" 또는 "00000"을 입력하고 거래처명에 "(주)박승상사"를 입력하고 Enter↵ 하면 등록할 것인지, 수정할 것인지 묻는 메뉴가 나타난다. '거래처 코드' 란에 커서를 놓고 '200'을 입력한 후, '수정'을 클릭한다. "수정"을 클릭하면 화면 아래에 "거래처등록" 화면이 나타나며 추가 등록사항을 입력한다.

▶ (차) 146.상품   50,100,000   (대) 251.외상매입금 [200.(주)박승상사]   50,000,000
                                       101.현금   100,000

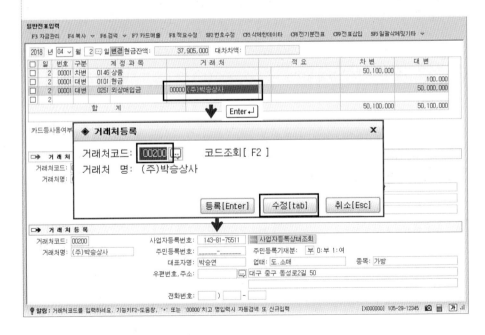

문제

4월 4일 : 4월 2일 (주)박승상사에서 구입한 가방 중 5,000,000원이 불량품으로 판명되어 반품처리하고 외상매입금과 상계처리하다.

[분개] (차)   (대)

답안

📋 **매입환출및에누리** : 상품에 파손이나 결함이 있어 반품하거나 값을 깎아 주는 것

▶ 이때, '매입환출 및 에누리'는 상품에 관련된 것이므로, 상품(146) 다음에 있는 코드를 사용한다.

▶ (차) 251.외상매입금   5,000,000   (대) 147.매입환출및에누리   5,000,000
　　　　　[200.(주)박승상사]

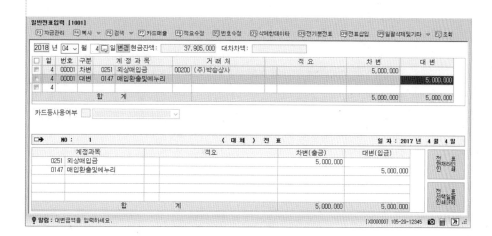

문제 4월 10일 : (주)박승상사의 외상대금 45,000,000원을 할인기간 내에 당좌수표를 발행
하여 조기지급하고 500,000원의 할인을 받다.

[분개] (차) (대)

답안

📓 **매입할인** : 구매자가 외상매입금을 조기에 지급한 경우 판매자가 외상대금의 일부
를 할인해주는 것

▶ '매입할인'은 상품에 관련된 것이므로, 상품(146) 다음에 있는 코드를 사용한다.

▶ (차) 251.외상매입금　　　　 45,000,000 　(대) 148.매입할인　　　　　 500,000
　　 [200.(주)박승상사]　　　　　　　　　　　　 102.당좌예금　　　　 44,500,000

일반전표입력 [1001]
Ⓕ3자금관리 Ⓕ4복사 ▾ Ⓕ6검색 ▾ Ⓕ7카드매출 Ⓕ8적요수정 ⒮ⓕ번호수정 ⒞ⓕ삭제한데이타 ⒞ⓕ전기분전표 ⒞ⓕ전표삽입 ⒮ⓕ일괄삭제및기타 ▾ Ⓕ12조회

2018 년 04 ∨ 월 10 ⬜ 일 변경 현금잔액:　 37,905,000 대차차액:

□	일	번호	구분	계 정 과 목	거 래 처	적 요	차 변	대 변
☐	10	00001	차변	0251 외상매입금	00200 (주)박승상사		45,000,000	
☐	10	00001	대변	0148 매입할인				500,000
☐	10	00001	대변	0102 당좌예금				44,500,000
☐	10							
			합　　계				45,000,000	45,000,000

카드등사용여부 ⬜ ⬜⬜⬜⬜⬜⬜⬜⬜ ∨

⬅	NO : 1	(대 체) 전 표		일 자 : 2017 년 4 월 10 일	
	계정과목	적요	차변(출금)	대변(입금)	
0251	외상매입금		45,000,000		전 표 현재라인 인　쇄
0148	매입할인			500,000	
0102	당좌예금			44,500,000	
					전 표 선택일괄 인쇄(F9)
	합　　계		45,000,000	45,000,000	

💡 알림: 대변금액을 입력하세요. 　　　　　　　　　　　　　　　　[X000000] 105-29-12345 📷 🎞 🈁 .⊪

문제

4월 13일 : 영남은행에 예치된 정기예금이 만기가 되어 원금 10,000,000원과 당기발생분 이자 500,000원이 당좌예금 통장으로 이체되다.

[분개] (차)   (대)

답안

▶ (차) 102.당좌예금   10,500,000   (대) 105.정기예금 [98003.영남은행]   10,000,000
                                              901.이자수익   500,000

일반전표입력 [1001]
[F3]자금관리 [F4]복사 ▾ [F6]검색 ▾ [F7]카드매출 [F8]적요수정 [SF2]번호수정 [SF3]삭제한데이타 [SF4]전기분전표 [SF5]전표삽입 [SF6]일괄삭제및기타 ▾ [F12]조회

2018 년 04 ▾ 월 13 일 변경 현금잔액: 37,905,000 대차차액:

□	일	번호	구분	계 정 과 목	거 래 처	적 요	차 변	대 변
▣	13	00001	차변	0102 당좌예금			10,500,000	
▣	13	00001	대변	0105 정기예금	98003 영남은행			10,000,000
▣	13	00001	대변	0901 이자수익				500,000
▣	13							
				합 계			10,500,000	10,500,000

카드등사용여부 □ [   ] ▾

▷ NO : 1   (대 체) 전 표   일 자 : 2017 년 4 월 13 일

계정과목	적요	차변(출금)	대변(입금)	
0102 당좌예금		10,500,000		전표현재라인인쇄
0105 정기예금			10,000,000	
0901 이자수익			500,000	전표전체일괄인쇄 [F9]
합 계		10,500,000	10,500,000	

💡알림 : 대변금액을 입력하세요.   [X000000] 105-29-12345 📷 🎱 ⤴ .::

문제

4월 15일 : 사용하던 비품(복사기)를 거래처 이수상회에 1,500,000원에 처분하고 대금은 한달 후에 받기로 하다(비품의 취득가액 2,000,000원, 감가상각누계액 800,000원).

[분개] (차)   (대)

답안

▶ 비품 매각시 취득원가(대변기입)로 입력해야 하며, 비품의 감가상각비누계액(차변기입)은 비품 바로 다음코드인 213으로 입력한다.

▶ 본 거래는 상거래 이외에서 발생한 미수금액이므로, "미수금"계정으로 처리한다.

▶ 차액은 (차변)유형자산처분손실 또는 (대변)유형자산처분이익으로 입력한다.

▶ (차) 120.미수금 [104.이수상회] 1,500,000   (대) 212.비품   2,000,000
        213.감가상각누계액   800,000   914.유형자산처분이익   300,000

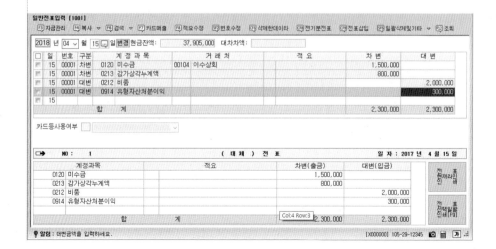

문제

4월 19일 : 이수상회에 외상으로 처분하였던 비품 대금 1,500,000원을 동점발행 당좌수표로 받다.

[분개] (차)   (대)

답안

▶ 동점발행 당좌수표는 통화대용증권으로 현금이다.

▶ (차) 현금   1,500,000   (대) 120.미수금 [104.이수상회]   1,500,000

일반전표입력 [1001]									
F3 자금관리 F4 복사 ▽ F6 검색 ▽ F7 카드매출 F8 적요수정 SF2 번호수정 CF5 삭제한데이타 CF8 전기분전표 CF9 전표삽입 SF5 일괄삭제및기타 ▽ F11 조회									

2018 년 04 ∨ 월 19 🖵 일 변경 현금잔액: 39,405,000 대차차액:

□	일	번호	구분	계 정 과 목	거 래 처	적 요	차 변	대 변
☑	19	00001	입금	0120 미수금	00104 이수상회		(현금)	1,500,000
□	19							
□								
				합 계			1,500,000	1,500,000

카드등사용여부 □ [_____] ∨

➡	NO : 1		(입 금) 전 표		일 자 : 2017 년 4 월 19 일	
	계정과목	적요	차변(출금)	대변(입금)		전 표 적현재라인 인쇄
0120	미수금			1,500,000		
0101	현금		1,500,000			전 표 적선택일괄 인쇄[F9]
	합 계		1,500,000	1,500,000		

🐞 알림 : 구분을 입력하세요. 1.출금, 2.입금, 3.차변, 4.대변, 5.결산차변, 6.결산대변   [X000000] 105-29-12345 📷 🗑 🏠 ⋰

문제

4월 20일 : (주)지효자동차에서 운반용화물차를 20,000,000원에 10개월 할부로 구입하고, 이와 관련된 취득세와 등록세 1,500,000원은 마포구청에 현금으로 납부하다.

[분개] (차)   (대)

답안

📔 **유형자산의 취득원가**

> = 순수구입대금 + 취득부대비용(중개인수수료, 취득세, 등록세 등)

▶ 입력시 '고정자산 간편등록'은 생략(취소) 한다.
▶ 상품 매매 거래가 아니므로 외상매입금이 아니라, 미지급금으로 처리한다.
▶ (차) 208.차량운반구   21,500,000   (대) 253.미지급금   20,000,000
                                        [1000.(주)지효자동차]
                                        101.현금   1,500,000

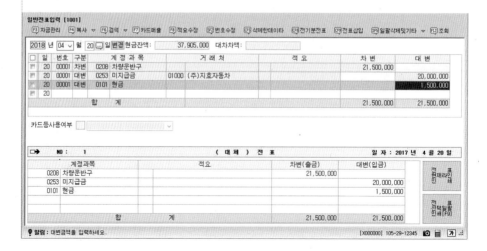

문제

4월 25일 : 중소기업은행에서 단기 차입한 3,000,000원과 이자 300,000원을 보통예금
계좌에서 이체하다.

[분개] (차)   (대)

답안

▶ (차)   260.단기차입금   3,000,000   (대) 103.보통예금   3,300,000
              [98001.중소기업은행]
          951.이자비용   300,000

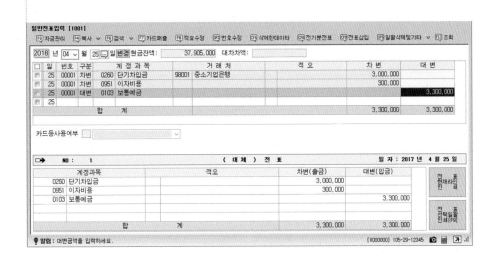

문제 4월 27일 : 영업부 사무실에 사용할 문구용품을 구입하고 대금은 신용카드로 결제하다.(비용으로 처리할 것)

```
                신용카드매출전표
가맹점명       세한문구(031)259-5684
사업자번호    123-37-82710
대표자명       김세한
주    소       경기 성남시 판교대로 120
삼성카드                        신용승인
거래일시       2018-04-27 오후 19:08:07
카드번호       4564-1110-****-****
유효기간                         **/**
가맹점번호                    8907654
매 입 사   국민카드(전자서명전표)
판매금액                       600,000
합    계                       600,000
```

[분개] (차)   (대)

답안 소모품을 매입한 경우 자산 or 비용으로 회계 처리할 수 있다.
– 자산으로 회계 처리하는 경우: (차) 소 모 품 600,000   (대) 현금 600,000
– 비용으로 회계 처리하는 경우: (차) 소모품비 600,000   (대) 현금 600,000

▸ (차) 830.소모품비   600,000   (대) 253.미지급금 [99600.국민카드]   600,000

문제

4월 28일 : 주성상회에서 상품 5,000,000원을 매입하고, 이수상회로부터 매출대금으로 받아 보관 중인 약속어음 4,500,000원을 배서양도 하고, 잔액은 당사 발행 약속어음으로 지급하다.

[분개] (차)   (대)

답안

▶ 상품을 매입하면서 당사가 어음을 발행하면 매입채무인 '지급어음'으로 처리하며, 받아 보관 중인 어음을 배서양도한 경우에는 '받을어음'으로 처리한다.

▶ '지급어음'의 거래처는 [101.주성상회]이며, '받을어음'의 거래처는 [104.이수상회]로 입력해야 한다.

▶ (차) 146.상품   5,000,000   (대) 110.받을어음 [104.이수상회]   4,500,000
                                        252.지급어음 [101.주성상회]   500,000

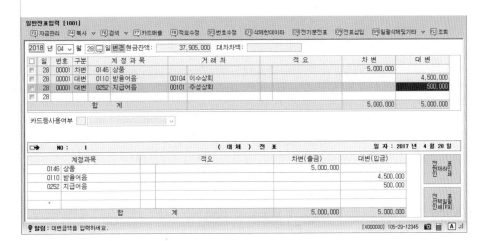

1. 다음 중 재고자산에 해당하는 것은?(63회)

   ① 판매용으로 구입한 핸드폰   ② 거래처 직원에게 명절에 줄 선물세트를 구매한 경우

   ③ 영업용으로 구입한 복사기   ④ 직원에게 지급할 단체복을 구입한 경우

2. 다음 보기에서 재고자산으로 분류될 수 없는 것은?(58회)

   ① 판매를 위해 증권회사가 보유하는 주식

   ② 사용목적으로 보유하는 자동차

   ③ 부동산매매업자가 판매를 위해 보유하는 토지

   ④ 외부매입 후 재판매 목적으로 보유중인 미착상품

3. 상품 거래 시 발생하는 내용 중 틀린 것은?(69회)

   ① 상품매입 시 발생하는 운임이 당점부담일 경우 매입가격에 포함한다.

   ② 상품을 매입하고 대금을 나중에 지급하기로 하면 미지급금으로 처리한다.

   ③ 상품매출 시 운임은 당점부담일 경우 운반비로 처리한다.

   ④ 상품은 판매를 목적으로 하는 자산으로 재고자산에 속한다.

4. 다음 중 재고자산으로 분류되는 것은?(71회)

   ① 부동산매매업자가 판매를 위해 보유하고 있는 토지

   ② 사무실에서 사용하는 컴퓨터

   ③ 단기간의 매매차익을 목적으로 취득한 유가증권

   ④ 공장에서 사용하는 기계장치

5. 다음 중 상품 매입액에서 차감하는 계정과목이 아닌 것은?(65회)

   ① 매입할인   ② 매입환출   ③ 매입에누리   ④ 매입운임

해답   **1** ①   **2** ②   **3** ②   **4** ①   **5** ④

3. 상품을 매입하고 대금을 나중에 지급하기로 하면 외상으로 처리하여 외상매입금 계정으로 처리한다.

5. 매입운임이 발생하면 매입원가에 포함 하여야 한다.

6. 다음 중 재고자산의 매입원가를 산출하는 산식으로 틀린 것은?(54회)

① 매입원가 = 매입금액 + 매입운임 − 매입환출 및 매입에누리

② 매입원가 = 매입금액 + 매입운임 − 매입할인 및 매입에누리

③ 매입원가 = 매입금액 + 매입운임 − 매입환출 및 매입할인

④ 매입원가 = 매입금액 + 매입운임 − 매출환입 및 매출에누리

7. 다음 자료에 의하여 상품재고장 작성 시 선입선출법으로 월말상품재고액을 계산하면 얼마인가?(68회)

7/1	(갑)상품	전월이월	50개	@1,000원
7/5	(갑)상품	매 입	80개	@2,000원
7/10	(갑)상품	매 출	80개	@1,500원
7/22	(갑)상품	매 입	30개	@1,000원

① 110,000원　　② 120,000원　　③ 130,000원　　④ 140,000원

8. 다음은 12월 상품재고장이다. 재고자산평가방법으로 총평균법을 사용할 경우 12월의 매출총이익은 얼마인가?(59회)

상품재고장

구분	수량(개)	단가(원)	금액(원)
기초	100	100	10,000
매입	500	100	50,000
매출	250	210	52,500
매입	200	100	20,000
매출	250	210	52,500

① 55,000원　　② 60,000원　　③ 80,000원　　④ 130,000원

해답　6 ④　7 ③　8 ①

7. 7/5　잔액 50개 @1,000원　50,000원　　7/10 매출 50개 @1,000원　50,000원
　　　　　80개 @2,000원 160,000원　　　　　　　　30개 @2,000원　60,000원
　7/22 매입 50개 @2,000원 100,000원
　　　　　30개 @1,000원　30,000원
　월말상품재고액 = 100,000원 + 30,000원 = 130,000원
8. 매출액-매출원가 = 매출총이익(500개 × 210원 - 500개 × 100원 = 55,000원)

9. 그림은 8월 중 갑상품에 대한 내용이다. 월말재고액을 선입선출법으로 계산한 금액으로 옳은 것은?(56회)

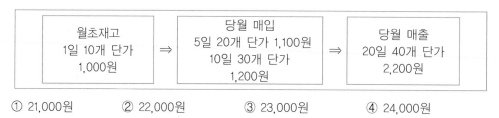

월초재고 1일 10개 단가 1,000원	⇒	당월 매입 5일 20개 단가 1,100원 10일 30개 단가 1,200원	⇒	당월 매출 20일 40개 단가 2,200원

① 21,000원   ② 22,000원   ③ 23,000원   ④ 24,000원

10. 다음 甲(갑)상품 자료에서 선입선출법으로 10월 말의 월말재고액을 계산하면?(58회)

• 10/ 1 월초재고액 10개 @500	• 10/15 매입액 10개 @600
• 10/23 매 출 액 15개 @900	• 10/25 매입액 5개 @700

① 5,500원   ② 6,000원   ③ 6,500원   ④ 7,000원

11. 다음 회계처리에 대한 거래추정으로 옳은 것을 모두 고른 것은?(64회)

회계처리	거래추정
가. (차) 비품 XXX (대) 미지급금 XXX	업무용 복사기의 외상 구입
나. (차) 현금 XXX (대) 선수금 XXX	상품 매입 계약금 현금 지급
다. (차) 수도광열비 XXX (대) 보통예금 XXX	수도요금 보통예금 인출 지급

① 가, 나   ② 가, 다   ③ 나, 다   ④ 가, 나, 다

12. 유형자산의 취득원가에 포함되지 않는 것은?(59회)

① 구입시 취득세   ② 구입시 중개수수료
③ 보유 중 감가상각   ④ 구입시 보험료

해답   **9** ④   **10** ③   **11** ②   **12** ③

9. 판매가능수량 60개 - 당월매출수량 40개 = 월말재고수량 20개
    월말재고수량 20개 × 단가 1,200 = 월말재고액 24,000
10. 월말재고액 (10/15 5개 × @600) + (10/25 5개 × @700) = 6,500원
11. (차) 현금 XXX   (대) 선수금   XXX은 상품 매출 시 계약금으로 먼저 받은 금액이다.

13. 다음 중 손익계산서에 영향을 미치는 거래로만 짝지어진 것은?(55회=63회)

> 가. 상품을 매출하고 당점에서 매출운임 50,000원을 현금으로 지급하다.
> 나. 토지를 취득하고 취득세 100,000원을 현금으로 지급하다.
> 다. 본사 건물에 대한 재산세 500,000원을 현금으로 지급하다.
> 라. 상품을 매입하고 당점에서 매입운임 50,000원을 현금으로 지급하다.

① 가, 나　　　　② 나, 다　　　　③ 가, 다　　　　④ 나, 라

14. 다음은 당기에 설치하고 사용한 기계장치와 관련하여 발생한 비용이다. 이 중 취득원가에 해당하지 않는 것은?(62회)

① 감가상각비　　② 시운전비　　　③ 설치비　　　④ 매입운반비

15. 상품의 매입원가에 가산하는 항목이 아닌 것은?(70회)

① 매입운임　　　② 매입하역료　　③ 매입수수료　　④ 매입할인

16. 다음의 자료에 기초하여 상품의 취득원가를 계산하면 얼마인가?(68회)

> • 매입상품 수량 : 100개　　• 매입단가 : 3,000원　　• 매입운반비 : 8,000원
> • 매입수수료 : 2,000원　　• 매입 후 판매시까지 발생한 창고보관료 : 5,000원

① 300,000원　　② 308,000원　　③ 310,000원　　④ 315,000원

17. 다음은 갑상품의 자료이다. 갑상품에 대한 11월의 매출총이익으로 옳은 것은? (단, 선입선출법으로 계산한다.) (71회)

> • 11/ 1 월초재고액 : 10개 @₩500　　　• 11/10 매 입 액 : 10개 @₩600
> • 11/25 매 출 액 : 15개 @₩800

① 3,500원　　　② 4,000원　　　③ 4,500원　　　④ 5,000원

해답　13 ③　14 ①　15 ④　16 ③　17 ②

13. "나"와 "라"는 취득한 자산의 취득원가에 포함 됨
14. 감가상각비는 유형자산의 가치 감소액이다.
16. 취득원가 = 매입가액 + 매입부대비용 = (3,000원×100개) + 8,000원 + 2,000원 = 310,000원
17. • 매출액: 15개 × @₩800 = 12,000원
　　• 매출원가: (10개 × @₩500) + (5개 × @₩600) = 8,000원
　　• 매출총이익: 12,000원 - 8,000원 = 4,000원

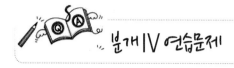
분개 IV 연습문제

문제

1. 정일상사에서 구입한 판매용 사무용품 200,000원이 불량품으로 판명되어 반품처리하고 외상매입금 5,000,000원과 상계처리하고, 잔액은 당좌수표를 발행하여 지급했다.

[분개] (차변)   (대변)

문제

2. 미래상사에서 상품 3,000,000원을 매입하고, 대금 중 500,000원은 소유하고 있던 거래처 발행 당좌수표로 지급하고, 잔액은 당사가 당좌수표를 발행하여 지급하다. 단, 매입운임 20,000원은 현금으로 지급하다.(65회)

[분개] (차변)   (대변)

문제

3. 영동상사에서 외상으로 매입한 상품 대금 4,000,000원을 약속기일 보다 빨리 지급하게 되어 외상대금의 3%를 할인받고 잔액은 보통예금통장에서 이체하여 지급하다.(매입할인 계정을 사용한다)(62회)

[분개] (차변)   (대변)

문제

4. 성동상사에 상품을 매출하면서 발생한 외상매출금 3,000,000원이 빨리 회수 되어, 외상매출금의 2%를 할인시킨 금액을 보통예금 통장으로 이체받다.(59회)

[분개] (차변)   (대변)

문제

5. 매출한 상품 일부에서 불량품이 있다는 사실을 통보받고 외상대금 200,000원 중 30,000원을 감액하기로 하고 나머지는 현금으로 회수하다.

[분개] (차변)   (대변)

6. 7월 5일자 가수금 1,500,000원 중 1,000,000원은 우리상사에 대한 상품매출의 계약금이고 나머지는 백제상사의 외상매출금을 회수한 것으로 확인되다.(59회)

　　[분개] (차변)　　　　　　　　　　　　　　　　　　(대변)

7. 급여 지급 시 공제한 소득세 및 건강보험료 200,000원과 회사 부담분 건강보험료 100,000원을 현금으로 납부하다.(회사부담분 건강보험료는 복리후생비로 처리한다)(70회)

　　[분개] (차변)　　　　　　　　　　　　　　　　　　(대변)

8. 영업사원의 급여 1,800,000원을 지급하면서 소득세, 지방소득세, 건강보험료 등(근로자 부담분)을 다음 급여대장과 같이 차감하여 잔액을 보통예금 통장에서 이체하다.(66회)

2016년 1월 급여대장

지급내용			공제내용				차감 수령액
기본급	각종수당	급여 계	소득세	지방소득세	건강보험료 등	공제 계	
1,500,000	300,000	1,800,000	50,000	5,000	100,000	155,000	1,645,000

　　[분개] (차변)　　　　　　　　　　　　　　　　　　(대변)

9. 본사 영업부 직원들의 업무역량 강화를 위해 외부강사를 초청하여 교육을 진행하고, 강사료 3,000,000원 중 132,000원을 원천징수하고, 2,868,000원을 보통예금 통장에서 이체하여 지급하다.(65회)

　　[분개] (차변)　　　　　　　　　　　　　　　　　　(대변)

10. 명절에 사용할 현금을 확보하기 위하여 경기상사 발행의 약속어음 8,000,000원을 은행에서 할인 받고, 할인료 500,000원을 제외한 금액을 당좌예입하다.(단, 매각거래임)(66회)

　　[분개] (차변)　　　　　　　　　　　　　　　　　　(대변)

해답

1.	(차)	외 상 매 입 금	5,000,000	(대)	당 좌 예 금	4,800,000
					매입환출 및 에누리	200,000
2.	(차)	상 품	3,020,000	(대)	현 금	520,000
					당 좌 예 금	2,500,000
3.	(차)	외 상 매 입 금	4,000,000	(대)	당 좌 예 금	3,880,000
					매 입 할 인	120,000
4.	(차)	보 통 예 금	2,940,000	(대)	외 상 매 출 금	3,000,000
		매 출 할 인	60,000			
5.	(차)	현 금	170,000	(대)	외 상 매 출 금	200,000
		매출 환입 및 에누리	30,000			
6.	(차)	가 수 금	1,500,000	(대)	선 수 금	1,000,000
					외 상 매 출 금	500,000
7.	(차)	예 수 금	200,000	(대)	현 금	300,000
		복 리 후 생 비	100,000			
8.	(차)	급 여	1,800,000	(대)	예 수 금	155,000
					보 통 예 금	1,645,000
9.	(차)	교 육 훈 련 비	3,000,000	(대)	예 수 금	132,000
					보 통 예 금	2,868,000
10.	(차)	당 좌 예 금	7,500,000	(대)	받 을 어 음	8,000,000
		매출채권처분손실	500,000			

[예제] 5월 일반전표입력 따라하기!

문제

5월 1일 : 주성상회에 업무용 차량운반구를 5,000,000원에 처분하고(취득원가 10,000,000원, 감가상각누계액 4,000,000원), 대금 중 3,000,000원은 동점발행 당좌수표로 받고, 잔액은 1개월 후에 받기로 하다.

[분개]　(차)　　　　　　　　　　　　　　　　(대)

답안

▶ 차량운반구 매각시 취득원가(대변기입)로 입력해야 하며, 차량운반구의 감가상각비누계액(차변기입)은 차량운반구 바로 다음 코드인 '209'로 입력한다.

▶ 본 거래는 상거래 이외에서 발생한 미수금액이므로, "미수금"계정으로 처리한다.

▶ 차액은 (차변)유형자산처분손실 또는 (대변)유형자산처분이익으로 입력한다.

▶ (차)　209.감가상각누계액　　4,000,000　(대)　208.차량운반구　10,000,000
　　　101.현금　　　　　　　　3,000,000
　　　120.미수금 [101.주성상회]　2,000,000
　　　970.유형자산처분손실　　1,000,000

일반전표입력 [1001]

F3자금관리	F4복사 ▾	F6검색 ▾	F7카드매출	F8적요수정	SF2번호수정	CF5삭제한데이터	CF8전기분전표	SF5전표삽입	SF7일괄삭제및기타 ▾	F11조회

2018 년 05 월 1 일 변경 현금잔액: 40,905,000 대차차액:

□	일	번호	구분	계 정 과 목	거 래 처	적 요	차 변	대 변
□	1	00001	대변	0208 차량운반구				10,000,000
□	1	00001	차변	0209 감가상각누계액			4,000,000	
□	1	00001	차변	0101 현금			3,000,000	
□	1	00001	차변	0120 미수금	00101 주성상회		2,000,000	
□	1	00001	차변	0970 유형자산처분손실			1,000,000	
□	1							
				합　　계			10,000,000	10,000,000

카드등사용여부 [　　　　]

☞	NO : 1		(대 체) 전 표			일 자 : 2017 년 5 월 1일

계정과목	적요	차변(출금)	대변(입금)	
0208 차량운반구			10,000,000	전 표 현재라인인쇄
0209 감가상각누계액		4,000,000		
0101 현금		3,000,000		
0120 미수금		2,000,000		전 표 선택일괄인쇄 [F9]
0970 유형자산처분손실		1,000,000		
합　　　계		10,000,000	10,000,000	

♥ 알림 : 차변금액을 입력하세요.　　　　　　　　　　　　[X000000] 105-29-12345

문제

5월 3일 : 장지상회에 3월 3일에 대여해 준 단기대여금을 전액 현금회수하다.

[분개] (차)   (대)

답안

▶ [거래처원장]을 조회하여 장지상회의 단기대여금 3,000,000원을 확인한다.

▶ [기간] 3/3 ‒ 3/3, [계정과목] 단기대여금(114), [거래처코드] 102〜102

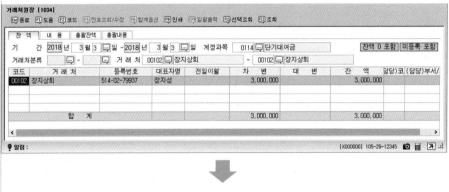

▶ (차) 101.현금 3,000,000   (대) 114.단기대여금 [102.장지상회] 3,000,000

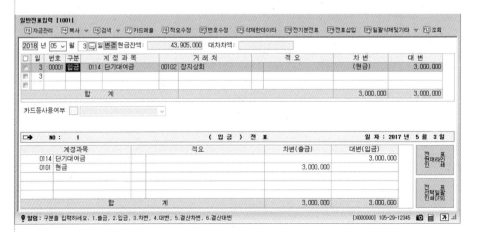

문제

5월 10일 : 영남은행에 만기 2020년 5월 10일인 정기예금 20,000,000원에 가입하고 당좌수표를 발행하여 지급하다.

[분개] (차)   (대)

답안

▶ 만기가 2020년 5월 10일 정기예금이므로 비유동자산인 "장기성예금"으로 처리한다.

▶ (차) 176.장기성예금 20,000,000   (대) 102.당좌예금 20,000,000
          [98003.영남은행]

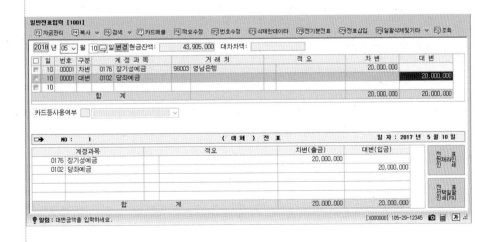

문제

5월 12일 : 매출처 이수상회의 외상대금 2,000,000원이 할인기간 내에 조기 회수되어 10%를 할인해 주고, 잔액은 당좌예금 계좌에 입금된다.

[분개] (차)   (대)

답안

📖 **매출할인** : 외상대금을 약정된 할인기간 내에 회수하고 대금의 일부를 할인해 주는 것을 말한다. 매출할인은 총매출액에서 차감된다.

▸ 외상매출금 2,000,000원의 10%를 할인해 주었으므로, 매출할인은 200,000원이다.

▸ 계정과목 코드는 '401.상품매출' 다음 코드인 '403.매출할인'으로 한다.

▸ (차) 102.당좌예금   1,800,000   (대) 108.외상매출금   2,000,000
　　 403.매출할인   200,000   [104.이수상회]

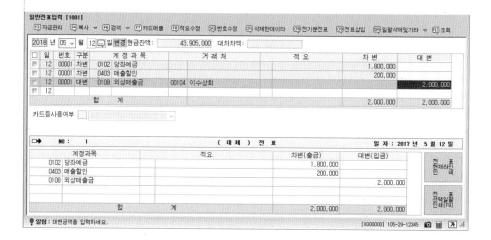

문제 5월 14일 : 매출처 장지상회에 대여일로부터 3년 후 상환 조건으로 차용증서를 받고 현금 4,000,000원을 대여하다.

[분개] (차)   (대)

답안

▶ 3년후 상환조건이므로 '장기대여금' 이다.

▶ (차) 179.장기대여금 [102.장지상회] 4,000,000   (대) 101.현금 4,000,000

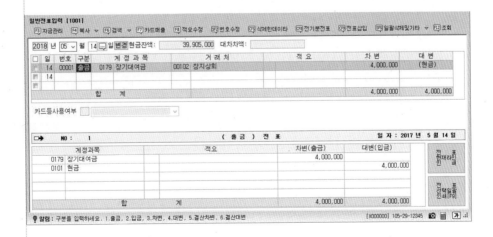

문제

5월 16일 : (주)케이의 전산세무회계 프로그램을 5,000,000원에 구입하고 대금은 보통예금계좌에서 이체하다('컴퓨터소프트웨어'를 계정과목코드(230)/성격(일반)으로 등록하여 회계처리 할 것).

[분개] (차)   (대)

답안

▶ 외부에서 소프트웨어를 구입하는 경우, 무형자산 항목인 "컴퓨터소프트웨어" 계정으로 한다.

▶ [계정과목및적요등록] 메뉴를 오픈하여, 코드 "230"에 '컴퓨터소프트웨어'를 등록하고, [성격]은 "일반"으로 등록한다.

▶ 계정과목 등록후 '회사설정계정과목'이라고 뜨는 경우, '조회(F12)'하면 확인할 수 있다.

▶ 입력시 '고정자산 간편등록'은 생략(취소) 한다.

▶ (차) 230.컴퓨터소프트웨어 5,000,000   (대) 103.보통예금 5,000,000

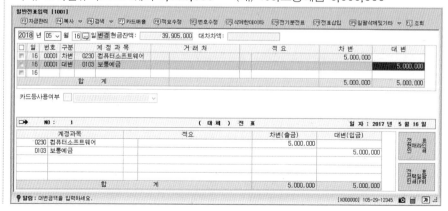

문제

5월 18일 : 마포에 영업소를 설립하고자 수연빌딩에 보증금 20,000,000원에 월세 250,000원으로 계약하고 임차보증금은 당일 자기앞수표로 지급하다. 월세는 매월 말에 지급하기로 하다.

[분개] (차)   (대)

답안

▶ '월세'는 매월 말에 지급하기로 하였으므로, 거래가 아니다. 따라서 '임차보증금'만 회계처리 한다.

▶ (차) 232.임차보증금 [110.수연빌딩] 20,000,000   (대) 101.현금 20,000,000

문제 5월 20일 : (주)지효자동차에서 구입한 화물차를 할부금 중 2,000,000원을 당좌수표를 발행하여 지급하다.

[분개] (차) (대)

답안 ▶ (차) 253.미지급금 2,000,000   (대) 102.당좌예금 2,000,000

[1000.(주)지효자동차]

문제

5월 22일 : 수익증대를 위하여 사무실을 2년간 이석상회에 임대하기로 계약하고, 보증금 20,000,000원과 1개월분 임대료 500,000원을 보통예금으로 이체 받다.

[분개] (차)   (대)

답안

▶ (차) 103.보통예금 20,500,000 (대) 294.임대보증금 [103.이석상회] 20,000,000
                                         904.임대료   500,000

일반전표입력 [1001]

[F3]자금관리 [F4]복사 ▾ [F6]검색 ▾ [F7]카드매출 [F8]적요수정 [SF2]번호수정 [CF5]삭제한데이타 [CF8]전기분전표 [CF9]전표삽입 [SF5]일괄삭제및기타 ▾ [F1]조회

2018 년 05 ▾ 월 22 일 변경 현금잔액: 19,905,000 대차차액:

	일	번호	구분	계 정 과 목	거 래 처	적 요	차 변	대 변
	22	00001	차변	0103 보통예금			20,500,000	
	22	00001	대변	0294 임대보증금	00103 이석상회			20,000,000
	22	00001	대변	0904 임대료				500,000
	22							
				합 계			20,500,000	20,500,000

카드등사용여부 ☐

➡	NO : 1		(대 체) 전 표		일 자 : 2017 년 5 월 22 일	
	계정과목	적요	차변(출금)	대변(입금)		전 표 현재라인 인쇄
0103	보통예금		20,500,000			
0294	임대보증금			20,000,000		
0904	임대료			500,000		전 표 선택일괄 인쇄[F9]
	합 계		20,500,000	20,500,000		

⚲ 알림: 대변금액을 입력하세요.   [X000000] 105-29-12345 📷 🗑 🖨

문제

5월 25일 : 판매부서 건물의 엘리베이터 설치비(자본적 지출) 6,000,000원과 외벽 도색비(수익적 지출) 600,000원을 당좌수표를 발행하여 지급하다.

[분개] (차)   (대)

답안

📕 **자본적 지출** : 자산의 내용연수를 연장시키거나 가치를 증가시키는 지출

       (차) 유형자산 ×××   (대) 현 금 ×××

📕 **수익적 지출** : 자산의 원상을 회복시키거나 능률유지를 위한 지출

       (차) 수선비 등 ×××   (대) 현 금 ×××

▸ 입력시 '고정자산 간편등록'은 생략(취소) 한다.

▸ (차) 202.건물   6,000,000   (대) 102.당좌예금   6,600,000
       820.수선비   600,000

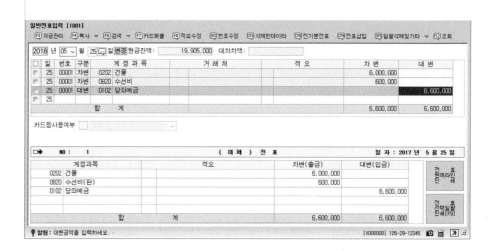

문제

5월 26일 : 보통예금 계좌에 500,000원이 입금되었으나, 원인을 확인하지 못했다.

[분개]　(차)　　　　　　　　　　　　　　　　(대)

답안

📓 **가수금** : 현금을 받았으나, 계정과목이나 금액을 확정할 수 없을 때 사용하며, 계정과목이나 금액이 확정되면 해당계정에 대체한다.

▶ (차) 103.보통예금 500,000　　　(대) 257.가수금 500,000

일반전표입력 [1001]

[F3]자금관리 [F4]복사 ▾ [F6]검색 ▾ [F7]카드매출 [F8]적요수정 [SF2]번호수정 [SF3]삭제한데이타 [SF4]전기분전표 [SF5]전표삽입 [SF6]일괄삭제및기타 ▾ [F11]조회

2018 년 05 ∨ 월 26 일 변경 현금잔액 : 19,905,000 대차차액 :

□	일	번호	구분	계 정 과 목	거 래 처	적 요	차 변	대 변
☑	26	00001	차변	0103 보통예금			500,000	
☐	26	00001	대변	0257 가수금				500,000
☐	26							
			합　계				500,000	500,000

카드등사용여부 □ ∨

➡	NO : 1	(대 체) 전 표		일 자 : 2017 년 5 월 26 일	
	계정과목	적요	차변(출금)	대변(입금)	
0103	보통예금		500,000		전표 현재라인인쇄
0257	가수금			500,000	
					전표 선택일괄인쇄[F9]
	합　계		500,000	500,000	

🔔 알림 : 대변금액을 입력하세요. [X000000] 105-29-12345 📷 🖩 [가] ∷

1. 다음 중 재고자산의 원가계산방법에 해당하지 않는 것은?(69회=66회=63회=52회)

① 평균법   ② 선입선출법   ③ 개별법   ④ 정액법

2. 다음 중 재고자산의 수량결정방법으로 맞은 것은?(67회)

① 실지재고조사법   ② 선입선출법   ③ 총평균법   ④ 이동평균법

3. 다음 중 유형자산에 해당하지 않는 것은?(62회)

① 토지   ② 특허권   ③ 기계장치   ④ 구축물

4. 다음 설명의 (가), (나), (다)의 내용으로 옳은 것은?(52회)

> 토지를 판매목적으로 취득하면 (가)으로, 토지를 투기목적으로 취득하면 (나)으로,
> 토지를 영업에 사용할 목적으로 취득하면 (다)으로 처리한다.

① (가)투자자산, (나)재고자산, (다)유형자산
② (가)재고자산, (나)투자자산, (다)유형자산
③ (가)재고자산, (나)유형자산, (다)투자자산
④ (가)투자자산, (나)유형자산, (다)재고자산

5. 유형자산에 대한 설명으로 옳지 않은 것은?(59회)

① 판매를 목적으로 보유한다.   ② 물리적인 형태가 있다.
③ 1년을 초과하여 사용할 것으로 예상된다.   ④ 토지, 건물, 비품, 차량운반구 등이 있다.

해답   **1** ④   **2** ①   **3** ②   **4** ②   **5** ①

1. 정액법은 감가상각방법에 해당된다.
2. 재고자산 수량결정방법은 계속기록법과 실지재고조사법이 있다.
3. 특허권은 일반기업회계기준상 무형자산에 해당됨
4. 동일한 자산이라고 하더라도 보유하는 목적에 따라 재고자산, 투자자산 및 유형자산으로 구분할 수 있다.
5. 판매를 목적으로 보유하는 자산은 재고자산(상품 등)이다.

6. 다음 중 비유동자산으로만 짝지어진 것은?(57회)

① 비품 : 받을어음　　　　　　　　② 토지 : 차량운반구

③ 선급금 : 임대보증금　　　　　　④ 비품 : 선수금

7. 다음 중 유형자산의 정의로 맞는 것을 모두 고르면?(60회)

> 가. 물리적 형체가 있는 자산
> 나. 모든 유형자산은 감가상각의 대상이 됨
> 다. 1년을 초과하여 사용할 것이 예상되는 자산
> 라. 재화의 생산, 용역의 제공, 타인에 대한 임대 또는 자체적으로 사용할 목적으로 보유

① 가　　　　　② 가, 나　　　　　③ 가, 다, 라　　　　　④ 나, 다, 라

8. 소유기간이 1년 이상인 자산 중 영업활동에 사용할 목적으로 보유하는 형태가 있는 자산에 해당하는 것으로만 묶인 것은?(64회)

> 가. 상품운반용 지게차　　　　　나. 판매용 휴대폰
> 다. 투자목적용 건물　　　　　　라. 사무실 업무용 컴퓨터

① 가, 나　　　　　② 가, 라　　　　　③ 나, 다　　　　　④ 나, 라

9. 자산의 분류 중 다음 설명에 해당하는 자산 계정으로 옳은 것은?(66회 = 65회)

> 구체적인 형태가 있는 자산으로 판매 목적이 아닌 영업활동에 있어서 장기간 사용하기 위하여 소유하고 있는 자산

① 비품　　　　　② 상품　　　　　③ 제품

④ 단기금융상품　　　　　⑤ 투자부동산　　　　　⑥ 산업재산권

해답　6　②　7　③　8　②　9　①

6. 받을어음과 선급금은 유동자산이고, 선수금과 임대보증금은 부채이다.
8. "가", "라"는 유형자산에 해당하고, "나"는 재고자산, "다"는 투자자산에 해당한다.

10. 유형자산에 대한 설명으로 옳은 것은?(65회)

① 토지, 건물, 비품, 기계장치는 감가상각 대상자산이다.

② 구입시 취득세는 당기 비용으로, 운반비는 취득원가로 처리한다.

③ 물리적 형태가 없으며, 1년을 초과하여 사용할 것으로 예상되는 자산이다.

④ 유형자산 취득 후 유형자산의 능률을 유지하기 위한 지출은 당기의 비용으로 처리한다.

11. 다음 자료에 의하여 토지의 취득가액을 구하시오.(66회)

• 토지 취득대금 : 15,000,000원	• 토지 취득세 : 1,000,000원
• 토지 재산세 : 500,000원	

① 13,000,000원　　　　　　　　② 13,500,000원

③ 16,000,000원　　　　　　　　④ 16,500,000원

12. 정액법에 의하여 감가상각비를 계산하는데 필요하지 않은 내용은 무엇인가?(60회)

① 취득원가　　　② 감가상각누계액　　　③ 잔존가액　　　④ 내용연수

13. 다음은 건물과 관련된 자료이다. 2016. 12. 31. 건물의 감가상각비는 얼마인가?(69회)

• 취득일 : 2015. 1. 1.	• 취득가액 : 8,000,000원
• 취득세 : 500,000원	• 상각률 : 10%(정률법)

① 560,000원　　　② 688,500원　　　③ 765,000원　　　④ 850,000원

14. 유형자산의 종류 중 감가상각을 하지 않는 것만 모은 것은?(72회=68회)

① 토지, 건물　　　　　　　　② 토지, 건설중인자산

③ 건물, 차량운반구　　　　　④ 건물, 구축물

해답　10 ④　11 ③　12 ②　13 ③　14 ②

10. 토지와 건설중인자산은 유형자산 중 비상각자산이다. 또한, 유형자산은 물리적 형태가 있으며, 취득시 취득세 및 운반비 등 부대비용은 취득원가에 포함한다.

11. 토지대금(15,000,000) + 취득세(1,000,000) = 16,000,000원

13. 2015년 : (8,000,000원 + 500,000원) × 0.1 = 850,000원
2016년 : (8,500,000원 - 850,000원) × 0.1 = 765,000원

문제

1. 투자를 목적으로 취득한 상가(장부가액 20,000,000원)를 25,000,000원에 매각하고 대금은 현금으로 회수하다.

[분개] (차변)   (대변)

문제

2. 중고나라에서 완구운반용 트럭을 11,000,000원에 구입하고 대금은 무이자할부 10 개월의 조건에 지급하기로 하다. 트럭 구입시 취득세 1,500,000원은 현금으로 납부하다.(67회)

[분개] (차변)   (대변)

문제

3. 판매부서 건물의 엘리베이터 설치비(자본적 지출) 6,000,000원과 외벽 도색비(수익적 지출) 600,000원을 현금으로 지급하다.(65회)

[분개] (차변)   (대변)

문제

4. 영업용 승용차의 전조등을 세련튜닝에서 교체하고 대금 500,000원 중 300,000원은 당좌수표를 발행하여 지급하고, 잔액은 당점발행 약속어음으로 지급하다.(차량에 대한 자본적지출로 처리한다)(62회)

[분개] (차변)   (대변)

문제

5. 부영상사에 업무용 차량운반구를 5,000,000원에 처분하고(취득원가 12,000,000원, 감가상각누계액 4,000,000원), 대금 중 3,000,000원은 동점발행 당좌수표로 받고, 잔액은 1개월 후에 받기로 하다.(64회)

[분개] (차변)   (대변)

6. 사용 중인 업무용자동차를 부흥중고차매매센터에 7,000,000원에 판매하고 대금 중 2,000,000은 현금으로 받고 나머지는 3개월 후에 받기로 하다.(취득원가 13,000,000원, 처분일까지의 감가상각누계액 6,500,000원)(49회)

[분개] (차변)   (대변)

7. 상품배송에 사용하는 트럭(취득가액 5,000,000원, 폐차시점까지 감가상각누계액 4,800,000원)을 폐차하고, 폐차에 대한 고철값 100,000원을 현금으로 받다.(53회)

[분개] (차변)   (대변)

8. (주)한강기업으로부터 구입한 상품의 외상매입금 30,800,000원을 약정에 따라 600,000원을 할인받고 잔액은 당좌수표를 발행하여 지급했다.

[분개] (차변)   (대변)

9. 상품을 판매하고 발급한 거래명세서이다. 대금 중 10,000,000원은 보통예금 계좌로 입금 받고, 잔액은 외상으로 하다.(69회)

거래명세서				(공급자 보관용)			
공급자	등록번호	101-23-33351		공급받는자	등록번호	211-81-99999	
	상호	레드패션	성명	정하나		상호	오션상사	성명	이혜진
	사업장주소	서울 강남구 압구정로 104			사업장주소	서울 서초구 명달로 101	
	업태	도소매업	종사업장번호			업태	도소매업	종사업장번호	
	종목	의류				종목	의류	

거래일자	미수금액	공급가액	세액	총합계금액
2016.12.13		19,000,000		19,000,000

NO	월	일	품목명	규격	수량	단가	공급가액	세액	합계
1	12	13	블라우스		30	500,000	15,000,000		15,000,000
2	12	13	바지		20	200,000	4,000,000		4,000,000

[분개] (차변)   (대변)

해답

1.	(차)	현 금	25,000,000		(대)	투 자 부 동 산	20,000,000		
						투자자산처분이익	5,000,000		
2.	(차)	차 량 운 반 구	12,500,000		(대)	현 금	1,500,000		
						미 지 급 금	11,000,000		
3.	(차)	건 물	6,000,000		(대)	현 금	6,600,000		
		수 선 비	600,000						
4.	(차)	차 량 운 반 구	500,000		(대)	당 좌 예 금	300,000		
						미 지 급 금	200,000		
5.	(차)	감 가 상 각 누 계 액	4,000,000		(대)	차 량 운 반 구	12,000,000		
		미 수 금	2,000,000						
		현 금	3,000,000						
		유형자산처분손실	3,000,000						
6.	(차)	현 금	2,000,000		(대)	차 량 운 반 구	13,000,000		
		미 수 금	5,000,000			유형자산처분이익	500,000		
		감 가 상 각 누 계 액	6,500,000						
7.	(차)	감 가 상 각 누 계 액	4,800,000		(대)	차 량 운 반 구	5,000,000		
		유형자산처분손실	100,000						
		현 금	100,000						
8.	(차)	외 상 매 입 금	30,800,000		(대)	당 좌 예 금	30,200,000		
						매 입 할 인	600,000		
9.	(차)	보 통 예 금	10,000,000		(대)	상 품 매 출	19,000,000		
		외 상 매 출 금	9,000,000						

[예제] 6월 일반전표입력 따라하기!

문제

6월 3일 : 수향실업에 장기대여해 준 대여금 10,000,000원을 동점발행 당좌수표로 회수하다. 그리고 대여금에 대한 이자 500,000원은 보통예금 계좌로 이체 받다.

[분개] (차)   (대)

답안

▶ (차) 101.현금   10,000,000   (대) 901.이자수익   500,000
       103.보통예금   500,000   179.장기대여금   10,000,000
                                            [107.수향실업]

일반전표입력 [1001]

| | | | [F3]자금관리 ▼ [F4]복사 ▼ [F6]검색 ▼ [F7]카드매출 [F8]적요수정 [SF2]번호수정 [CF5]삭제한데이타 [CF8]전기분전표 [CF9]전표삽입 [SF5]일괄삭제및기타 ▼ [F11]조회 |

2018 년 06 ▼ 월 3 🖃 일 변경 현금잔액 :   29,905,000   대차차액 :

□	일	번호	구분	계 정 과 목	거 래 처	적 요	차 변	대 변
☑	3	00001	대변	0179 장기대여금	00107 수향실업			10,000,000
☑	3	00001	대변	0901 이자수익				500,000
☑	3	00001	차변	0101 현금			10,000,000	
☑	3	00001	차변	0103 보통예금			500,000	
☑	3							
				합 계			10,500,000	10,500,000

카드등사용여부 [▼]

➡	NO :	1	(대 체) 전 표		일 자 : 2017 년 6 월 3 일
	계정과목	적요	차변(출금)	대변(입금)	
0179	장기대여금			10,000,000	전 표 현재라인 인 쇄
0901	이자수익			500,000	
0101	현금		10,000,000		
0103	보통예금		500,000		전표택일괄 인쇄[F9]
	합 계		10,500,000	10,500,000	

💡 알림 : 차변금액을 입력하세요.   [X000000] 105-29-12345 📷 🖩 🎒

문제 6월 4일 : 수향실업에서 상품 외상구입시 발행한 약속어음(만기 : 2018. 6. 4) 25,000,000원
이 만기가 되어 당좌예금 계좌에서 결제된다.

[분개] (차)　　　　　　　　　　　　　　(대)

답안 ▶ (차) 252.지급어음 [107.수향실업] 25,000,000 (대) 102.당좌예금 25,000,000

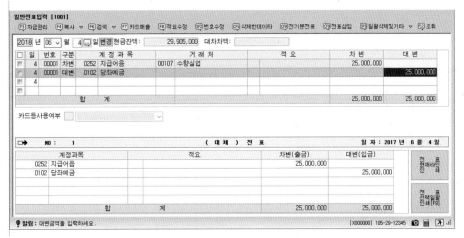

문제

6월 5일 : ㈜동원의 주식 100주 1,500,000원을 처분하고 현금 4,000,000원을 받았다.

[분개] (차)   (대)

 답안

▶ 1,500,000원에 취득한 주식을 4,000,000원에 매각하였으므로 2,500,000원의 단기투자자산처분이익이 발생한다.

▶ (차) 101.현금   4,000,000   (대) 107.단기매매증권   1,500,000
                                      906.단기투자자산처분이익   2,500,000

문제

6월 9일 : 매장을 신축하기 위해 토지를 재영상사로부터 20,000,000원에 구입하고, 대금은 당좌수표를 발행하여 지급하다. 또한 토지에 대한 취득세 및 등록세 2,000,000원을 현금으로 지급하다.(단, 대한은행 당좌예금 잔액은 9,980,000원이다. 당좌차월계약이 맺어져 있으며, 당좌차월한도액은 30,000,000원이다.)

[분개] (차)   (대)

답안

▶ 유형자산의 취득원가는 자산의 매입가액에 취득부대비용을 가산한 금액으로 한다. 따라서 토지 취득 시에 발생한 취득세와 등록세는 토지의 취득원가에 가산한다.

▣ **당좌차월제도** : 당좌예금 잔액의 범위를 초과하여 수표를 발행하더라도 일정 한도까지는 은행이 이를 부도처리하지 않고 수표대금을 지급해 주는 제도

▶ 본 기업은 당좌차월계약이 맺어져 있으며, 당좌차월한도액이 30,000,000원이므로, 당좌예금의 잔액 9,980,000원을 초과하는 10,020,000원은 당좌차월로 처리한다.

▶ 당좌차월은 단기차입금 하위 항목으로, 거래처 등록 필수 항목이다.

▶ (차) 201.토지   22,000,000   (대) 101.현금   2,000,000
                                                    102.당좌예금   9,980,000
                                                    256.당좌차월   10,020,000
                                                    [98002.대한은행]

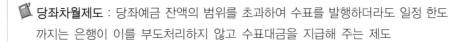

문제

6월 10일 : 회사운영자금에 사용할 목적으로 중소기업은행에서 2019년 9월 10일에 상환하기로 하고 50,000,000원을 대출받아 당좌예금 계좌에 입금하다(이자지급일 매월 10일, 이율 연 6.5%).

[분개] (차)   (대)

답안

▶ 당좌차월이 발생한 이후에, 당좌예금이 입금되면 우선적으로 당좌차월액과 상계하고 나머지만 당좌예금계정 차변에 기록한다.

▶ (차) 256.당좌차월   10,020,000   (대) 260.단기차입금   50,000,000
         [98002.대한은행]   [98001.중소기업은행]
         102.당좌예금   39,980,000

문제

6월 15일 : 매출처 이석상회에 상품(가방 6,000개, @15,000원, 90,000,000원)을 판매하고 계약금 500,000원을 제외한 나머지는 약속어음(만기: 2019. 6. 15)으로 받다. 또한 당점부담의 운반비 200,000원은 현금으로 별도 지급하다.

[분개] (차)   (대)

답안

▶ 상품을 판매하기로 계약하고 받은 계약금은 '선수금'이다.

▶ 상품 매입시 운반비는 '상품'이고, 매출시 운반비는 판매비와관리비의 '운반비'이다.

▶ (차) 110.받을어음 [103.이석상회]   89,500,000   (대) 401.상품매출   90,000,000
　　　 259.선수금 [103.이석상회]   500,000   101.현금   200,000
　　　 824.운반비   200,000

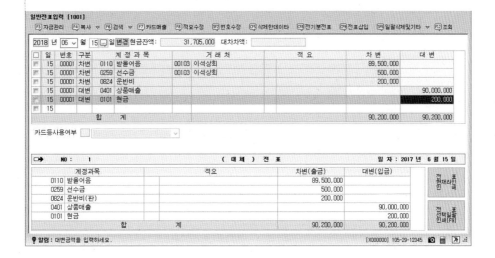

문제 6월 20일 : 주성상회로부터 매출한 상품 일부에서 불량품이 있다는 사실을 통보받고 외상대금 6,000,000원 중에서 500,000원을 감액하기로 하고 나머지는 동점발행 당좌수표로 회수하다.

[분개] (차)   (대)

답안

📖 **매출환입및에누리 :** 판매한 상품이 반품 처리된 금액을 말하면, 매출에누리란 판매한 상품에 파손이나 결함이 있어서 결제금액을 깎아주는 것을 말한다. 매출환입및 에누리는 총매출액에서 차감한다.

▶ 계정과목의 코드는 '401.상품매출'의 다음 코드인 '402.매출환입및에누리'를 사용한다.

▶ (차) 101.현금   5,500,000   (대) 108.외상매출금   6,000,000
     402.매출환입및에누리   500,000   [101.주성상회]

문제

6월 21일 : 거래처 이석상회로부터 매출대금으로 받아 보관 중인 약속어음 10,000,000 원을 만기 전에 거래처 은행으로부터 할인을 받고, 할인료 500,000원을 차감한 금액을 당사 보통예금 계좌로 입금 받다.(단, 할인된 어음은 매각거래로 회계처리 함)

[분개] (차)   (대)

답안

▶ 어음의 할인이란 소유어음을 만기일 이전에 자금조달의 수단으로 거래은행에 배서하고 할인료를 차감한 잔액을 받아 현금화하는 것으로, 이때, 할인료는 매출채권처분손실로 처리한다.

▶ (차) 103.보통예금   9,500,000   (대) 110.받을어음   10,000,000
        956.매출채권처분손실   500,000   [103.이석상회]

문제

6월 25일 : 진동공업사에서 영업용 승용차를 튜닝하고 대금 1,000,000원 중 300,000원은 당좌수표를 발행하여 지급하고, 잔액은 당점발행 약속어음으로 지급하다.(튜닝 대금 1,000,000원 중 900,000은 자본적 지출이고 100,000은 수익적 지출에 해당한다)(아래 자료를 이용하여 거래처등록을 할 것).

거래처 코드	300	유 형	동시
사업자등록번호	107 - 39 - 99352	사업장 소재지	서울특별시 영등포구 신길로 19
상 호	진동공업사	성 명	여진동
업 태	서비스	종 목	차량수리외

[분개] (차)   (대)

답안

▶ 자본적 지출은 자산으로 인식하고, 수익적 지출은 비용으로 인식

▶ 입력시 '고정자산 간편등록'은 생략(취소) 한다.

▶ 본 거래는 상품매매 거래가 아니므로, 지급어음이 아니라 미지급금으로 처리한다.

▶ [신규거래처 등록] : 코드란에 "+" 또는 "00000"을 입력하고 거래처명에 "진동공업사"를 입력하고 Enter↵ 하면 등록할 것인지, 수정할 것인지 묻는 메뉴가 나타난다. '거래처 코드'란에 커서를 놓고 '300'을 입력한 후, '수정'을 클릭한다. "수정"을 클릭하면 화면 아래에 "거래처등록" 화면이 나타나며 추가 등록사항을 입력한다.

▶ (차)   208.차량운반구   900,000   (대) 102.당좌예금   300,000
             822.차량유지비   100,000   253.미지급금   700,000
                                                                      [300.진동공업사]

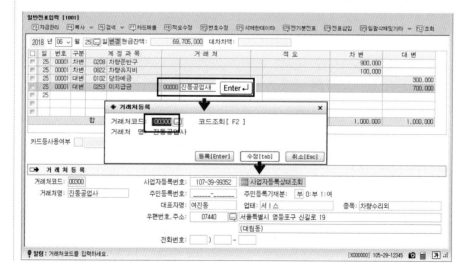

문제

6월 26일 : 회사 사장 김소연의 개인 주택에 대한 재산세 5,000,000원을 현금으로 납부하다.

[분개] (차)   (대)

답안

▶ 회계기간 중의 자본에 관한 거래는 인출금 계정을 설정하여 기입하고, 기말에 자본금 계정에 대체한다.

▶ 자본이 감소한 거래이므로, 인출금이 차변에 온다.

▶ (차) 338.인출금 5,000,000   (대) 101.현금 5,000,000

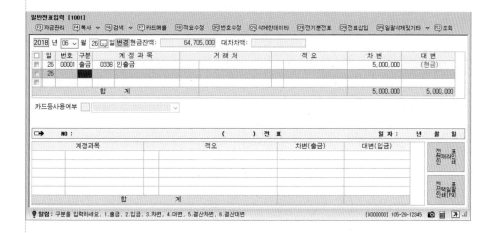

문제

6월 30일 : 현금 2,000,000원을 회사운영비로 회사 사장 김소연에게서 받았다.

[분개] (차)   (대)

 답안

▶ 자본이 증가한 거래이므로, 인출금이 대변에 온다.

▶ (차) 101.현금 2,000,000   (대) 338.인출금 2,000,000

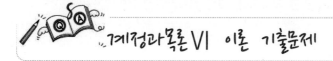

계정과목론 VI 이론 기출문제

1. 유형자산에 대한 지출내역이다. 자본적 지출로 처리해야 할 금액의 합계는 얼마인가?(56회)

> • 건물의 냉·난방설비 설치를 위한 지출 20,000,000원
> • 회사 전체 복사기의 토너 교체를 위한 지출 1,000,000원
> • 건물 외벽에 페인트를 칠하고 2,000,000원을 수선비로 처리
> • 5년째 운행 중인 화물차의 엔진과 주요 부품을 교체하고 4,000,000원을 지출하다.
>   (그 결과 내용연수가 4년 연장됨)

① 20,000,000원   ② 22,000,000원
③ 24,000,000원   ④ 25,000,000원

2. 다음 중 재무상태표에만 영향을 미치는 거래로 짝지어진 것은?(64회)

> 가. 상품을 매출하고 당사에서 매출운임을 현금으로 지급하다.
> 나. 상품을 매입하고 당사에서 매입운임을 현금으로 지급하다.
> 다. 토지에 대한 재산세를 현금으로 지급하다.
> 라. 토지를 취득하고 취득세를 현금으로 지급하다.

① 가, 나   ② 가, 다   ③ 나, 다   ④ 나, 라

3. 다음 내역 중 차량운반구계정 차변에 기입할 수 있는 내용으로 옳은 것은?(72회=52회)

> ㄱ. 차량 구입 시 취득세 지급   ㄴ. 차량 구입 후 자동차세 지급
> ㄷ. 차량 구입 후 자본적 지출 지급   ㄹ. 차량 구입 시 자동차 보험료 지급

① ㄱ, ㄴ   ② ㄱ, ㄷ   ③ ㄴ, ㄷ   ④ ㄷ, ㄹ

해답 **1** ③ **2** ④ **3** ②

1. 자본적 지출: 건물의 냉·난방설비 설치를 위한 지출 20,000,000원, 5년째 운행 중인 화물차의 엔진과 주요 부품을 교체하고 4,000,000원을 지출하다.(그 결과 내용연수가 4년 연장됨)
2. "나"와 "라"는 취득한 자산의 취득원가로 처리하고, "가"와 "다"는 비용으로 처리 함.
3. 유형자산 구입 시 부대비용(ㄱ)은 취득원가에 가산하고, 취득 후 자본적지출액(ㄷ)은 해당 자산계정으로 처리한다. 차량 구입 후 자동차세 지급은 '세금과공과' 계정으로, 차량 구입 시 자동차 보험료 지급은 '보험료' 계정으로 처리한다..

4. 다음은 대한상사의 차량 처분과 관련된 자료이다. 차량 취득가액은 얼마인가?(57회)

- 감가상각누계액 : 8,000,000원
- 처분가액 : 11,000,000원
- 유형자산처분손실 : 2,000,000원

① 20,000,000원　② 21,000,000원　③ 22,000,000원　④ 23,000,000원

5. 다음 자료에서 차량 처분 시 유형자산처분손익을 계산한 금액으로 옳은 것은?(58회)(단, 회계기간은 1.1.~12.31.이며, 감가상각은 월할 계산한다)

- 2016년 1월 1일 : 차량운반구 취득(취득가액 10,000,000원, 잔존가액 0원, 내용연수 10년, 정액법 상각)
- 2014년 7월 1일 : 차량운반구 처분(현금 처분금액 7,300,000원)

① 처분이익 200,000원
② 처분이익 300,000원
③ 처분손실 200,000원
④ 처분손실 300,000원

6. 유형자산을 정액법에 의해 감가상각을 하는 경우 필요한 항목이 아닌 것은?(67회)
① 취득원가　② 잔존가치　③ 내용연수　④ 미상각잔액

7. 다음 자료에 의하여 2016년 12월 31일 계상해야 할 감가상각비를 구하면 얼마인가?(66회=63회)

- 2015. 1. 1. 건물을 5,000,000원에 구입
- 2016. 12. 31. 건설중인자산이 5,000,000원이 있음(완공시까지 사용 할 수 없음)
- 감가상각방법 : 정액법, 내용년수 10년, 잔존가치 0원

① 500,000원　② 1,000,000원　③ 1,500,000원　④ 2,000,000원

해답　**4** ②　**5** ③　**6** ④　**7** ①

4. 유형자산처분손실 = 처분가액-(취득가액-감가상각누계액). ∴ 취득가액 = 21,000,000원
　(차) 현금(미수금)　11,000,000원　(대) 차량운반구　XXX
　　감가상각누계액　8,000,000원
　　유형자산처분손실　2,000,000원
5. (차) 감가상각누계액 2,500,000　(대) 차량운반구 10,000,000
　　현　　　금 7,300,000
　　유형자산처분손실 200,000
7. 건설중인자산은 감가상각대상이 아니다. 건물에 대해서만 1년에　대한 감가상각을 한다.
　5,000,000원 ÷ 10년 = 500,000원

8. 다음 [거래]에 대한 잘못된 [분개]로 재무제표에 미치는 영향으로 옳은 것은?(59회)

> [거래] 본사 건물에 대한 냉·난방 장치를 설치하고 대금 20,000,000원을 당좌수표
> 를 발행하여 지급하였다. 이는 자본적 지출에 해당한다.
> [분개] (차변) 수선비 20,000,000   (대변) 당좌예금 20,000,000

① 자산의 과대계상　　　　　　　② 당기순이익의 과대계상
③ 부채의 과소계상　　　　　　　④ 비용의 과대계상

9. 영업용 차량의 엔진오일을 교체하고 다음과 같이 회계처리 한 경우, 재무제표에 미치는 영향
으로 옳은 것은?(64회)

> (차변) 차량운반구　500,000원　　　(대변) 현　　　금　500,000원

① 영업이익의 과대계상　　　　　　② 자산의 과소계상
③ 비용의 과대계상　　　　　　　　④ 당기순이익의 과소계상

10. 수익적 지출을 자본적 지출로 처리하였을 때의 영향으로 옳지 않은 것은?(72회)
① 자산의 과대 계상　　　　　　　② 당기순이익의 과대 계상
③ 비용의 과소 계상　　　　　　　④ 자본의 과소 계상

11. 다음 중 감가상각의 대상이 아닌 것으로 묶은 것은?(61회)
① 건물, 건설중인자산　　　　　　② 토지, 건설중인자산
③ 건물, 비품　　　　　　　　　　④ 차량운반구, 기계장치

12. 다음은 차량 처분과 관련된 자료이다. 차량의 처분가액은 얼마인가?(67회)

> • 취득가액 : 35,000,000원　　　• 감가상각누계액 : 21,000,000원
> • 유형자산처분손실 : 9,000,000원

① 0원　　　　② 5,000,000원　　　③ 14,000,000원　　　④ 26,000,000원

해답　8 ④　9 ①　10 ④　11 ②　12 ②

9. 비용이 과소계상되어, 영업이익이 과대계상된다.
10. 수익적지출을 자본적지출로 처리하게 되면 자산이 과대계상되고 비용이 과소계상되므로 순이익의
　　과대계상 및 자본의 과대계상을 가져온다.
12. 유형자산처분손실=처분가액-(취득가액-감가상각누계액). 처분가액 5,000,000원

13. 인출금 계정에 대한 설명 중 잘못된 것은?(70회)

① 자본금에 대한 평가계정이다.

② 개인기업에서 사용하는 임시계정이다.

③ 결산 시 재무상태표에 꼭 표시하여야 한다.

④ 개인기업의 기업주가 개인적인 용도로 자본금을 인출할 때 사용한다.

14. ㉠ 회사 전화 통신비와 ㉡ 사업주 자택의 전화 통신비를 회사의 보통예금통장에서 자동이체 결제 하였을 경우 분개의 차변 계정과목으로 가장 적절한 것은?(63회)

① ㉠ : 통신비, ㉡ : 보통예금   ② ㉠ : 보통예금, ㉡ : 통신비

③ ㉠ : 통신비, ㉡ : 인출금   ④ ㉠ : 인출금,   ㉡ : 통신비

15. 임대인과 사무실 임대차 계약서를 작성하였다. 임차인이 전세보증금 지급시 분개할 계정과목으로 올바른 것은?(69회)

① 임차권리금   ② 임대보증금   ③ 건설중인자산   ④ 임차보증금

16. 다음은 희망산업의 비품처분과 관련된 자료이다. 주어진 자료만으로 계산하면 비품 취득가액은 얼마인가?(70회)

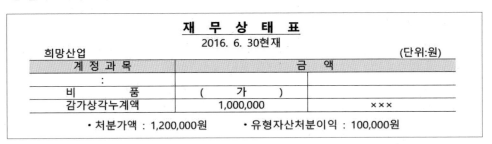

재 무 상 태 표
2016. 6. 30현재

희망산업   (단위:원)

계 정 과 목	금 액	
:		
비　　품	(　가　)	
감가상각누계액	1,000,000	×××

· 처분가액 : 1,200,000원 　　· 유형자산처분이익 : 100,000원

① 2,000,000원   ② 2,100,000원   ③ 2,200,000원   ④ 2,300,000원

17. 다음 중 개인기업에서 자본금계정의 차변에 기입되는 내용은?(71회)

① 전기이월액   ② 원시출자액   ③ 추가출자액   ④ 기업주 인출액

해답 13 ③   14 ③   15 ④   16 ②   17 ④

13. 인출금계정은 개인기업에서 기업주가 개인적인 용도로 자본금을 지출하였을 때 사용하는 임시계정으로 기말에는 자본금계정에 대체시켜 재무상태표에는 표시하지 않는다.

16. 유형자산처분이익 = 처분가액-(취득가액-감가상각누계액), 취득가액 = 2,100,000원

(차) 현금(미수금) 1,200,000   (대) 비 품 ×××

　　　감가상각누계액 1,000,000　　　　　유형자산처분이익 100,000

문제

1. 서울대학에 의뢰한 신상품 개발에 따른 연구용역비 12,000,000원을 보통예금에서 폰뱅킹 이체하여 지급하다.(무형자산으로 처리할 것)

   [분개] (차변)   (대변)

문제

2. 신상품 개발에 성공하여 특허권을 취득하고, 특허출원 등의 제비용 200,000원을 현금으로 지급하다.

   [분개] (차변)   (대변)

문제

3. 매출 증대를 위해 대왕마트에서 한 달 동안 완구용품을 판매하기로 하고 대형마트용 진열대를 임차하면서 대왕마트에 보증금 300,000원과 1개월분 임차료 100,000원을 보통예금계좌에서 이체하다.(45회)

   [분개] (차변)   (대변)

문제

4. 수익증대를 위하여 사무실을 2년간 고구려문구에 임대하기로 계약하고, 보증금 2,000,000원과 1개월분 임대료 300,000원을 보통예금으로 이체 받다.(65회)

   [분개] (차변)   (대변)

문제

5. 기업주가 현금 2,000,000원을 추가 출자하다.

   [분개] (차변)   (대변)

문제 6. 영업용 트럭의 자동차세 100,000원과 사장 개인 승용차의 자동차세 60,000원을 현금으로 납부하다.(단, 기업주의 개인적 지출은 인출금 계정으로 처리함)(56회)

[분개] (차변)   (대변)

문제 7. 대표자 자택에서 사용할 가구를 상록가구에서 600,000원에 현금으로 구입하고 인출금 계정으로 회계처리하다.(59회)

[분개] (차변)   (대변)

문제 8. 문구 홍보관을 개설하기 위해 점포를 보증금 10,000,000원에 서현빌딩으로부터 임차하고 대금은 현금으로 지급하다.(66회=61회))

[분개] (차변)   (대변)

 문제 9. 더존비즈온 디지털웨어의 회계소프트웨어를 1,500,000원에 현금으로 구입하다.

[분개] (차변)   (대변)

 문제 10. 거래처 영원상회의 상품매출에 대한 외상대금 1,800,000원을 회수하면서 약정기일보다 빠르게 회수하여 1%를 할인해 주고, 대금은 보통예금 계좌로 입금받다.(70회)

[분개] (차변)   (대변)

🔖 해답

1.	(차)	개 발 비	12,000,000	(대)	보 통 예 금	12,000,000
2.	(차)	특 허 권	200,000	(대)	현 금	200,000
3.	(차)	임 차 보 증 금	300,000	(대)	보 통 예 금	400,000
		임 차 료	100,000			
4.	(차)	보 통 예 금	2,300,000	(대)	임 대 보 증 금	2,000,000
					임 대 료	300,000
5.	(차)	현 금	2,000,000	(대)	인 출 금	2,000,000
6.	(차)	인 출 금	100,000	(대)	현 금	160,000
		세 금 과 공 과	60,000			
7.	(차)	인 출 금	600,000	(대)	현 금	600,000
8.	(차)	임 차 보 증 금	10,000,000	(대)	현 금	10,000,000
9.	(차)	컴 퓨 터 소 프 트 웨 어	1,500,000	(대)	현 금	1,500,000
10.	(차)	보 통 예 금	1,782,000	(대)	외 상 매 출 금	1,800,000
		매 출 할 인	18,000			

전산회계 2급 출제경향 심층분석

🪧 '일반전표입력' 출제경향

☞ [전표입력]의 [일반전표입력] 메뉴에서는 실제 거래를 분개하여 일반전표에 입력하는 문제와
입력된 자료의 오류를 수정하여 입력하는 문제가 출제된다.

· 적요의 입력은 생략한다.

· 부가가치세는 고려하지 않는다.

· 채권·채무와 관련된 거래처명은 반드시 기 등록되어 있는 거래처코드를 선택하는 방법으로
거래처명을 입력한다.

· 회계처리시 계정과목은 등록되어 있는 계정과목 중 가장 적절한 과목으로 한다.

기출문제 기획

문제4

다음 거래 자료를 일반전표입력 메뉴에 추가 입력하시오.(24점)

[1] 7월 7일 현금 시재를 확인하던 중 장부상 현금보다 실제현금이 80,000원이 부족한
것을 발견하였으나 원인을 파악할 수 없으므로 임시계정으로 처리하다.(3점)

답안

▶ (차) 141.현금과부족   80,000원   (대) 101.현금   80,000원

일반전표입력								
F3 자금관리 ▾ F4 복사 ▾ F6 검색 ▾ F7 카드매출 F8 적요수정 SF2 번호수정 CF5 삭제한데이타 CF8 전기분전표 CF9 전표삽입 SF5 일괄삭제및기타 ▾								

2018 년 07 ∨ 월 7 ⬚ 일 변경 현금잔액:		85,589,900	대차차액:					
☐ 일	번호	구분	계 정 과 목	거 래 처		적 요		차 변	대 변
☐ 7	00002	출금	0141 현금과부족					80,000	(현금)
☐ 7									
☐									
			합 계					80,000	80,000

카드등사용여부 ⬚

⇨ NO : 2		(출금) 전 표		일 자 : 2017 년 7 월 7 일	
계정과목	적요	차변(출금)	대변(입금)		
0141 현금과부족		80,000		전 표 현재라인 인 쇄	
0101 현금			80,000		
				전 표 선택일괄 인 쇄[F9]	
합 계		80,000	80,000		

● 알림: 구분을 입력하세요. 1.출금, 2.입금, 3.차변, 4.대변, 5.결산차변, 6.결산대변   [장우혁] 607-35-23558 📷 🗑 📁

[2] 7월 13일 양지상사의 외상매입금 3,000,000원을 당좌수표 발행하여 지급하다.(3점)

문제4

답안

▶ (차) 251.외상매입금(610.양지상사) 3,000,000원　　(대) 102.당좌예금 3,000,000원

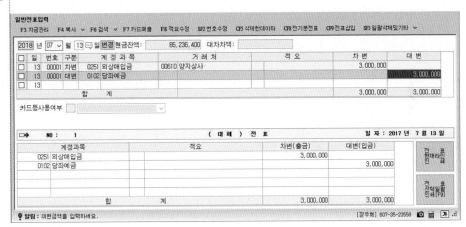

[3] 7월 25일 거래처에 보내야 하는 서류가 있어서 빠른 등기우편으로 발송하고, 등기 요금 10,500원을 용산우체국에서 현금으로 지급하였다.(3점)

문제4

답안

▶ (차) 814.통신비 10,500　　　　　　　　　　(대) 101.현금 10,500

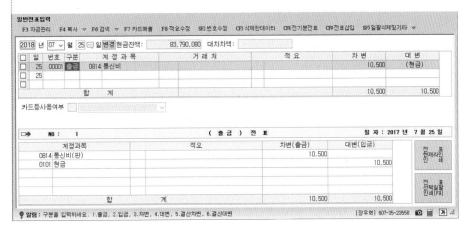

문제4

[4] 8월 9일 설악상사의 단기대여금(대여기간 : 2017. 6. 1. ~ 2017. 9. 30.)에 대한 이자 200,000원이 당사의 보통예금 계좌에 입금됨을 확인하고 회계처리하다.(3점)

답안

▶ (차) 103.보통예금　　200,000원　　　　(대) 901.이자수익　　200,000원

일반전표입력

| | F3 자금관리 | F4 복사 ▾ | F6 검색 ▾ | F7 카드매출 | F8 적요수정 | SF2 번호수정 | CF5 삭제한데이타 | CF8 전기분전표 | CF9 전표삽입 | SF5 일괄삭제및기타 ▾ |

2018 년 08 ✓ 월 9 ⟳ 일 변경 현금잔액 : 　30,957,080 대차차액 :

	일	번호	구분	계 정 과 목	거 래 처	적 요	차 변	대 변
☐	9	00002	차변	0103 보통예금			200,000	
☐	9	00002	대변	0901 이자수익				200,000
☐	9							
			합　계				200,000	200,000

카드등사용여부 　☐ ⬛⬛⬛⬛⬛⬛⬛⬛ ✓

⇨	NO : 2		(대 체) 전 표		일 자 : 2017 년 8 월 9 일	
	계정과목	적요	차변(출금)	대변(입금)	전　표 현재라인 인　쇄	
	0103 보통예금		200,000			
	0901 이자수익			200,000		
					전　표 선택일괄 인쇄[F9]	
	합　　계		200,000	200,000		

📍 알림 : 대변금액을 입력하세요. 　　　　　　　　　　　[장우혁] 607-35-23558 📷 🖩 [가] .⋯

문제4

[5] 8월 10일 매출거래처 직원과 식사를 하고 다음의 현금영수증을 수령하다.(3점)

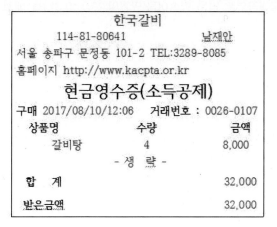

한국갈비

114-81-80641   남재안

서울 송파구 문정동 101-2 TEL:3289-8085

홈페이지 http://www.kacpta.or.kr

현금영수증(소득공제)

구매 2017/08/10/12:06   거래번호 : 0026-0107

상품명	수량	금액
갈비탕	4	8,000
- 생 략 -		
합 계		32,000
받은금액		32,000

답안

▶ (차) 813.접대비 32,000   (대) 101.현금 32,000

문제4

[6] 9월17일 남부상사의 외상매입금 1,000,000원을 지급하기 위하여 서부상사로부터 매출대금으로 받은 약속어음(만기일:2017.10.31.)을 배서양도하다.(3점)

답안

▶ (차) 251.외상매입금 1,000,000원   (대) 110.받을어음 1,000,000원
　　　　(611.남부상사)　　　　　　　　　　　(643.서부상사)

문제4

[7] 10월 10일 한일전자로부터 판매용 컴퓨터 5대를 10,000,000원에 구입하고 아래의 당사 발행 약속어음과 현금으로 전액 결제하다.(3점)

약속어음

아 02266228

한일전자 귀하

금 팔백만원   (₩8,000,000)

위의 금액을 귀하 또는 귀하의 지시인에게 이 약속어음과 상환하여 지급하겠습니다.

지급기일 2017년 12월 10일   발행일 2017년 10월 10일
지 급 지 신한은행   발행지 명륜컴퓨터
지급장소 정왕지점   주 소 부산광역시 동래구 온천장로 20
                발행인 조윤제(인)

답안

▸ (차) 146.상품   10,000,000   (대) 101.현금   2,000,000
                                252.지급어음   8,000,000
                                (113.한일전자)

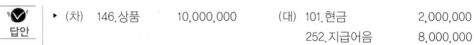

일반전표입력

F3 자금관리 F4 복사 ▾ F6 검색 ▾ F7 카드매출 F8 적요수정 SF2 번호수정 CF5 삭제한데이타 CF8 전기분전표 CF9 전표삽입 SF5 일괄삭제및기타 ▾

2018 년 10 ▾ 월 10 □□ 일 변경 현금잔액: 77,276,080 대차차액:

□	일	번호	구분	계 정 과 목	거 래 처	적 요	차 변	대 변
□	10	00001	차변	0146 상품			10,000,000	
□	10	00001	대변	0101 현금				2,000,000
□	10	00001	대변	0252 지급어음	00113 한일전자			8,000,000
□	10							
			합 계				10,000,000	10,000,000

카드등사용여부 □ 　　　　　 ▾

☞ NO :   1   (대 체) 전 표   일 자 : 2017 년 10 월 10 일

계정과목	적요	차변(출금)	대변(입금)	
0252 지급어음			8,000,000	전현재리인표쇄
0146 상품		10,000,000		
0101 현금			2,000,000	전선택일표쇄[F9]
합 계		10,000,000	10,000,000	

♥ 알림: 대변금액을 입력하세요.   [장우혁] 607-35-23558 📷 🗑 가 .::

문제4

[8] 12월 15일 영업사원의 거래처 방문 교통비 15,000원을 현금으로 지급하였다. (3점)

답안

▶ (차) 812.여비교통비 15,000　　　　　　　　(대) 101.현금 15,000

문제4

다음 거래 자료를 일반전표입력 메뉴에 추가 입력하시오.(24점)

[1] 7월 10일 한국상사는 기존 건물이 좁아서 새로운 건물을 구입하여 이전하기로 하였다. 건물 취득 시 취득가액은 50,000,000원이며, 건물에 대한 취득세 550,000원과 중개수수료 800,000원을 지급하였다. 건물구입 및 취득과 관련한 부대비용의 지출은 전액 보통예금으로 이체하였다.(3점)

답안

▶ (차) 202.건물   51,350,000   (대) 103.보통예금   51,350,000

문제4

[2] 8월 11일 민국상사에 2년 후 회수예정으로 30,000,000원을 대여하고 이자를 미리 2,000,000원을 공제하고 나머지 금액을 보통예금계좌에서 이체하다.(단, 미리 받은 이자는 전액 당기 수익으로 처리함)(3점)

답안

▶ (차) 179.장기대여금   30,000,000   (대) 103.보통예금   28,000,000
　　 (119.민국상사)   901.이자수익   2,000,000

문제4

[3] 9월 2일 판매매장에서 사용할 비품으로 이동가능한 중고난방기를 연산냉난방기로부터 500,000원에 구입하고 대금은 15일 후에 지급하기로 하다.(3점)

답안

▶ (차) 212.비 품 500,000   (대) 253.미지급금 (1323.연산냉난방기) 500,000

						차 변	대 변
일	번호	구분	계 정 과 목	거 래 처	적 요		
2	00003	차변	0212 비품			500,000	
2	00003	대변	0253 미지급금	00132 연산냉난방기			500,000
2							
		합 계				500,000	500,000

[0754]한국상사 (27|) 2017-01-01 ~ 2017-12-31

일반전표입력

F3 자금관리 F4 복사 ▽ F6 검색 ▽ F7 카드매출 F8 적요수정 SF2 번호수정 CF5 삭제한데이타 CF8 전기분전표 CF9 전표삽입 SF5 일괄삭제및기타 ▽

2017 년 09 ▽ 월 2 □ 일 변경 현금잔액: 21,714,120 대차차액:

카드등사용여부 □

	NO : 3	(대 체) 전 표			일 자 : 2017 년 9 월 2 일
계정과목	적요	차변(출금)	대변(입금)		
0212 비품		500,000		적 요 표 현재라인인쇄
0253 미지급금			500,000	적 요 표 전택일괄인쇄[F9]
합 계		500,000	500,000	

☞ 알림: 대변금액을 입력하세요.   [김소연] 124-23-12344

문제4

[4] 9월 6일 김해상점에 상품을 매출하고 받은 약속어음 250,000원을 거래 은행에서 할인받고 할인료 20,000원을 차감한 나머지 금액은 당좌 예입하다.(매각거래로 회계 처리할 것)(3점)

답안

▶ (차) 102.당좌예금   230,000   (대) 110.받을어음   250,000
    956.매출채권처분손실   20,000   (0110.김해상점)

□	일	번호	구분	계 정 과 목	거 래 처	적 요	차 변	대 변
□	6	00002	차변	0102 당좌예금			230,000	
□	6	00002	차변	0956 매출채권처분손실			20,000	
□	6	00002	대변	0110 받을어음	00110 김해상점			250,000
□	6							
				합 계			250,000	250,000

카드등사용여부

NO : 2   (대 체) 전 표   일 자 : 2017 년 9 월 6 일

계정과목	적요	차변(출금)	대변(입금)
0102 당좌예금		230,000	
0956 매출채권처분손실		20,000	
0110 받을어음			250,000
합 계		250,000	250,000

문제4

[5] 9월 18일 천안상사에서 상품 3,000,000원을 매입하고, 8월 30일 기 지급한 계약금(500,000원)을 차감한 대금 중 1,000,000원은 보통예금에서 이체하고 잔액은 외상으로 하다.(3점)

답안

▶ (차) 146.상품 3,000,000 (대) 131.선급금(111.천안상사) 500,000
        103.보통예금 1,000,000
        251.외상매입금(111.천안상사) 1,500,000

	일	번호	구분	계 정 과 목	거 래 처	적 요	차 변	대 변
☐	18	00004	차변	0146 상품			3,000,000	
☐	18	00004	대변	0131 선급금	00111 천안상사			500,000
☐	18	00004	대변	0103 보통예금				1,000,000
☐	18	00004	대변	0251 외상매입금	00111 천안상사			1,500,000
☐	18							
				합 계			3,000,000	3,000,000

일반전표입력

[0754]한국상사 (27) 2017-01-01 ~ 2017-12-31

F3 자금관리 F4 복사 ▾ F6 검색 ▾ F7 카드매출 F8 적요수정 SF2 번호수정 CF5 삭제한데이타 CF8 전기분전표 CF9 전표삽입 SF5 일괄삭제및기타 ▾

2017 년 09 월 18 일 변경 현금잔액: 25,254,620 대차차액:

카드등사용여부 ☐

NO : 4 (대 체) 전 표 일 자 : 2017 년 9 월 18 일

계정과목	적요	차변(출금)	대변(입금)
0146 상품		3,000,000	
0131 선급금			500,000
0103 보통예금			1,000,000
0251 외상매입금			1,500,000
합 계		3,000,000	3,000,000

전 표
현재라인인쇄

전 표
선택일괄인쇄[F9]

💡 알림 : 대변금액을 입력하세요. [김소연] 124-23-12344

문제4

[6] 9월 25일 다음의 급여명세표에 따라 판매직원 박희찬의 9월 급여를 당사 보통예금 통장에서 지급하였다.(3점)

한국상사 2017년 9월 급여내역

(단위 : 원)

이 름	박희찬	지 급 일	2017.9.25.
기본급여	1,600,000	소 득 세	37,000
직책수당	100,000	지방소득세	3,700
상 여 금		고용보험	16,450
특별수당	100,000	국민연금	105,000
차량유지	200,000	건강보험	36,000
교육지원	·	기 타	
급 여 계	2,000,000	공제합계	198,150
노고에 감사드립니다.		지급총액	1,801,850

답안

▶ (차) 801.급여   2,000,000   (대) 254.예수금   198,150
103. 보통예금   1,801,850

		[0754]한국상사 (2기) 2017-01-01 ~ 2017-12-31
일반전표입력		

F3 자금관리 ▾ F4 복사 ▾ F6 검색 ▾ F7 카드매출 F8 적요수정 SF2 번호수정 CF5 삭제한데이타 CF8 전기분전표 CF9 전표삽입 SF5 일괄삭제및기타 ▾

2017 년 09 ✓ 월 25 ⏎ 일변경현금잔액: 50,218,620 대차차액:

□ 일	번호	구분	계 정 과 목	거 래 처	적 요	차 변	대 변
□ 25	00005	차변	0801 급여			2,000,000	
□ 25	00005	대변	0254 예수금				198,150
□ 25	00005	대변	0103 보통예금				1,801,850
□ 25							
			합 계			2,000,000	2,000,000

카드등사용여부

➡ NO : 5	(대 체) 전 표		일 자 : 2017 년 9 월 25 일
계정과목	적요	차변(출금)	대변(입금)
0801 급여(판)		2,000,000	
0254 예수금			198,150
0103 보통예금			1,801,850
합 계		2,000,000	2,000,000

● 알림: 대변금액을 입력하세요.   [김소연] 124-23-12344

문제4

[7] 11월 19일 영업부에서 사용하는 업무용 승용차에 대한 자동차세 365,000원을 보통
예금계좌에서 이체하여 납부하다.(3점)

답안

▶ (차) 817.세금과공과 365,000　　　　　(대) 103.보통예금 365,000

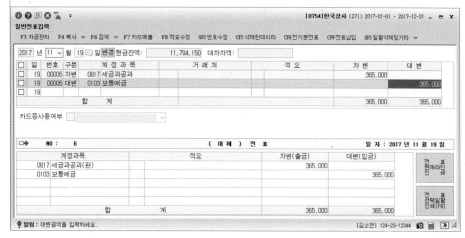

문제4

[8] 12월 13일 한국상사는 상품인 문구를 현승상사에게 8,000,000원에 판매하고, 판매 대금 중 60%는 현승상사가 발행한 9개월 만기인 약속어음으로 받았으며, 나머지 판매대금은 9월말에 받기로 하다.(3점)

답안

▶ (차) 110.받을어음   4,800,000   (대) 101.상품매출   8,000,000
  　(135.현승상사)
  　108.외상매출금   3,200,000
  　(135.현승상사)

일반전표 오류수정 출제경향

분개 오류를 수정하는 문제는

☞ 거래처코드나 계정과목코드, 금액을 수정하는 문제가 출제된다.

이 경우, 해당 오류에 커서를 놓고 코드나 금액만 수정하면 된다.

☞ 또는, 분개를 추가 입력해야 하는 문제가 출제된다.

이 경우, '일련번호'를 동일하게 맞추어야 하며, '일련번호'는 상단 메뉴의 '번호 수정'을 클릭한 후 입력할 수 있다.

☞ 또는, 입력되어 있는 분개를 삭제해야 하는 문제가 출제된다.

이 경우, 해당 줄에 커서를 놓고 'F5'를 눌러서 삭제한 후, 대차차액이 없는지 확인한다.

 기출문제 기회

 문제5

일반전표입력메뉴에 입력된 내용 중 다음과 같은 오류가 발견되었다. 입력된 내용을 확인하여 정정 또는 추가입력 하시오.(6점)

[1] 11월 20일 외상매출금 500,000원의 회수거래는 거래처가 발행한 당좌수표로 회수한 것이다. (3점)

답안

▶ 수정 전 :

(차) 102.당좌예금 500,000   (대) 108.외상매출금(117.송도신발) 500,000

□	일	번호	구분	계 정 과 목	거 래 처	적 요	차 변	대 변
□	20	00002	차변	0102 당좌예금			500,000	
□	20	00002	대변	0108 외상매출금	00117 송도신발			500,000
□	20							
□								
				합 계			500,000	500,000

카드등사용여부

NO : 2   (대 체) 전 표   일 자 : 2017 년 11 월 20 일

계정과목	적요	차변(출금)	대변(입금)
0102 당좌예금		500,000	
0108 외상매출금			500,000
합 계		500,000	500,000

▶ 수정후 :

(차) 101.현금　　500,000　　　(대) 108.외상매출금(117.송도신발) 500,000

 문제5

[2] 12월 10일 광고선전비 15,000원을 현금 지급한 것은 확인 결과 매장의 신문구독료를 현금으로 지급한 것이다.(3점)

 답안

▶ 수정전 : (차) 833.광고선전비 15,000원　　　　　(대) 101.현금 15,000원

▶ 수정후 : (차) 826.도서인쇄비 15,000원   (대) 101.현금 15,000원

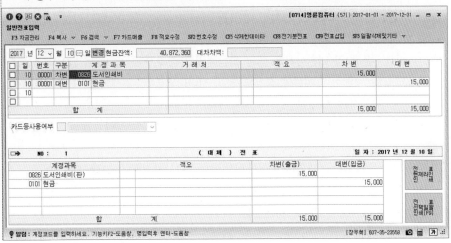

문제5

일반전표입력메뉴에 입력된 내용 중 다음과 같은 오류가 발견되었다. 입력된 내용을 확인하여 정정 또는 추가입력 하시오.(6점)

[1] 7월 20일 대한상사에 대한 외상매입금 중 2,000,000원을 당사가 발행한 당좌수표를 발행하여 지급한 것으로 회계 처리하였는데, 실제로는 다른 거래처가 발행한 당좌수표로 지급된 것으로 확인되었다.(3점)

답안

▶ 수정전 :

(차) 외상매입금(대한상사) 2,000,000원 (대) 당좌예금 2,000,000원

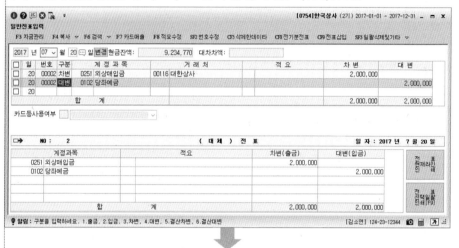

▶ 수정후 :

(차) 외상매입금(대한상사) 2,000,000원 (대) 현 금 2,000,000원

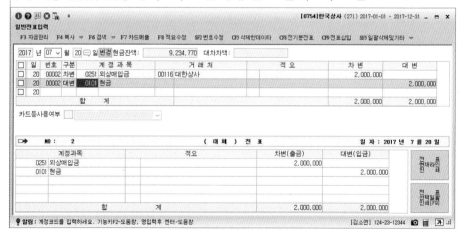

[2] 9월 19일 진정가구에서 구매한 가구 1,500,000원을 회사 비품으로 처리하였는데, 나중에 확인한 결과 회사대표의 자녀 결혼을 위해 보통예금으로 지출한 것이다.(3점)

▶ 수정전 :

(차) 비품　　　　1,500,000원　　　　(대) 보통예금　1,500,000원

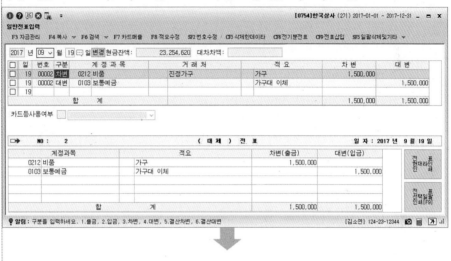

▶ 수정후 :

(차) 인출금　　　　1,500,000원　　　　(대) 보통예금　1,500,000원

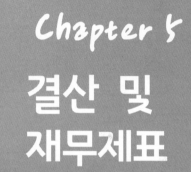

Chapter 5

결산 및
재무제표

제5장 결산 및 재무제표

결산이란 회계기간 전체에 계속적으로 발생한 자산, 부채, 자본의 변동내용 및 그 변동들로 인한 결과를 종합하여 재무제표로 일목요연하게 요약하는 것을 말한다. 즉, 회계기간이 종료된 후 일정시점에 있어서 기업의 재무상태, 일정기간에 있어서 기업의 경영성과를 명확히 보고하기 위하여 장부를 정리·마감하는 일련의 절차를 결산이라 한다.

결산이 완료된 후에 재무제표 작성시에는 다음과 같은 작업순서에 의하여 순차적으로 작업하여 각 서식의 금액을 프로그램에 인식시켜서 오류가 나지 않도록 해야 한다. 개인사업자의 결산은 아래 그림과 같이 "예비절차 - 본절차 - 재무제표 작성" 순으로 진행된다.

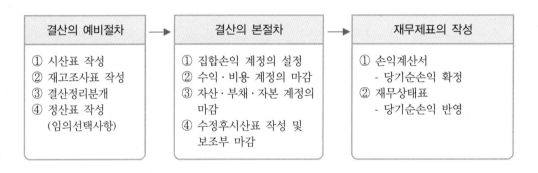

결산의 예비절차	결산의 본절차	재무제표의 작성
① 시산표 작성 ② 재고조사표 작성 ③ 결산정리분개 ④ 정산표 작성 　(임의선택사항)	① 집합손익 계정의 설정 ② 수익·비용 계정의 마감 ③ 자산·부채·자본 계정의 　마감 ④ 수정후시산표 작성 및 　보조부 마감	① 손익계산서 　- 당기순손익 확정 ② 재무상태표 　- 당기순손익 반영

1. 결산의 예비절차

(1) 시산표의 작성

복식부기에서는 거래가 발생하면 분개장에 기입한 후 원장의 각 계정 계좌에 전기한다. 분개와 전기가 바르게 이루어지면 대차평균의 원리에 의하여 모든 계정의 차변합계액과 대변합계액은 반드시 일치하게 된다. 이와 같은 원리에서 원장의 전기가 정확한지를 검증하기 위하여 원장의 각 계정금액을 모아 작성하는 표를 시산표라 한다. 전산회계프로그램을 이용한 경우에는 '일반전표 입력'에 의해 자동으로 작성된다.

(2) 재고조사표의 작성

결산정리사항들을 정확하고 신속하게 기장하기 위해서는 모든 결산정리사항을 하나로 모아 일람표를 작성하면 편리하다. 이와 같이 원장 마감에 앞서 부정확한 계정의 잔액을 실제액에 일치시키기 위하여 장부의 수정에 필요한 결산정리사항만을 기재한 일람표를 재고조사표라 한다. 재고조사표에 기재될 결산정리사항은 다음과 같다.

(3) 결산정리분개

① 자산계정에 대한 결산정리 : 상품매출원가, 유형자산의 감가상각, 매출채권에 대한 대손충당금 설정, 단기매매증권평가 등
② 손익계정에 대한 결산정리 : 수익 · 비용의 이연, 수익 · 비용의 예상, 소모품의 정리
③ 기타의 결산정리 : 현금과부족 정리, 가지급금, 가수금의 정리, 인출금의 정리

(4) 정산표의 작성(임의선택사항)

잔액시산표를 기초로하여 손익계산서와 재무상태표의 내용을 하나의 표에 모아서 작성하는 일람표이다.

2. 결산의 본절차

(1) 집합손익 계정의 설정

집합손익 계정은 순손익을 산출하기 위하여 결산시에 설정하는 경과계정이다. 집합손익 계정의 차변에는 비용계정의 잔액이 집계되고, 대변에는 수익계정의 잔액이 집계된다. 집합손익 계정의 잔액이 차변인 경우 순손실을 나타내며, 잔액이 대변인 경우 순이익을 나타낸다.

손	익
매 출 원 가 ×××	매 출 액 ×××
판 매 비 와 관 리 비 ×××	
영 업 외 비 용 ×××	영 업 외 수 익 ×××
순 이 익 을 나 타 냄 ×××	

(2) 수익 · 비용 계정의 마감

모든 수익 계정은 그 잔액이 대변에 발생하며, 이러한 계정 잔액을 집합손익 계정 대변에 대체하여 마감하고, 모든 비용 계정은 그 잔액이 차변에 발생하며, 이러한 계정 잔액을 집합손익 계정 차변에 대체하여 마감한다.

수익과 비용 계정의 잔액을 집합손익 계정에 대체하면, 집합손익 계정의 차변합계는 비용총액이 되고 대변합계는 수익총액이 된다. 따라서 손익계정의 대변합계가 차변합계 보다 크면 순이익이 되고, 대변합계가 차변합계 보다 적으면 순손실이 된다. 이러한 순손익은 자본의 증감사항이므로 집합손익 계정의 잔액은 자본금 계정으로 대체되고 집합손익 계정은 마감된다.

▸ (차변) 모든 수익 계정	×××	(대변) 손 익	×××
▸ (차변) 손 익	×××	(대변) 모든 비용 계정	×××
▸ (차변) 손 익	×××	(대변) 자본금	×××

(3) 자산 · 부채 · 자본 계정의 마감

자산에 속하는 계정은 차변에 잔액이 남게 되므로 대변에 차변잔액 만큼을 차기이월이라 기입하여 차변과 대변을 일치시켜 마감시킨 뒤에 그 잔액만큼을 다음 회계연도에 차변에 기입하여 이월시킨다.

부채와 자본에 속하는 계정은 대변에 잔액이 남게 되므로 차변에 대변잔액 만큼을 차기이월이라 기입하여 차변과 대변을 일치시켜 마감시킨 뒤에 그 잔액만큼을 다음 회계연도에 대변에 기입하여 이월시킨다.

(4) 수정후시산표의 작성 및 보조부의 마감

3. 재무제표의 작성

(1) 손익계산서 작성- 당기순손익 확정
(2) 재무상태표 작성- 당기순손익 반영

[예제] 결산 따라하기!

문제1

12월 31일 : 상품의 기말재고액은 21,600,000원이다.

[분개] (차)   (대)

답안1

■ 상품매출원가

= 기초상품재고액＋당기상품매입액－매입환출및에누리－매입할인－기말상품재고액

> (차변) 상품매출원가 ×××   (대변) 상 품 ×××

▶ 합계잔액시산표(12월)을 확인하여 상품의 차변잔액(기초상품재고액＋당기상품매입
  액)을 확인한다.
▶ 매입환출및에누리나 매입할인이 있을시에는 상품의 차변잔액에서 차감한다.
▶ 상품매출원가 = (87,100,000 － 5,500,000) － 21,600,000 = 60,000,000

▶ (결차) 451.상품매출원가 60,000,000   (결대) 146.상품 60,000,000

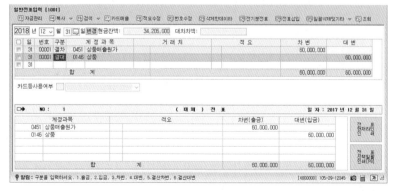

문제2 12월 31일 : 건물의 당기감가상각비는 1,000,000원이며, 차량운반구의 당기감가상각
비는 1,038,225이다.

[분개] (차) (대)

■ 유형자산의 감가상각

> (차변) 감가상각비   ×××   (대변) 감가상각누계액   ×××

▶ 차량운반구(202)의 감가상각누계액(203) 코드는 차량운반구 다음 코드로 하며, 차량
운반구(208)의 감가상각누계액(209) 코드는 차량운반구 다음 코드로 한다.

▶ (차) 818.감가상각비 2,038,225   (대) 203.감가상각누계액 1,000,000
                                      209.감가상각누계액 1,038,225

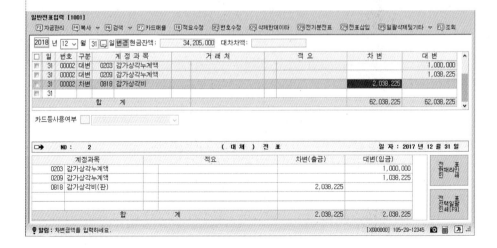

문제3

12월 31일 : 대손충당금은 기말현재 외상매출금과 받을어음에 대하여 1%를 설정한다.

[분개] (차)   (대)

답안3

■ 매출채권에 대한 대손충당금 설정

대손충당금 잔액이 없을 경우 :	대손상각비 ××× / 대 손 충 당 금 ×××
대손예상액 〉 대손충당금잔액 :	대손상각비 ××× / 대 손 충 당 금 ×××
대손예상액 〈 대손충당금잔액 :	대손충당금 ××× / 대손충당금환입 ×××

▶ 합계잔액시산표(12월)를 조회하여 외상매출금과 그에 대한 대손충당금을 조회하고, 받을어음과 그에 대한 대손충당금을 조회한 후 처리한다.

- 외상매출금 대손충당금 : 88,000,000×0.01−500,000=380,000
- 받을어음 대손충당금 : 79,500,000×0.01−500,000=265,000

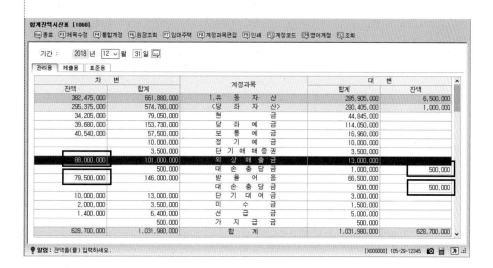

▶ 108.외상매출금 → 109.대손충당금으로, 110.받을어음 → 111.대손충당금으로 한다.

▶ (차) 835.대손상각비   645,000   (대) 109.대손충당금   380,000
                                                         111.대손충당금   265,000

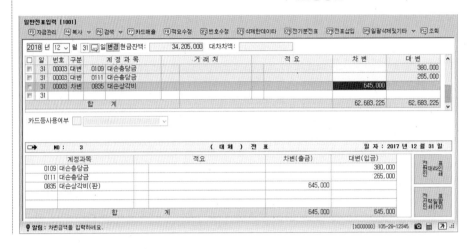

문제4 12월 31일 : 이자수익으로 계상한 500,000원 중에는 차기에 속하는 금액이 1000,000원 포함되어 있다.

[분개] (차)   (대)

답안4

▪ **수익의 이연**

: 회계기간 중에 당기의 수익으로 회계처리 하였으나 차기 이후에 속하는 금액은 당기의 수익에서 차감하여 "선수수익"의 계정에 계상한다.

> (차변) 이자수익   ×××   (대변) 선수수익   ×××

▶ (차) 901.이자수익 100,000   (대) 263.선수수익 100,000

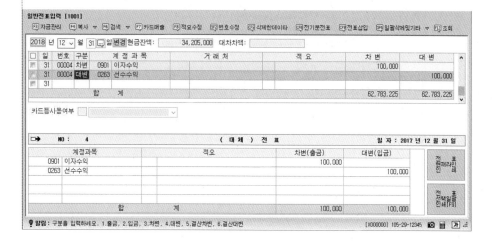

문제5 12월 31일 : 보험료 500,000원 중에는 기말현재 기간미경과분 115,068이 포함되어 있다.

[분개] (차)   (대)

■ 비용의 이연

: 회계기간 중에 당기의 비용으로 회계처리 하였으나 차기 이후에 속하는 비용은 당기의 비용에서 차감하여 "선급비용"의 계정에 계상한다.

> (차변) 선급비용 ×××   (대변) 보험료 ×××

▶ (차) 133.선급비용 115,068   (대) 821.보험료 115,068

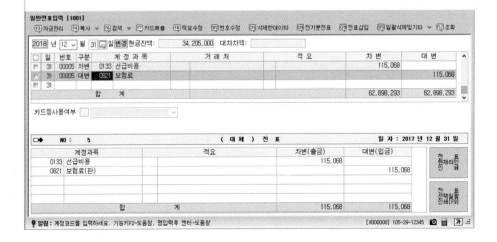

문제6

12월 31일 : 수향실업의 단기대여금에 대한 이자미수액 300,000원이 있다.

[분개] (차)   (대)

답안6

■ **수익의 예상**

: 당기에 속하는 수익으로 결산일까지 아직 입금되지 않아도 당기의 수익으로 계상하여야
하므로 "미수수익"의 계정에 계상한다.

> (차변) 미수수익 ×××   (대변) 이자수익   ×××

▶ (차) 116.미수수익 300,000   (대) 901.이자수익 300,000

문제7

12월 31일 : 종업원의 12월분 급여 3,000,000원의 지급기일은 다음 연도 1월 10일이며, 결산시에 비용 계상하지 않았다.

[분개] (차)　　　　　　　　　　　　　　　　(대)

답안7

■ 비용의 예상

: 당기에 속하는 비용으로 결산일까지 아직 지급기일이 도래하지 않아 지급하지 않은 금액은 당기의 비용으로 계상하여야 하므로 "미지급비용"의 계정에 계상한다.

> (차변) 급여　×××　　　　　(대변) 미지급비용　×××

▶ (차) 801.급여 3,000,000　　　　(대) 262.미지급비용 3,000,000

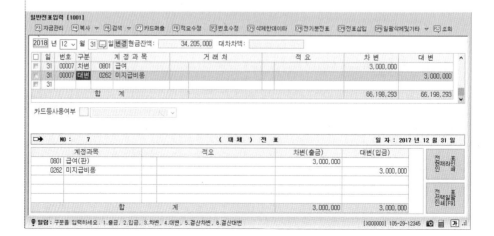

문제8

12월 31일 : 기말현재 소모품 미사용액은 300,000원이다.

[분개] (차)   (대)

답안8

■ 소모품의 정리

① **구입시 비용(소모품비)으로 처리한 경우**

결산일에 미사용분이 있는 경우에는 그 금액을 소모품비 계정에서 차감하여 자산 계정인 소모품계정으로 대체하여야 한다. 차기의 초일에는 재대체 분개를 하여 차기의 비용으로 기장처리한다.

> (차변) 소모품 ×××   (대변) 소모품비 ×××

② **구입시 자산(소모품)으로 처리한 경우**

구입시 자산계정인 소모품계정에 기입하고, 결산일에는 당기의 사용분을 소모품 계정에서 차감하여 소모품비 계정으로 대체한다.

> (차변) 소모품비 ×××   (대변) 소모품 ×××

▶ 결산일에 미사용분이 있는 경우에는 그 금액을 소모품비계정에서 차감하여 자산계정 인 소모품계정으로 대체하여야 한다. 차기의 초일에는 재대체 분개를 하여 차기의 비용으로 기장처리한다.

▶ (차) 122.소모품 300,000   (대) 830.소모품비 300,000

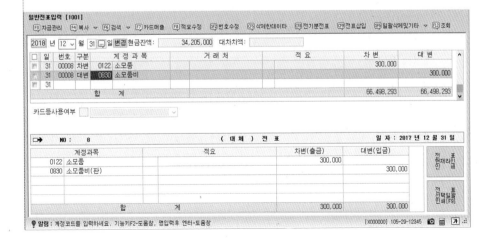

문제9

12월 31일 : 기말까지 현금시재의 부족 50,000원의 원인이 밝혀지지 않았다.

[분개] (차)   (대)

답안9

■ 현금과부족 정리

① 현금시제가 부족한 경우

장부상 현금잔액보다 실제 보유하고 있는 현금이 부족하여 현금과부족계정을 설정하였으나 결산시까지 원인이 밝혀지지 않는 경우에는 잡손실로 처리한다.

> (차변) 잡손실   ×××   (대변) 현금과부족   ×××

② 현금시제가 많은 경우

실제 보유하고 있는 현금잔액이 장부상 현금잔액보다 많아 현금과부족계정을 설정하였으나 결산시까지 원인이 밝혀지지 않는 경우에는 잡이익으로 처리한다.

> (차변) 현금과부족   ×××   (대변) 잡이익   ×××

▶ 장부상 현금잔액보다 실제 보유하고 있는 현금이 부족하여 현금과부족계정을 설정하였으나 결산시까지 원인이 밝혀지지 않는 경우에는 잡손실로 처리한다.

▶ (차) 980.잡손실 50,000   (대) 141.현금과부족 50,000

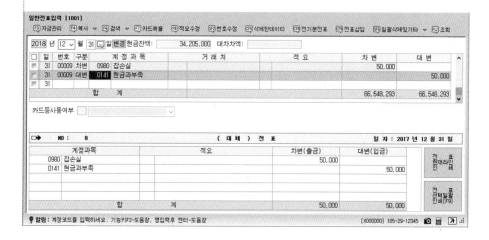

문제10

12월 31일 : 가수금 500,000원은 주성상회에 상품 5,000,000원을 판매하기로 계약하고 10%의 계약금을 받은 것으로 판명되었다.

[분개] (차)   (대)

답안10

■ 가수금

: 현금을 받았으나, 계정과목이나 금액을 확정할 수 없을 때 사용하며, 계정과목이나 금액이 확정되면 해당계정에 대체

> (차변) 가수금   ×××   (대변) 해당계정   ×××

▶ (차) 257.가수금 500,000   (대) 259.선수금 [101.주성상회] 500,000

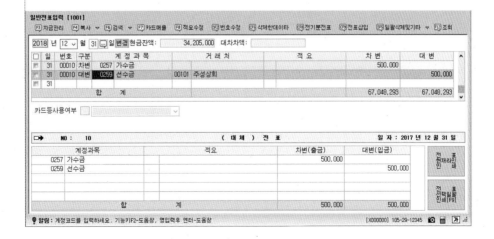

문제11

12월 31일 : 인출금계정 잔액을 자본금계정에 대체하다.

[분개] (차)   (대)

답안11

■ 인출금의 정리

　① 인출금 계정 잔액이 대변인 경우

> (차변) 인출금　×××　　　(대변) 자본금　×××

　② 인출금 계정 잔액이 대변에 음수인 경우(or 인출금 계정 잔액이 차변인 경우)

> (차변) 자본금　×××　　　(대변) 인출금　×××

▶ 합계잔액시산표(12월)을 조회하여, 인출금 계정 잔액이 어느 변에 있는지 확인한다.
　인출금 계정 잔액이 대변에 음수로 있으므로, 자본이 감소하는 회계처리를 한다.

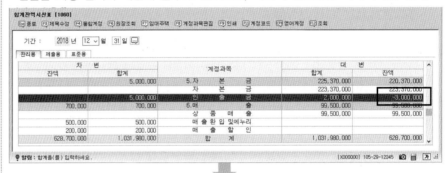

▶ (차) 331.자본금　3,000,000　　　(대) 338.인출금　3,000,000

결산의 본절차 재무제표 작성

(1) 손익마감분개 및 손익을 자본금 계정에 대체

▶ 손익계산서(12월)를 확인한 후, 툴바에서 '추가'를 클릭하여 일반전표에 대체분개를 추가한다.

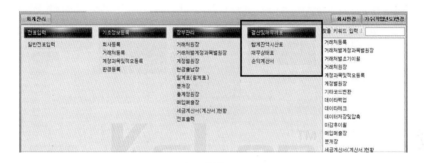

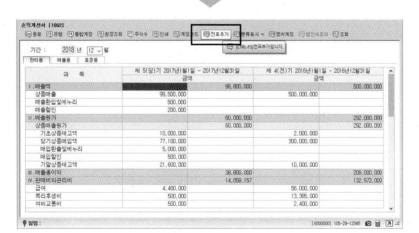

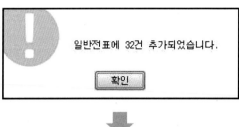

▶ 일반전표 12월 31일자를 오픈하여 손익마감분개 자료가 추가되었음을 확인한다.

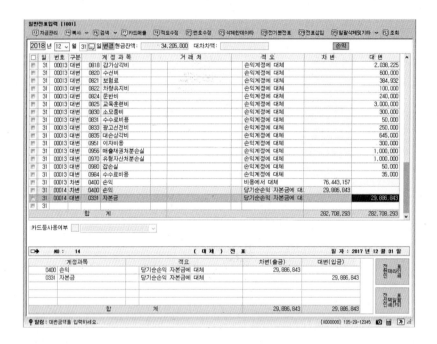

(2) [결산및재무제표] - [손익계산서]

▶ 손익계산서상의 당기순이익과 재무상태표 상의 당기순이익이 일치하는지 확인한다.

손익계산서 [1062]				
기간 : 2018 년 12 ∨ 월				
과 목	제 5(당)기 2017년1월1일 ~ 2017년12월31일		제 4(전)기 2016년1월1일 ~ 2016년12월31일	
	금액		금액	
Ⅰ.매출액		98,800,000		500,000,000
상품매출	99,500,000		500,000,000	
매출환입및에누리	500,000			
매출할인	200,000			
Ⅱ.매출원가		60,000,000		292,000,000
상품매출원가		60,000,000		292,000,000
기초상품재고액	10,000,000		2,000,000	
당기상품매입액	77,100,000		300,000,000	
매입환출및에누리	5,000,000			
매입할인	500,000			
기말상품재고액	21,600,000		10,000,000	
Ⅲ.매출총이익		38,800,000		208,000,000
Ⅳ.판매비와관리비		14,058,157		132,572,000
급여	4,400,000		56,000,000	
복리후생비	500,000		13,385,000	
여비교통비	500,000		2,400,000	
접대비	200,000		9,450,000	
통신비	50,000		2,560,000	
수도광열비			657,000	
세금과공과	800,000		1,780,000	
감가상각비	2,038,225		11,675,000	
임차료			24,000,000	
수선비	600,000		150,000	
보험료	384,932		1,200,000	
차량유지비	100,000		2,480,000	
운반비	240,000		1,750,000	
교육훈련비	3,000,000			
도서인쇄비			40,000	
소모품비	300,000		745,000	
수수료비용	50,000		3,600,000	
광고선전비	250,000		300,000	
대손상각비	645,000		400,000	
Ⅴ.영업이익		24,741,843		75,428,000
Ⅵ.영업외수익		7,530,000		142,000
이자수익	1,730,000		142,000	
배당금수익	1,500,000			
임대료	500,000			
단기투자자산처분이익	3,500,000			
유형자산처분이익	300,000			
Ⅶ.영업외비용		2,385,000		3,200,000
이자비용	300,000		1,200,000	
기부금			2,000,000	
매출채권처분손실	1,000,000			
유형자산처분손실	1,000,000			
잡손실	50,000			
수수료비용	35,000			
Ⅷ.소득세차감전이익		29,886,843		72,370,000
Ⅸ.소득세등				
Ⅹ.당기순이익		29,886,843		72,370,000

알림 :   [X000000] 105-29-12345

(3) [결산및재무제표] - [재무상태표]

▶ 손익계산서상의 당기순이익과 재무상태표 상의 당기순이익이 일치하는지 확인한다.

재무상태표 [1061]

`[ESC]종료 [F3]유형 [F4]통합계정 [F6]원장조회 [F7]임대주택 [F9]인쇄 [계정코드] [제목수정 ▼] [퇴직부채 합산여부] [타이틀 변경] [F12]조회`

기간 : 2018 년 12 월

관리용 | 제출용 | 표준용

과 목	제 5(당)기 2017년1월1일 ~ 2017년12월31일	금액	제 4(전)기 2016년1월1일 ~ 2016년12월31일	금액
자산				
Ⅰ.유동자산		315,995,068		289,500,000
① 당좌자산		294,395,068		279,500,000
현금		34,205,000		46,500,000
당좌예금		39,680,000		52,000,000
보통예금		40,540,000		17,500,000
외상매출금	88,000,000		100,000,000	
대손충당금	880,000	87,120,000	1,000,000	99,000,000
받을어음	79,500,000		50,000,000	
대손충당금	765,000	78,735,000	500,000	49,500,000
단기대여금		10,000,000		10,000,000
미수수익		300,000		
미수금		2,000,000		
소모품		300,000		
선급금		1,400,000		5,000,000
선급비용		115,068		
② 재고자산		21,600,000		10,000,000
상품		21,600,000		10,000,000
Ⅱ.비유동자산		216,086,775		136,925,000
① 투자자산		44,000,000		30,000,000
장기성예금		20,000,000		
장기대여금		24,000,000		30,000,000
② 유형자산		107,086,775		65,925,000
토지		22,000,000		
건물	56,000,000		50,000,000	
감가상각누계액	6,000,000	50,000,000	5,000,000	45,000,000
차량운반구	47,400,000		35,000,000	
감가상각누계액	12,313,225	35,086,775	15,275,000	19,725,000
비품			2,000,000	
감가상각누계액			800,000	1,200,000
③ 무형자산		5,000,000		
컴퓨터소프트웨어		5,000,000		
④ 기타비유동자산		60,000,000		41,000,000
임차보증금		60,000,000		41,000,000
자산총계		532,081,843		426,425,000
부채				
Ⅰ.유동부채		161,825,000		103,055,000
외상매입금		45,000,000		40,000,000
지급어음		18,500,000		35,000,000
미지급금		42,500,000		22,500,000
예수금		225,000		55,000
선수금		500,000		500,000
단기차입금		52,000,000		5,000,000
미지급비용		3,000,000		
선수수익		100,000		
Ⅱ.비유동부채		120,000,000		100,000,000
장기차입금		100,000,000		100,000,000
임대보증금		20,000,000		
부채총계		281,825,000		203,055,000
자본				
Ⅰ.자본금		250,256,843		223,370,000
자본금		250,256,843		223,370,000
(당기순이익)				
당기: 29,886,843				
전기: 72,370,000				
자본총계		250,256,843		223,370,000
부채와자본총계		532,081,843		426,425,000

알림 : [X000000] 105-29-12345

'결산수정분개' 출제경향

☞ '결산수정분개'는 시험의 합격을 결정하는 가장 중요하고 어려운 부분이다.
대부분의 학생들이 이 부분에서 많은 문제를 풀지 못하고 불합격한다.
그러나 결산수정분개'는 결코 어렵지 않다. 문제를 푸는 방법이 정해져 있고, 일정하기 때문에 동일한 유형의 문제를 여러 번 풀어보는 것이 중요하다.

☞ 상품매출원가 계산, 대손충당금 설정, 감가상각비 계산 등의 문제는 출제빈도가 높으므로 분개를 외우도록 한다.

☞ 많은 학생들이 앞의 문제를 틀리면 결산도 당연히 틀리는 것 아닙니까?라고 질문한다. 그래서 앞에 문제를 틀렸다고 생각하면 뒤의 문제까지 포기하는 경우가 많다.
물론, 앞의 분개를 바탕으로 결산이 이루어지고 재무제표가 작성되는 것이므로, 앞의 문제에 결산이 영향을 받는 것은 당연하다. 그러나, 앞의 분개 문제에 영향을 받지 않는 문제도 많이 출제되므로 끝까지 최선을 다해서 문제를 풀도록 한다.

 기출문제 기획

 다음의 결산정리사항을 입력하여 결산을 완료하시오.(12점)

문제6 [1] 결산일 현재 기말상품재고액은 6,000,000원이다. (단, 전표입력에서 구분으로 5:결산차변, 6:결산대변으로 입력할 것)(3점)

 답안
▶ 합계잔액시산표(12월)을 확인하여 상품의 차변잔액을 확인한다.
▶ 상품매출원가= 시산표 상품 차변잔액 − 기말상품재고액
= 146,100,000 − 6,000,000 = 140,100,000

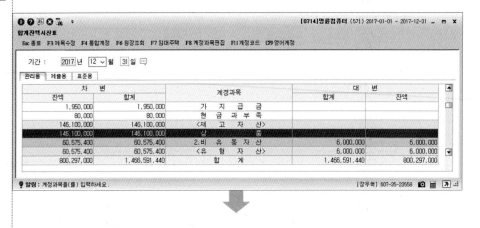

▶ (결차) 451.상품매출원가 140,100,000 　　　 (결대) 146.상품 140,100,000

문제6 [2] 판관비의 보험료계정에는 차기에 속하는 기간미경과 보험료 100,000원이 포함되어 있다. (단, 음수로입력하지 말 것)(3점)

답안 ▶(차) 133.선급비용 100,000　　　(대) 821.보험료 100,000

				[0714]명룡컴퓨터 (5기) 2017-01-01 ~ 2017-12-31 _ □ X

일반전표입력

F3 자금관리　F4 복사 ▽　F6 검색 ▽　F7 카드매출　F8 적요수정　SF2 번호수정　CF5 삭제한데이타　CF8 전기분전표　CF9 전표삽입　SF5 일괄삭제및기타 ▽

2017 년 12 월 31 일 변경현금잔액: 46,597,460 대차차액:

□	일	번호	구분	계 정 과 목	거 래 처	적 요	차 변	대 변
□	31	00008	차변	0133 선급비용			100,000	
□	31	00009	대변	0821 보험료				100,000
		합	계				140,200,000	140,200,000

카드등사용여부 [   ]

➡	NO : 8		(대 체) 전 표		일 자 : 2017 년 12 월 31 일

계정과목	적요	차변(출금)	대변(입금)	
0133 선급비용		100,000		전 표 현재라인인쇄
0821 보험료(판)			100,000	
				전 표 선택일괄인쇄[F9]
합　　　계		100,000	100,000	

● 알림: 계정코드를 입력하세요. 기능키F2-도움창, 명입력후 엔터-도움창　　　[장우혁] 607-35-23558

문제6

[3] 당기분 매장 비품 감가상각비는 1,000,000원이고, 영업용 차량운반구 감가상각비
는 2,000,000원이다. 결산분개를 완료하시오. (3점)

답안

▶ (차) 818.감가상각비 3,000,000　　(대) 213.감가상각누계액 1,000,000
　　　　　　　　　　　　　　　　　　　　 209.감가상각누계액 2,000,000

문제6

[4] 기말 현재 가수금 잔액은 거래처 한국상사로부터 받은 상품매매계약에 대한 계약금
으로 판명되다.(3점)

답안

▶ (차) 257.가수금   600,000   (대) 259.선수금(638.한국상사)   600,000

다음의 결산정리사항을 입력하여 결산을 완료하시오.(12점)

문제6 [1] 우리은행의 보통예금은 마이너스 통장이다. 기말현재 보통예금잔액 -5,500,000원을 단기차입금계정으로 대체하다.(단, 음수로 입력하지 말 것)(3점)

답안 (차) 보통예금 5,500,000원   (대) 단기차입금(우리은행) 5,500,000원

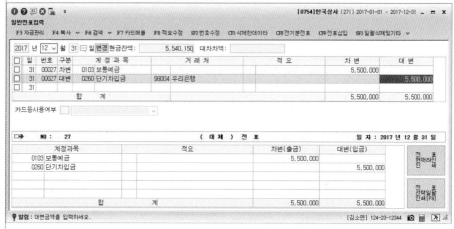

문제6

[2] 한국상사에서 사용하고 있는 자산에 대한 당기분 감가상각비는 기계장치 680,000원, 차량운반구 500,000원, 비품 100,000원이다.(3점)

답안

(차) 감가상각비(판) 1,280,000원	(대) 감가상각누계액(기계장치)	680,000원
	감가상각누계액(차량운반구)	500,000원
	감가상각누계액(비품)	100,000원

문제6

[3] 2017년 8월 1일에 아래와 같이 보험에 가입하고 전액 당기비용으로 처리하였다. 기말수정분개를 하시오.(단, 월할 계산하고, 음수로 입력하지 말 것)(3점)

• 보험회사 : ㈜나라	• 보험금납입액 : 1,200,000원
• 보험적용기간 : 2017년 8월 1일 ~ 2018년 7월 31일	

답안

(차) 선급비용 700,000원　　　　　　　　　(대) 보험료(판) 700,000원

일반전표입력 [0754]한국상사 (2기) 2017-01-01 ~ 2017-12-31

F3 자금관리　F4 복사 ▽　F6 검색 ▽　F7 카드매출　F8 적요수정　SF2 번호수정　CF5 삭제한데이타　CF8 전기분전표　CF9 전표삽입　SF5 일괄삭제및기타 ▽

2017 년 12 ∨ 월 31 일 변경 현금잔액 : 5,540,150 대차차액 :

□	일	번호	구분	계 정 과 목	거 래 처	적 요	차 변	대 변
□	31	00029	차변	0133 선급비용			700,000	
□	31	00029	대변	0821 보험료				700,000
□	31							
			합　계				7,480,000	7,480,000

카드등사용여부 □

➡	NO : 29	(대 체) 전 표	일 자 : 2017 년 12 월 31 일

계정과목	적요	차변(출금)	대변(입금)	
0133 선급비용		700,000		전　표 현재라인 인　쇄
0821 보험료(판)			700,000	
				전　표 선택일괄 인쇄[F9]
합　계		700,000	700,000	

♥ 알림: 대변금액을 입력하세요.　　[김소연] 124-23-12344

문제6

[4] 기말상품재고액은 16,500,000원이다.(단, 전표입력에서 구분으로 5:결산차변, 6:결산대변을 사용한다.)(3점)

답안

▶ 합계잔액시산표(12월)을 확인하여 상품의 차변잔액을 확인한다.

▶ 상품매출원가= 시산표 상품 차변잔액 − 기말상품재고액

= 174,000,000 − 16,500,000 = 157,500,00

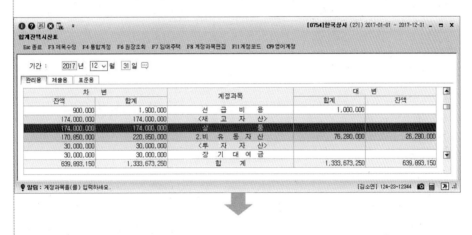

(결차) 상품매출원가　157,500,000원　　　(결대) 상품　157,500,00원

결산 이론 기출문제

1. 결산의 본절차에 해당하는 것은?(72회)

   ① 시산표 작성   ② 결산 수정분개   ③ 총계정원장 마감   ④ 재무상태표 작성

2. 회계의 순환과정 중 일부이다. (가), (나)에 들어갈 용어로 옳은 것은?(60회)

거래의 발생	(가) ⇨	분개장	(나) ⇨	총계정원장

   ① (가) : 대체, (나) : 이월   ② (가) : 분개, (나) : 전기
   ③ (가) : 이월, (나) : 대체   ④ (가) : 전기, (나) : 분개

3. 다음 분개에 대한 설명으로 옳은 것은?(67회)

(차) 현금과부족 10,000원   (대) 현금 10,000원

   ① 현금과잉액의 원인이 밝혀진 경우
   ② 현금의 실제 잔액이 장부 잔액보다 많음을 발견한 경우
   ③ 현금부족분의 원인이 밝혀진 경우
   ④ 현금의 실제 잔액이 장부 잔액보다 부족함을 발견한 경우

4. 다음 자료에서 당기 손익계산서에 표시되는 이자수익 금액은?(72회)

이자수익			
12/31 선수수익	50,000원	8/1 보통예금	80,000원
12/31 손 익	30,000원		
	80,000원		80,000원

   ① 30,000원   ② 50,000원   ③ 80,000원   ④ 160,000원

해답   **1** ③   **2** ②   **3** ④   **4** ①

3. 부족한 실제 잔액에 맞추어 장부잔액의 현금을 줄임.
4. 8/ 1   (차)보통예금   80,000원   (대)이자수익   80,000원
    12/31   (차)이자수익   50,000원   (대)선수수익   50,000원
    12/31   (차)이자수익   30,000원   (대)손익   30,000원

5. 다음 중 시산표 작성에서 발견할 수 있는 오류는?(62회)

① 1,000,000원의 정기예금 계정과목을 정기적금 계정과목으로 사용한 경우

② 200,000원의 현금잔액이 부족한 현금과부족 계정과목을 잡손실 계정과목으로 대체하지 않은 경우

③ 출장여비로 판명된 150,000원의 가지급금 계정과목을 여비교통비 계정과목으로 대체하지 않은 경우

④ 대변에 기말대손충당금 100,000원을 설정하면서 차변에 대손상각비 10,000원으로 분개한 경우

6. 합계잔액시산표에서 오류를 발견 할 수 있는 경우는?(70회)

① 거래 전체의 분개가 누락된 경우

② 한 거래를 같은 금액으로 이중으로 분개한 경우

③ 분개시 대·차 금액을 다르게 입력한 경우

④ 분개시 대·차 계정과목을 잘못 기록한 경우

7. 다음 중 회계순환과정을 바르게 나타낸 것은?(63회)

① 거래의 인식 → 분개장 → 시산표 → 총계정원장 → 재무제표

② 거래의 인식 → 시산표 → 분개장 → 총계정원장 → 재무제표

③ 거래의 인식 → 총계정원장 → 분개장 → 시산표 → 재무제표

④ 거래의 인식 → 분개장 → 총계정원장 → 시산표 → 재무제표

8. 다음 합계잔액시산표에서 틀리게 작성된 계정과목은?(63회)

차 변		계정과목	대 변	
잔 액(원)	합 계(원)		합 계(원)	잔 액(원)
10,000	250,000	현 금	240,000	
20,000	330,000	외 상 매 출 금	310,000	
10,000	120,000	외 상 매 입 금	110,000	
		자 본 금	180,000	180,000
250,000	250,000	광 고 선 전 비		110,000
		이 자 수 익	110,000	

① 현금   ② 외상매출금   ③ 외상매입금   ④ 이자수익

해답 5 ④ 6 ③ 7 ④ 8 ③

5. 분개에서 차변과 대변의 금액을 다르게 기입했을 경우 시산표에서 오류발견

6. 분개시 대, 차 금액을 다르게 입력하면 시산표의 차변과 대변의 합계가 일치하지 않는다.

8. 외상매입금은 부채계정이므로 대변의 합계액이 많아야 하고, 잔액은 대변에 발생하여야 한다.

9. 다음 기말결산정리사항 중 수익과 비용의 이연에 해당하는 것으로 짝지어진 것은?(63회)

① 임대료 선수분 계상 및 임차료 선급분 계상
② 임대료 선수분 계상 및 임차료 미지급분 계상
③ 임대료 미수분 계상 및 임차료 선급분 계상
④ 임대료 미수분 계상 및 임차료 미지급분 계상

10. 다음 거래를 회계처리한 후 보험료 계정의 (가)에 들어갈 금액으로 옳은 것은?(69회)

거래	11/ 1 : 3개월분(2016년 11월 – 2017년 1월) 보험료 60,000원을 현금으로 지급하다. 12/31 : 기말 결산에 보험료 선급분을 계상하다.
보험료 계정	보 험 료 11/1 (　　　　) ×××　　12/31 (　　　) (가) 　　　　　　　　　　　　12/31 손 익　×××

① 20,000원　　　　② 30,000원　　　　③ 40,000원　　　　④ 60,000원

11. 다음 계정기입에서 당기 발생한 소모품비 총 금액은?(75회)

소모품비			
10/1 현　　　금	700,000원	12/31 소 모 품	500,000원
		12/31 손　　익	200,000원
	700,000원		700,000원

① 200,000원　　　　② 300,000원　　　　③ 500,000원　　　　④ 700,000원

12. 손익에 관한 결산정리 중 수익의 이연에 해당하는 계정과목은?(75회=58회)

① 선급보험료　　　② 미수이자　　　③ 미지급비용　　　④ 선수수익

해답　9 ①　10 ①　11 ①　12 ④

9. "이연"은 당해연도에 현금으로 받은 수익 및 현금으로 지급한 비용 중에서 차기연도에 속하는 수익과 비용을 의미함
10. 11/ 1 (차) 보험료 60,000　　　(대) 현금 60,000
　　12/31 (차) 선급비용 20,000　　　(대) 보험료 20,000
11. 소모품 구입시 10.1. : (차) 소모품비 700,000원 (대) 현　　금 700,000원
　　기말 결산시 12.31. : (차) 소 모 품 500,000원 (대) 소모품비 500,000원
12. 선급보험료-비용의 이연, 미수이자-수익의 예상　미지급비용-비용의 예상

13. 다음 현금과부족계정의 (   )안에 들어갈 계정과목은?(61회)

현금과부족		
12/10 이자수익 15,000	12/8 현금 30,000
12/31 ( ) 15,000	

① 현금과부족   ② 잡이익   ③ 잡손실   ④ 차기이월

14. 다음과 같은 자본금계정의 설명으로 올바른 것은?(62회)

자 본 금		
12/31 인 출 금 1,000,000원	1/1 전기이월 5,000,000원
12/31 손 익 1,000,000원	
12/31 차기이월 3,000,000원	

① 기초자본금은 3,000,000원이다.
② 기업주가 1,000,000원의 추가출자를 하였다.
③ 당기순손실이 1,000,000원이다.
④ 기말자본금이 5,000,000원이다.

15. 고봉상사의 오류 수정 전 당기순이익은 500,000원이다. 아래의 오류사항을 수정 반영한 후
당기순이익을 계산한 금액으로 옳은 것은?(58회)

• 보험료 선급분 30,000원 계상 누락   • 임대료 미수분 50,000원 계상 누락

① 480,000원   ② 520,000원   ③ 530,000원   ④ 580,000원

16. 홍도상사는 기말 결산 시 미지급된 상여를 계상하지 않았다. 이 경우 미치는 영향은?(56회)
① 자산이 과대평가 된다.   ② 부채가 과소평가 된다.
③ 당기순이익이 적어진다.   ④ 자본이 감소한다.

해답 **13** ② **14** ③ **15** ④ **16** ②

13. 기말결산 시 까지 현금과부족의 원인을 알 수 없으면 잡이익으로 처리한다.
14. 기초자본금은 5,000,000원, 기말자본금은 3,000,000원, 기업주가 1,000,000원의 현금인출 또는 상품을
    개인적으로 사용
15. 보험료 선급분 30,000원은 비용의 이연으로 비용에서 차감해야 하므로 당기순이익이 30,000원 만큼
    증가하게 되고, 임대료 미수분 50,000원은 수익의 예상으로 수익에 가산해야 하므로 당기순이익이
    50,000원만큼 증가하게 된다.

17. 다음 손익에 관한 기말정리분개 중 비용의 이연으로 회계처리된 것은?(60회)

① (차) 선급비용 ××× (대) 보험료 ×××
② (차) 이자수익 ××× (대) 선수수익 ×××
③ (차) 미수수익 ××× (대) 임대료 ×××
④ (차) 임 차 료 ××× (대) 미지급비용 ×××

18. 다음 중 기말 결산 후에도 차기로 이월하여 사용 할 수 있는 계정과목은?(64회)

① 세금과공과   ② 대손상각비   ③ 단기매매증권   ④ 수입임대료

19. 기말 결산시 당기에 미지급된 임차료를 회계처리하지 않았을 때 당기 재무제표에 미치는 영향으로 올바른 것은?(60회)

① 비용의 과대계상   ② 순이익의 과소계상
③ 수익의 과소계상   ④ 부채의 과소계상

20. 다음의 회계거래와 관련하여 발생하는 것과 다르게 설명한 것은?(62회)

> • 대손충당금 10,000원을 설정하다.   • 감가상각비 20,000원을 설정하다.
> • 선급비용 30,000원을 계상하다.

① 기말수정분개를 한다.   ② 당기순손익에 영향을 미친다.
③ 자본에 영향을 미치지 않는다.   ④ 재무제표에 영향을 미친다.

21. 다음 중 장부 마감시 차기로 이월 할 수 없는 계정은?(66회)

① 미지급비용   ② 선급금   ③ 이자비용   ④ 선수금

22. 다음 중 발생주의(발생계정 및 이연계정)와 관련 없는 계정은?(70회)

① 선급비용   ② 선수수익   ③ 현금   ④ 미지급비용

해답 17 ① 18 ③ 19 ④ 20 ③ 21 ③ 22 ③

17. 당기에 지급된 비용 중 차기에 속하는 금액이 있으면, 발생주의에 따라 차기로 이월.
18. 차기로 이월할 수 있는 계정과목은 자산, 부채, 자본계정이며, 이월할 수 없는 계정과목은 수익과 비용계정이다.
19. 비용의 예상에 해당되므로 당기의 비용에 가산하고 미지급비용으로 회계처리한다. 즉 (차) 임차료 (대) 미지급비용이므로 이를 누락하면 비용의 과소계상과 부채의 과소계상이 발생한다. 또한 비용의 과소계상으로 순이익은 과대계상된다.
21. 수익과 비용계정은 손익으로 마감한다.
22. 매장의 소모품비로 계상된 금액 중 결산일 현재 미사용된 소모품 58,000원이 있다.

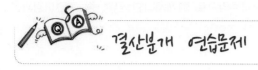

결산분개 연습문제

문제

1. 기말 현재 영업 매장 보험료로 회계처리한 금액 중 200,000원은 기간미경과분이다.(69회)

   [분개] (차변)   (대변)

문제

2. 단기대여금에 대한 당기 기간 경과분에 대한 이자미수액 80,000을 계상하다.(이자 수령일은 다음연도 1월 20일 이다)(49회)

   [분개] (차변)   (대변)

문제

3. 결산일 현재 단기차입금에 대한 이자비용으로 회계처리한 금액 중 기간미경과분 430,000원이 있다.(67회)

   [분개] (차변)   (대변)

문제

4. 당기 분 감가상각비는 매장 건물 700,000원, 영업부 비품 500,000원이다.(69회)

   [분개] (차변)   (대변)

문제

5. 결산일 현재 단기대여금에 대한 이자수익 중 기간미경과분 500,000원이 있다.(69회)

   [분개] (차변)   (대변)

문제

6. 매장의 소모품비로 계상된 금액 중 결산일 현재 미사용된 소모품 58,000원이 있다.(70회)

   [분개] (차변)   (대변)

7. 결산일 현재 단기대여금에 대한 이자수익으로 회계처리한 금액 중 기간미경과분 400,000원이 있다.(64회)

[분개] (차변)   (대변)

8. 창고를 조사한 결과, 영업부에서 사용한 소모품 130,000원이 남았다. 단, 소모품을 구입하는 시점에서 모두 비용으로 계상하였다.(53회)

[분개] (차변)   (대변)

9. 결산일 현재 12월분 영업부 사무실 임차료 미지급액 100,000원이 미계상되어 있음을 발견하다.(66회)

[분개] (차변)   (대변)

10. 단기차입금에 대한 미지급이자 300,000원을 계상하다.(66회)

[분개] (차변)   (대변)

11. 기말 현재 가지급금 잔액 100,000원은 영업부 직원의 시내출장비로 판명되다.(69회)

[분개] (차변)   (대변)

12. 기말 현재 현금과부족 50,000원은 원인불명이다.(69회)

[분개] (차변)   (대변)

13. 기말합계잔액시산표의 가수금 잔액 600,000원은 거래처 두필상사에 대한 외상대금 회수액으로 판명되다.(68회)

[분개] (차변)   (대변)

해답

1.	(차)	선 급 비 용	200,000	(대)	보 험 료	200,000
2.	(차)	미 수 수 익	80,000	(대)	이 자 수 익	80,000
3.	(차)	선 급 비 용	430,000	(대)	이 자 비 용	430,000
4.	(차)	감 가 상 각 비	1,200,000	(대)	감가상각누계액(건물)	700,000
					감가상각누계액(비품)	500,000
5.	(차)	이 자 수 익	500,000	(대)	선 수 수 익	500,000
6.	(차)	소 모 품	58,000	(대)	소 모 품 비	58,000
7.	(차)	이 자 수 익	400,000	(대)	선 수 수 익	400,000
8.	(차)	소 모 품	130,000	(대)	소 모 품 비	130,000
9.	(차)	임 차 료	100,000	(대)	미 지 급 비 용	100,000
10.	(차)	이 자 비 용	300,000	(대)	미 지 급 비 용	300,000
11.	(차)	여 비 교 통 비	100,000	(대)	가 지 급 금	100,000
12.	(차)	잡 손 실	50,000	(대)	현 금 과 부 족	50,000
13.	(차)	가 수 금	600,000	(대)	외 상 매 출 금	600,000

Chapter 6

장부관리

제6장 장부관리

회계는 기업의 경영활동을 기록, 분류, 요약하여 기업의 외부 이해관계자들에게 그 기업의 재무 상태와 경영성과를 보고하는 일련의 절차이다. 이를 위해서는 거래의 발생에 따라 회계장부를 기입하고, 최종적으로 회계보고서인 재무제표를 작성한다. 따라서 회계장부는 기업에서 일어나는 모든 거래를 계산, 정리하여 재무제표 작성의 근거가 된다. 일반적으로 회계장부는 "주요부"와 "보조부"로 구분한다.

○ **주요부** : 기업에서 발생하는 모든 거래를 기록하는 장부(필수적)
  - **분 개 장** : 거래를 발생 순서대로 분개하여 기록
  - **총계정원장** : 거래를 계정과목별로 분류하여 기입

○ **보조부** : 거래의 명세를 기록하여 주요부의 기록을 보충하는 장부 분개장과 총계정원장을 보조
  - **보조기입장** : 거래가 빈번하게 발생하는 특정 계정에 대하여 거래를 발생 순서별로 기입하는 보조부
  - **보 조 원 장** : 총계정원장의 어떤 계정의 거래내용을 각 계산 단위별로 분해하여 기입하는 보조부

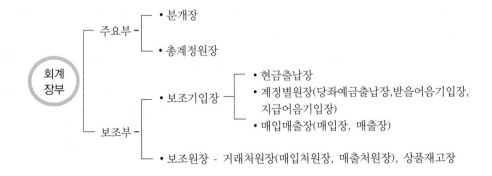

전산회계프로그램을 통하여 회계자료를 입력하면 그 거래의 내용은 바로 각종 회계장부에 자동적으로 반영된다. 따라서 회계프로그램으로 회계자료를 정확히 입력만하면 나머지는 자동적으로 처리하고 출력하여 합리적인 의사결정을 할 수 있도록 구성되어 있다.

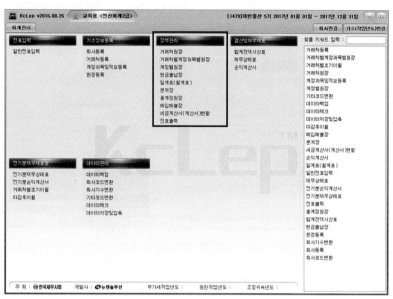

1. 다음 중 회계상의 모든 거래를 발생 순서대로 빠짐없이 기입하는 장부는?(71회)

① 분개장 ② 매입처원장

③ 매출처원장 ④ 현금출납장

2. 다음 중 주요장부로만 짝지어진 것은?(62회=57회)

① 총계정원장, 상품재고장 ② 분개장, 매입장

③ 분개장, 총계정원장 ④ 매입장, 매출장

[1] ① 모든 거래를 기록하는 장부는 주요부(분개장과 총계정원장)이다

[2] ③ 주요부 : 분개장, 총계정원장

보조원장 : 상품재고장, 매출처원장, 매입처원장, 가지급원장, 전도금원장

보조기입장 : 현금출납장, 당좌예금출납장, 받을어음기입장, 지급어음기입장, 매입장, 매출장 등

1. 거래처원장

거래처원장은 총계정원장의 어떤 계정의 거래내용을 각 계산단위별로 분해하여 기입하는 보조원장이다. 거래처원장은 거래처별 잔액, 내용, 총괄잔액, 총괄내용의 4가지 형식으로 구성되어 있으며, 총괄잔액과 총괄내용 탭은 '거래처별계정과목별원장' 메뉴와 같은 기능의 메뉴이다.

기간

조회하고자 하는 기간을 입력한다.

계정과목

조회 및 출력하고자 하는 계정과목을 입력한다. 코드를 모르는 경우에는 계정과목 입력란에 커서를 놓고 F2를 누르면 [계정 코드도움]창이 나타난다.

거래처

조회 및 출력하고자 하는 거래처를 입력한다. 코드를 모르는 경우에는 거래처 입력란에 커서를 놓고 F2를 누르면 [거래처 코드도움]창이 나타난다.

전표수정

자료조회 시 잘못된 전표가 발견되면 메뉴 바 상단의 [전표조회/수정] 또는 [F3] 버튼을 클릭하거나, 해당 계정과목을 더블 클릭하여 전표를 직접 수정하는 기능이다.

(1) 잔액

하나의 계정과목에 대하여 선택한 기간 동안에 선택한 거래처의 계정잔액을 보고자 할 때 사용한다. 거래처내역을 더블클릭하면 내용 탭으로 넘어가면서 세부내역이 조회되고 거래처원장 메뉴 안에서 세부 전표를 수정 · 저장 할 수 있다. 여러 개의 거래처를 비교하고자 할 때 편리하다.

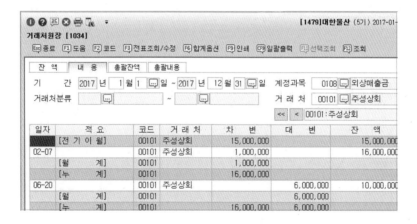

(2) 내용

하나의 계정과목에 대하여 선택한 기간 동안에 선택한 거래처의 거래내용을 보고자할 때 사용한다. 하나의 거래처의 내용을 자세히 보고자할 때 편리하다.

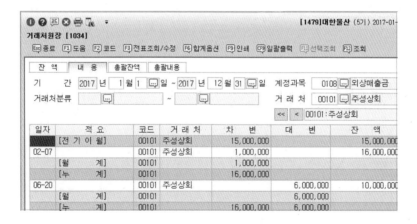

2. 거래처별계정과목별원장

거래처원장의 '총괄잔액, 총괄내용' 메뉴와 같은 기능이다. 본 메뉴는 거래처별로 사용된 계정과목이 애매할 경우 사용한다. 메뉴를 열고 Enter↵ 만 입력하면 1월1일부터 12월 31일까지의 회계기간 내 사용된 모든 거래처와 그 거래처별로 상용된 계정과목의 내역이 조회된다.

화면 왼쪽의 특정 거래처를 클릭하면 오른쪽에 그 거래처와 관련된 모든 계정과목이 나타나고 특정계정을 선택하여 더블클릭하면 해당계정의 세부전표가 나타난다. 다시 전표일자별로 더블클릭하면 화면하단에서 전표의 분개까지 표시되며 해당전표를 수정할 수도 있다.

3. 계정별원장

계정별원장은 거래가 빈번하게 발생하는 특정계정에 대하여 거래를 발생순서별로 기입하는 보조기입장이다. 현금을 제외한 모든 계정에 대하여 원장조회가 가능하다. 현금계정의 조회는 보조기입장인 "현금출납장"에서 조회 가능하다.

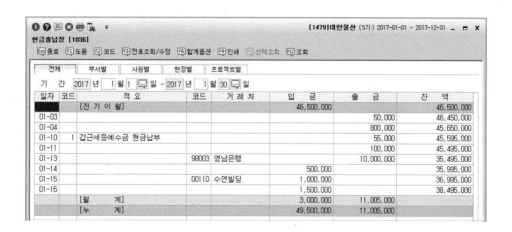

4. 현금출납장

현금의 입금과 출금의 내용을 상세히 기록하는 보조기입장으로써 입·출금 거래내역이 날짜순으로 기록되어 조회 또는 출력된다.

5. 일/월계표

일계표란 원장의 전기를 정확하게 하기 위하여 전표에서 직접 원장에 전기하지 않고, 일계표를 작성하여 원장에 전기한다. 일계표는 하루의 거래금액을 계정과목별로 총괄적으로 조회할 수 있다. 일계표는 거래량에 따라 매주 또는 매월에 작성하기도 하는데 매월 단위로 작성하는 것이 월계표이다.

〈일계표〉

〈월계표〉

6. 분개장

분개장이란 분개를 기입하는 장부를 말한다. 분개장은 거래가 발생한 순서대로 기록하는 장부이며, 거래를 계정에 전기하기위한 중개수단이 된다.

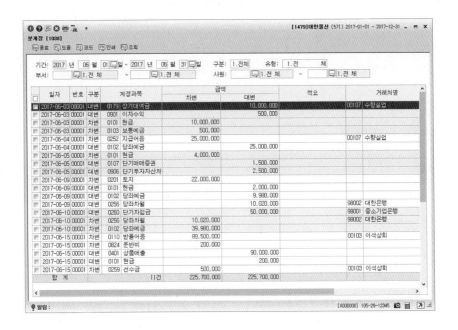

7. 총계정원장

분개장에 분개기입이 끝나면 해당 계정에 옮겨 적어야 하는데, 이들 자산, 부채, 자본 및 수익, 비용 계정이 설정되어 있는 장부를 총계정원장이라 한다. 재무상태표와 손익계산서는 이 장부를 기초로 하여 작성한다.

〈월별〉

〈일별〉

8. 전표출력

  기업에서 거래가 발생하면 별개의 부·과를 경유하여 기장하는데, 이 때 기장 할 자료를 기입하는 일정한 양식의 기장용 용지를 전표라 한다. 전표는 기업의 업종과 규모에 따라 그 종류를 선택하고 필요한 양식을 만들어 사용할 수 있다.

  본 메뉴는 일반전표에서 입력된 내용을 전표로 발행하기 위한 메뉴이며, 전표의 종류의 구분과 조회 또는 발행할 기간, 전표번호범위를 입력하여 전표를 출력할 수 있다. 출력 및 조회할 전표의 형태는 '1.현금, 2.대체, 3.전체'로 이루어져 있으며, 특정번호의 전표를 조회하고자 할 때는 해당번호를 입력한다. 전표번호를 입력하지 않고 Enter↵ 키를 치면 "00000~99999"로 자동 입력되며, 모든 전표가 조회된다.

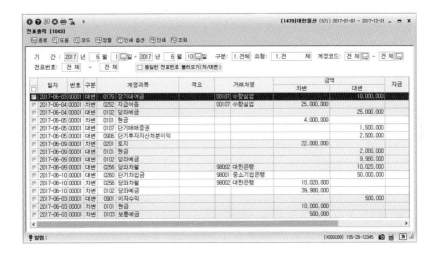

[예제] 장부조회 따라하기!

대한물산의 입력된 자료를 검토하여 다음 사항을 조회하여 기재하시오.

문제1

6월 15일 현금으로 지출된 판매비와관리비는 얼마인가?

답안1

▶ [일계표], 기간 : 6월 15일 ~ 15일
▶ 내용 : 판매비와관리비의 "현금"란의 금액
▶ 200,000원

일계표(월계표) [1037]

Esc 종료 F1 도움 F2 코드 F3 계정코드 F4 임대 F6 원장조회 F9 인쇄 F12 조회

일계표	월계표

조회기간 : 2018 년 6월 15일 ~ 2018 년 6월 15일

차 변			계정과목	대 변		
계	대체	현금		현금	대체	계
89,500,000	89,500,000		1.유 동 자 산			
89,500,000	89,500,000		<당 좌 자 산>			
89,500,000	89,500,000		받 을 어 음			
500,000	500,000		2.유 동 부 채			
500,000	500,000		선 수 금			
			3.매 출		90,000,000	90,000,000
			상 품 매 출		90,000,000	90,000,000
200,000		200,000	4.판 매 비밀일반관리비			
200,000		200,000	운 반 비			
90,200,000	90,000,000	200,000	금일소계		90,000,000	90,000,000
31,705,000		31,705,000	금일잔고/전일잔고	31,905,000		31,905,000
121,905,000	90,000,000	31,905,000	합계	31,905,000	90,000,000	121,905,000

알림 :

[X000000] 105-29-12345

문제2　1월 중에 현금으로 지출된 판매비와관리비는 얼마인가?

답안2

▶ [월계표], 기간 : 1월 ~ 1월,

▶ 내용 : 판매비와관리비의 "현금"란의 금액

▶ 850,000원

일계표(월계표) [1037]

Esc종료　F1도움　F2코드　F3계정코드　F4임대　F6원장조회　F9인쇄　F12조회

일계표 ┃ 월계표

조회기간 : 2018 년 01 월 ~ 2018 년 01 월

차 변			계정과목	대 변		
계	대체	현금		현금	대체	계
10,100,000		10,100,000	1.유 동 자 산		300,000	300,000
10,100,000		10,100,000	<당 좌 자 산>		300,000	300,000
			당 좌 예 금		250,000	250,000
10,000,000		10,000,000	정 기 예 금			
100,000		100,000	현 금 과 부 족		50,000	50,000
			2.비 유 동 자 산	1,000,000		1,000,000
			<기 타 비 유 동 자 산>	1,000,000		1,000,000
			임 차 보 증 금	1,000,000		1,000,000
55,000		55,000	3.유 동 부 채			
55,000		55,000	예 수 금			
			4.매 출	1,500,000		1,500,000
			상 품 매 출	1,500,000		1,500,000
1,150,000	300,000	850,000	5.판 매 비 및 일 반 관 리 비			
50,000		50,000	여 비 교 통 비			
50,000	50,000		통 신 비			
800,000		800,000	세 금 과 공 과			
250,000	250,000		광 고 선 전 비			
11,305,000	300,000	11,005,000	금월소계	3,000,000	300,000	3,300,000
38,495,000		38,495,000	금월잔고/전월잔고	46,500,000		46,500,000
49,800,000	300,000	49,500,000	합계	49,500,000	300,000	49,800,000

💡알림 :

[X000000] 105-29-12345 📷 🏧 🇰 .::

문제3

2월 1일부터 2월 28일까지 거래된 받을어음의 대변합계는 얼마인가?

 답안3

▶ [계정별원장], 기간 : 2월1일 ～ 2월28일,
▶ 계정과목 : 110.받을어음 ～ 110.받을어음, 내용 : 대변 월계
▶ 52,000,000원

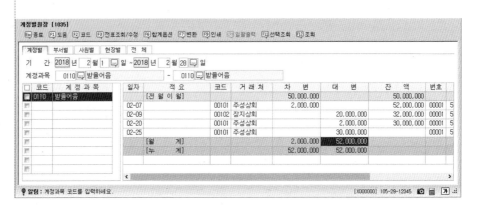

 문제4

4월 1일부터 4월 30일까지 거래한 상품의 총 매입액은 얼마인가?

 답안4

▶ [계정별원장], 기간 : 4월1일 ～ 4월30일,
▶ 계정과목 : 146.상품 ～ 146.상품, 내용 : 차변 월계
▶ 55,148,000원

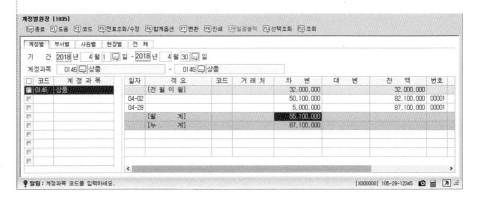

문제5

매출처 이석상회의 6월 30일 현재 외상매출금 잔액은 얼마인가?

답안5

▶ [거래처원장] – [잔액], 기간 : 1월1일 ~ 6월30일,
▶ 계정과목 : 108.외상매출금, 거래처: 103.이석상회 ~ 103.이석상회
▶ 38,000,000원

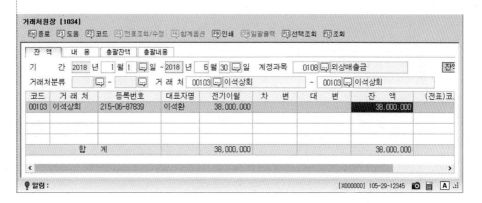

문제6

(주)지효자동차의 6월 30일 현재 미지급금 잔액은 얼마인가?

답안6

▶ [거래처원장] – [잔액], 기간 : 1월1일 ~ 6월30일,
▶ 계정과목 : 253.미지급금, 거래처 : 1000.(주)지효자동차 ~ 1000.(주)지효자동차
▶ 40,500,000원

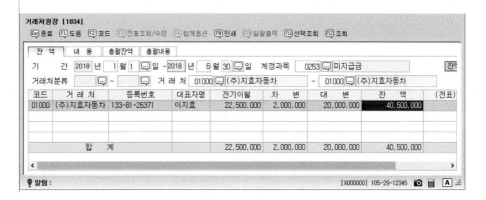

문제7

6월말 현재 외상매출금 잔액이 가장 많은 거래처명과 금액은 얼마인가?

답안7

▶ [거래처원장] – [잔액], 기간 : 1월1일 ∼ 6월30일,

▶ 계정과목 : 108.외상매출금, 거래처 : 101.주성상회 ∼ 99600.국민카드

▶ 103.이석상회, 38,000,000원

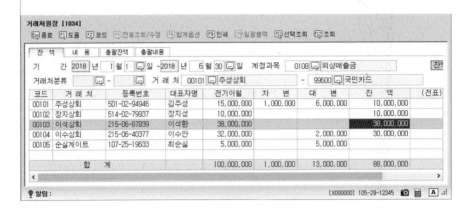

문제8

6월말 현재 외상매입금 잔액이 가장 많은 거래처명과 금액은 얼마인가?

답안8

▶ [거래처원장] – [잔액], 기간 : 1월1일 ∼ 6월30일,

▶ 계정과목 : 251.외상매입금, 거래처: 101.주성상회 ∼ 99600.국민카드

▶ 107.수향실업, 30,000,000원

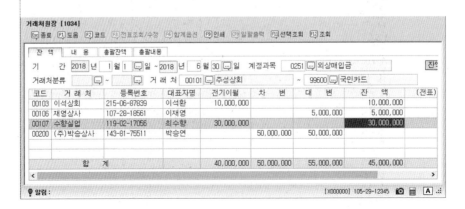

문제9

당기 상반기 (1월~6월) 중 월 매출액이 가장 많은 월과 그 월의 매출액은 얼마인가?

답안9

▶ [총계정원장] – [월별], 기간 : 1월1일 ～ 6월30일,
▶ 계정과목: 401.상품매출 ～ 401.상품매출
▶ 6월, 90,000,000원

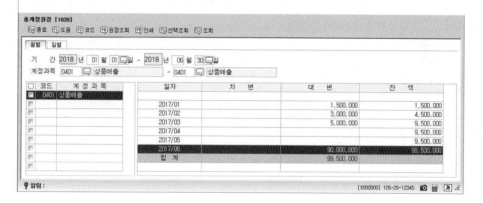

문제10

당기 상반기 (1월~6월) 중 상품매입액이 가장 많은 달의 금액은 얼마인가?

답안10

▶ [총계정원장] – [월별], 기간 : 1월1일 ～ 6월30일,
▶ 계정과목 : 146.상품 ～ 146.상품
▶ 4월, 55,100,000원

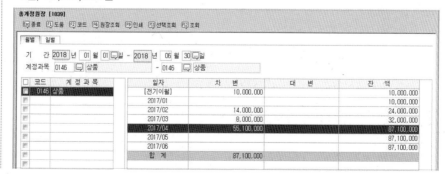

문제11

1월 1일부터 1월 20일까지의 현금지출액은 얼마인가?

 답안11

▶ [현금출납장], 기간 : 1월1일 ~ 1월20일
▶ 11,005,000원

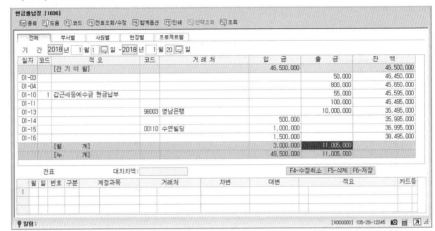

 문제12

6월 1일부터 6월 30일까지의 현금입금액은 얼마인가?

 답안12

▶ [현금출납장], 기간 : 6월1일 ~ 6월30일
▶ 21,500,000원

문제13 상반기(1월~6월)의 판매비와일반관리비 항목 중 현금으로 가장 많이 지출한 계정과목 코드 및 그 금액은 얼마인가?

답안13
▶ [월계표], 기간 : 1월 ~ 6월,
▶ 내용 : 판매비와관리비의 하위항목 중 "현금"란의 금액이 제일 큰 항목
▶ 817.세금과공과, 800,000원

일계표(월계표) [1037]

Esc종료 F1도움 F2코드 F3계정코드 F4임대 F6원장조회 F9인쇄 F11조회

일계표 | 월계표

조회기간 : 2018 년 01 월 ~ 2018 년 06 월

차 변			계정과목	대 변		
계	대체	현금		현금	대체	계
200,000	200,000		매 출 할 인			
8,790,000	7,200,000	1,590,000	7.판 매 비및일반관리비			
1,400,000	1,400,000		급 여			
500,000	500,000		복 리 후 생 비			
500,000	450,000	50,000	여 비 교 통 비			
200,000	200,000		접 대 비			
50,000	50,000		통 신 비			
800,000		800,000	세 금 과 공 과			
600,000	600,000		수 선 비			
500,000		500,000	보 험 료			
100,000	100,000		차 량 유 지 비			
240,000		240,000	운 반 비			
3,000,000	3,000,000		교 육 훈 련 비			
600,000	600,000		소 모 품 비			
50,000	50,000		수 수 료 비 용			
250,000	250,000		광 고 선 전 비			
550,430,000	505,585,000	44,845,000	금월소계	32,550,000	505,585,000	538,135,000
34,205,000		34,205,000	금월잔고/전월잔고	46,500,000		46,500,000
584,635,000	505,585,000	79,050,000	합계	79,050,000	505,585,000	584,635,000

알림 :

[X000000] 105-29-12345

문제14

3월말 현재 유동자산과 유동부채의 차액은 얼마인가?

답안14

▶ [재무상태표], 기간 : 03월
▶ 309,090,000(유동자산) ‐ 116,925,000(유동부채) = 192,165,000원

재무상태표 [1061]

종료 유형 통합계정 원장조회 임대주택 인쇄 계정코드 제목수정 퇴직부채 합산여부 타이틀 변경 조회

기간 : 2018 년 03 ∨ 월

관리용 | 제출용 | 표준용

과 목	제 5(당)기 2017년1월1일 ~ 2017년3월31일		제 4(전)기 2016년1월1일 ~ 2016년12월31일	
		금액		금액
자산				
Ⅰ.유동자산		309,090,000		289,500,000
① 당좌자산		277,090,000		279,500,000
현금		38,005,000		46,500,000
당좌예금		95,780,000		52,000,000
보통예금		19,355,000		17,500,000
정기예금		10,000,000		
외상매출금	96,000,000		100,000,000	
대손충당금	500,000	95,500,000	1,000,000	99,000,000
받을어음	4,500,000		50,000,000	
대손충당금	500,000	4,000,000	500,000	49,500,000
단기대여금		13,000,000		10,000,000
선급금		1,400,000		5,000,000
현금과부족		50,000		
② 재고자산		32,000,000		10,000,000
상품		32,000,000		10,000,000
Ⅱ.비유동자산		135,925,000		136,925,000
① 투자자산		30,000,000		30,000,000
장기대여금		30,000,000		30,000,000
② 유형자산		65,925,000		65,925,000
건물	50,000,000		50,000,000	
감가상각누계액	5,000,000	45,000,000	5,000,000	45,000,000
차량운반구	35,000,000		35,000,000	
감가상각누계액	15,275,000	19,725,000	15,275,000	19,725,000
비품	2,000,000		2,000,000	
감가상각누계액	800,000	1,200,000	800,000	1,200,000
③ 무형자산				
④ 기타비유동자산		40,000,000		41,000,000
임차보증금		40,000,000		41,000,000
자산총계		445,015,000		426,425,000
부채				
Ⅰ.유동부채		116,925,000		103,055,000
외상매입금		45,000,000		40,000,000
지급어음		43,000,000		35,000,000
미지급금		23,200,000		22,500,000

알림 :

[X000000] 105-29-12345

전산회계 2급 출제경향 심층분석

 '장부조회' 출제경향

☞ '장부조회'메뉴에서는 각종 장부를 조회하는 문제가 3~4개 출제된다.

☞ '장부조회'는 문제를 읽고 어느 장부를 찾아야할지 판단하는 것이 제일 중요하다. 그러기 위해선 여러 장부를 많이 조회해 보는 훈련이 필요하다.

☞ 어떤 데이터를 조회하기 위해서 단 하나의 장부를 조회해야 하는 것은 아니다. 각 장부는 상호보완적인 것이므로 동일한 데이터를 여러 장부에서 찾을 수 있다. 예를 들어 '상품'매입을 각 월 별로 알고 싶을 때, '총계정원장'이나 '계정별원장'에서 확인할 수 있다. '총계정원장'은 잔액을 쉽게 비교할 수 있는 장점이 있고, '계정별원장'은 각월의 세부내역을 알 수 있는 장점이 있다. 따라서 무엇을 어떤 목적으로 조회하는지에 따라 장부를 선택해서 조회한다.

☞ '장부조회'는 주관식 문제로 출제되므로, 조회한 내용을 시험지에 기록하였다가 답안저장에 입력하면 된다. 이때, 거래처는 반드시 코드까지 함께 적어둔다. 답안저장에서 거래처 코드를 요구하는 경우가 많기 때문이다.

문제7

다음 사항을 조회하여 답안을 '이론문제 답안작성' 메뉴에 입력하시오.(10점)

[1] 상반기(1월~6월)의 판관비 중 소모품비의 지출이 가장 많은 월과 금액은 얼마인 가?(4점)

답안

▶[총계정원장] – [월별]

▶기간 : 1/1 ~ 6/30

▶계정과목 830.소모품비 ~ 830.소모품비

▶4월, 650,000월

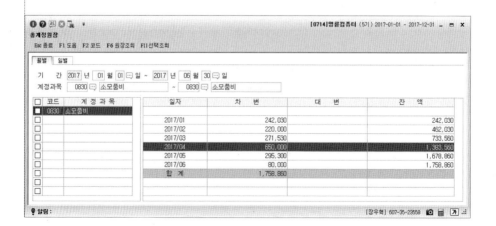

문제7

[2] 5월말 현재 받을어음 총액(대손충당금 차감전)은 얼마인가? (3점)

답안

▶ [총계정원장] – [월별]

▶ 기간 : 1/1 ~ 5/31

▶ 계정과목 110.받을어음 ~ 110.받을어음

▶ 17,000,000원

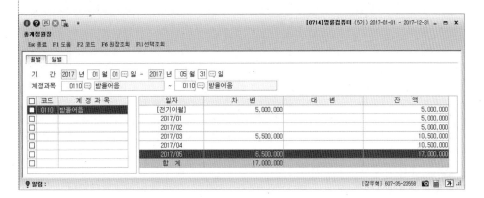

문제7

[3] 2월말 현재 비유동부채의 총액은 얼마인가?(3점)

답안

▶ [재무상태표] 기간 : 2월.

▶ 150,000,000원

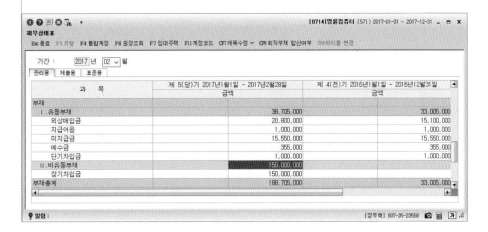

문제7

다음 사항을 조회하여 답안을 '이론문제 답안작성' 메뉴에 입력하시오.(10점)

[1] 5월 말 현재 유동자산에서 유동부채를 차감한 금액은 얼마인가?(3점)

답안

▶ [재무상태표] – 5월

▶ 118,610,230원 = [유동자산(162,785,230원)–유동부채(44,175,000원)]

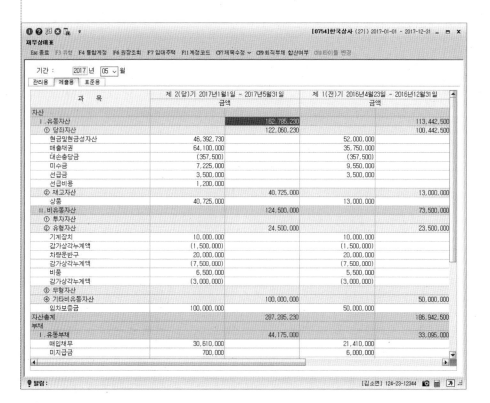

문제7

[2] 상반기(1월 ~ 6월) 현금으로 지급한 판매비와관리비는 얼마인가?(3점)

 답안

▶ [월계표] 기간 : 1~6월
▶ 42,293,030원

 문제7

[3] 6월 30일 현재 기계장치의 장부가액은 얼마인가?(4점)

 답안

▶ [재무상태표] 기간 : 6월30일.
▶ 8,500,000원 = (취득원가 10,000,000원 − 감가상각누계액 1,500,000원)

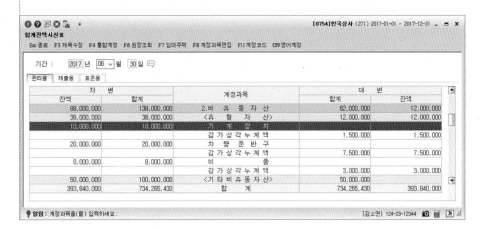

전산회계 2급
기출문제

종목 및 등급 : **전산회계 2급** -제한시간:60분

▶시험시작 전 문제를 풀지 말것◀

① USB 수령	·감독관으로부터 시험에 필요한 응시종목별 기초백데이타 설치용 **USB**를 지급받는다. · **USB 꼬리표**가 본인 응시종목인지 확인하고, 뒷면에 **수험정보**를 정확히 기재한다.

↓

② USB 설치	(1) USB를 컴퓨터에 정확히 꽂은 후, 인식된 해당 USB드라이브로 이동한다. (2) USB드라이브에서 기초백데이타설치프로그램인 '**Tax.exe**' 파일을 실행시킨다. (3) 설치시작 화면에서 [설치]버튼을 클릭하고, 설치가 완료되면 [확인]버튼 클릭한다. [**주의**] USB는 처음 설치이후, 시험 중 수험자 임의로 절대 재설치(초기화)하지 말 것.

↓

③ 수험정보입력	·[수험번호(**8자리**)] -[성명]을 정확히 입력한다. * 처음 입력한 수험정보는 이후 절대 수정이 불가하니 정확히 입력할 것.

↓

④ 시험지 수령	·시험지가 본인의 응시종목(급수)인지 여부와 문제유형(**A또는B**)을 확인한다. ·문제유형(**A또는B**)을 프로그램에 입력한다. ·시험지의 총 페이지수를 확인한다. ·급수와 페이지수를 확인하지 않은 것에 대한 책임은 수험자에게 있음.

↓

⑤ 시험시작	·감독관이 불러주는 '**감독관확인번호**'를 정확히 입력하고, 시험에 응시한다.

↓

(시험을 마치면) ⑥ USB 저장	(1) **이론문제의 답**은 메인화면에서 이론문제 답안작성 을 클릭하여 입력한다. (2) **실무문제의 답**은 문항별 요구사항을 수험자가 파악하여 각 메뉴에 입력한다. (3) 이론과 실무문제의 **답**을 모두입력한 후 답안저장(USB로 저장) 을 클릭하여 저장한다. (4) **저장완료** 메시지를 확인한다.

↓

⑦ USB제출	·답안이 수록된 USB메모리를 빼서, <감독관>에게 제출 후 조용히 퇴실한다.

- ▶ 본 자격시험은 전산프로그램을 이용한 자격시험입니다. 컴퓨터의 사양에 따라 전산진행속도가 느려질 수도 있으므로 전산프로그램의 진행속도를 고려하여 입력해주시기 바랍니다.
- ▶ 수험번호나 성명 등을 잘못 입력했거나, 답안을 USB에 저장하지 않음으로써 발생하는 일체의 불이익과 책임은 수험자 본인에게 있습니다.
- ▶ 타인의 답안을 자신의 답안으로 부정 복사한 경우 해당 관련자는 모두 불합격 처리됩니다.
- ▶ PC, 프로그램 등 조작미숙으로 시험이 불가능하다고 판단될 경우 불합격처리 될 수 있습니다.

이론문제 답안작성 을 한번도 클릭하지 않으면 답안저장(USB로 저장) 을 클릭해도 답안이 저장되지 않습니다.

◈ 한 국 세 무 사 회

이 론 시 험

다음 문제를 보고 알맞은 것을 골라 | 이론문제 답안작성 | 메뉴에 입력하시오.
(객관식 문항당 2점)

───── < 기 본 전 제 > ─────
문제에서 한국채택국제회계기준을 적용하도록 하는 전제조건이 없는 경우, 일반기업회계기준을 적용한다.

1. 다음 중 부기를 기록, 계산하는 방법에 따라 분류할 때 아래의 특징에 해당하는 부기로 옳은 것은?

일정한 원리나 원칙에 따라 현금이나 재화의 증감은 물론 손익의 발생을 조직적으로 기록, 계산하는 부기로 대차평균의 원리에 의하여 오류를 자동으로 검증하는 자기검증기능이 있다.

① 단식부기   ② 복식부기   ③ 영리부기   ④ 비영리부기

2. 손익에 관한 결산정리 중 수익의 이연에 해당하는 계정과목은?

① 선급보험료   ② 미수이자   ③ 미지급비용   ④ 선수수익

3. 다음 중 유동자산 항목으로만 구성된 것은?

① 매출채권, 건물, 토지, 기계장치   ② 상품, 선급금, 현금, 당좌예금
③ 현금, 받을어음, 미수금, 구축물   ④ 매출채권, 미수이자, 건물, 투자유가증권

4. 다음 중 각 날짜별 분개에 대한 거래의 종류로 옳은 것은?

10/6 : 차) 단기차입금 30,000,000원	대) 현금 31,000,000원
이자비용 1,000,000원	
10/9 : 차) 현금 10,000,000원	대) 자본금 10,000,000원

① 10/6 : 혼합거래, 10/9 : 손익거래   ② 10/6 : 혼합거래, 10/9 : 교환거래
③ 10/6 : 손익거래, 10/9 : 교환거래   ④ 10/6 : 교환거래, 10/9 : 손익거래

5. 다음 중 출금거래가 아닌 것은?

① 상품 1,000,000원을 매입하고 상품대금은 지폐로 지급하다.

② 상품 1,000,000원을 매입하고 상품대금은 자기앞수표로 지급하다.

③ 상품 1,000,000원을 매입하고 상품대금은 당좌수표를 발행하여 지급하다.

④ 상품 1,000,000원을 매입하고 상품대금은 받아두었던 타인발행수표로 지급하다.

6. 다음 중 개인기업의 자본금계정에서 처리되는 항목이 아닌 것은?

① 원시출자액   ② 인출액   ③ 당기순손익   ④ 이익잉여금

7. 청석상점은 2017년 10월 15일 단기시세차익을 목적으로 시장성 있는 ㈜대성의 주식을 600,000원(액면금액 5,000원, 100주)에 구입하고 수수료 10,000원과 함께 현금으로 지급하였다. 이 주식을 2017년 11월 20일 700,000원에 전량 매각하였을 경우 단기매매증권처분이익으로 계상될 금액은 얼마인가?

① 90,000원   ② 100,000원   ③ 110,000원   ④ 190,000원

8. 다음 중 영업외비용 계정과목으로만 짝지어진 것은?

① 재해손실, 잡손실   ② 가지급금, 가수금

③ 대손상각비, 가수금   ④ 접대비, 잡손실

9. 다음 중 기말재고자산을 과대평가하였을 때 나타나는 현상으로 옳은 것은?

① 매출원가 : 과소, 당기순이익 : 과대   ② 매출원가 : 과대, 당기순이익 : 과소

③ 매출원가 : 과대, 당기순이익 : 과대   ④ 매출원가 : 과소, 당기순이익 : 과소

10. 다음은 영동기업의 당기 재고자산에 관련된 자료이다.

	수량	매입단가
기초재고(1월 1일)	50개	500원
매입(5월 10일)	200개	600원
매입(6월 25일)	300개	650원
매입(7월 15일)	250개	800원

영동기업은 당해연도 8월 중에 600개의 재고자산을 판매하였다. 영동기업이 원가흐름의 가정을 선입선출법으로 적용할 경우 당기의 매출원가와 기말재고자산의 가액은?

	매출원가	기말재고자산가액		매출원가	기말재고자산가액
①	340,000원	200,000원	②	360,000원	180,000원
③	380,000원	160,000원	④	400,000원	140,000원

11. 다음 주어진 자료에 의하여 당기순이익을 계산하면 얼마인가?

• 매출총이익 : 300,000원	• 대손상각비 : 50,000원
• 기부금 : 70,000원	• 이자수익 : 30,000원

① 120,000원　　② 150,000원　　③ 210,000원　　④ 260,000원

12. 다음 계정기입에서 당기 발생한 소모품비 총 금액은?

소모품비

10/1 현　　　금	700,000원	12/31 소 모 품	500,000원
		12/31 손　　　익	200,000원
	700,000원		700,000원

① 200,000원　　② 300,000원　　③ 500,000원　　④ 700,000원

13. 아래의 자료를 토대로 재무상태표에 현금 및 현금성자산으로 합산되어 기록되는 금액은?

• 현　　　금 : 120,000원	• 선 급 금 : 240,000원	• 외상매출금 : 110,000원
• 보 통 예 금 : 150,000원	• 당 좌 예 금 : 180,000원	• 단기대여금 : 100,000원

① 270,000원　　② 300,000원　　③ 450,000원　　④ 560,000원

14. 다음 중 지급어음계정의 차변에 기입되는 거래는?
　① 상품 1,000,000원을 매입하고 약속어음을 발행하여 지급하다.
　② 상품 3,000,000원을 매입하고 소지하고 있던 약속어음을 배서양도하다.
　③ 외상매입금 5,000,000원을 약속어음을 발행하여 지급하다.
　④ 당점 발행의 약속어음 6,000,000원이 만기가 되어 현금으로 지급하다.

15. 다음 중 비용으로 회계 처리할 수 있는 것은?
　① 차량운반구 취득에 따른 취득세　　② 토지 구입 시 지급한 중개수수료
　③ 상품 구입 시 지급한 매입제비용　　④ 상품 매출 시 발생한 운반비

실 무 시 험

한국상사(코드번호:0754)는 사무용품을 판매하는 개인기업이다. 당기(제2기) 회계기간은 2017.1.1.~2017.12.31.이다. 전산세무회계 수험용 프로그램을 이용하여 다음 물음에 답하시오.

─────── < 기 본 전 제 > ───────

문제에서 한국채택국제회계기준을 적용하도록 하는 전제조건이 없는 경우, 일반기업회계기준을 적용하여 회계처리 한다.

문제1 다음은 한국상사의 사업자등록증이다. 회사등록메뉴에 입력된 내용을 검토하여 누락분은 추가입력하고 잘못된 부분은 정정하시오.(주소 입력 시 우편번호는 입력하지 않아도 무방함)(6점)

사 업 자 등 록 증

(일반과세자)

등록번호 : 124-23-12344

상 호 명 : 한 국 상 사
대 표 자 명 : 신 민 주
개 업 연 월 일 : 2016. 4. 23
사업장소재지 : 경기도 수원시 권선구 구운로 911(구운동)
사업자의 종류 : 업태 도소매   종목 문구
교 부 사 유 : 신규

사업자 단위 과세 적용사업자 여부 : 여( ) 부(√)
전자세금계산서 전용 전자우편 주소 :

2016년 4월 23일

수원세무서장

문제2

다음은 한국상사의 전기분 손익계산서이다. 입력되어 있는 자료를 검토하여 오류부분과 관련된 재무제표를 정정하고 누락된 부분은 추가 입력하시오.(6점)

손 익 계 산 서

회사명 : 한국상사　　　　제1기 2016.4.23. ~ 2016.12.31.　　　　(단위 : 원)

과　목	금　액	과　목	금　액
Ⅰ 매　출　액	85,000,000	Ⅴ 영 업 이 익	56,850,000
상 품 매 출	85,000,000	Ⅵ 영 업 외 수 익	1,110,000
Ⅱ 매　출　원　가	22,000,000	이 자 수 익	300,000
상 품 매 출 원 가	22,000,000	임　대　료	810,000
기초상품재고액	4,000,000	Ⅶ 영 업 외 비 용	400,000
당기상품매입액	31,000,000	유형자산처분손실	400,000
기말상품재고액	13,000,000	Ⅷ 소득세차감전순이익	57,560,000
Ⅲ 매 출 총 이 익	63,000,000	Ⅸ 소 득 세 등	0
Ⅳ 판매비와관리비	6,150,000	Ⅹ 당 기 순 이 익	57,560,000
급　　　여	3,200,000		
복 리 후 생 비	1,400,000		
여 비 교 통 비	540,000		
차 량 유 지 비	100,000		
소 모 품 비	230,000		
광 고 선 전 비	680,000		

다음 자료를 이용하여 입력하시오.(6점)

[1] 한국상사의 선급금과 외상매입금에 대한 거래처별 초기이월 자료는 다음과 같다. 주어진 자료를 검토하여 잘못된 부분을 정정하거나 누락된 부분을 추가 입력하시오.(3점)

계정과목	거래처명	금액(원)	계정과목	거래처명	금액(원)
선급금	안양상사	1,000,000	외상매입금	대한상사	8,600,000
	수원상사	1,800,000		국제상사	4,400,000
	대전상사	700,000		민국상사	3,850,000

[2] 한국상사는 마트에서 추석명절에 직원들에게 지급할 선물을 현금으로 구입하였다. 계정과목 및 적요등록 메뉴에서 판매비와관리비의 복리후생비 계정에 다음 내용의 적요를 등록하시오.(3점)

현금적요 9 : 추석선물대금지급

다음 거래 자료를 일반전표입력 메뉴에 추가 입력하시오.(24점)

─── < 입력 시 유의사항 > ───

· 적요의 입력은 생략한다.
· 부가가치세는 고려하지 않는다.
· 채권·채무와 관련된 거래처명은 반드시 기 등록되어 있는 거래처코드를 선택하는 방법으로 거래처명을 입력한다.
· 회계처리시 계정과목은 등록되어 있는 계정과목 중 가장 적절한 과목으로 한다.

[1] 7월 10일 한국상사는 기존 건물이 좁아서 새로운 건물을 구입하여 이전하기로 하였다. 건물 취득 시 취득가액은 50,000,000원이며, 건물에 대한 취득세 550,000원과 중개수수료 800,000원을 지급하였다. 건물구입 및 취득과 관련한 부대비용의 지출은 전액 보통예금으로 이체하였다.(3점)

[2] 8월 11일 민국상사에 2년 후 회수예정으로 30,000,000원을 대여하고 이자를 미리 2,000,000원을 공제하고 나머지 금액을 보통예금계좌에서 이체하다.(단, 미리 받은 이자는 전액 당기 수익으로 처리함)(3점)

[3] 9월 2일 판매매장에서 사용할 비품으로 이동가능한 중고난방기를 연산냉난방기로부터 500,000원에 구입하고 대금은 15일 후에 지급하기로 하다.(3점)

[4] 9월 6일 김해상점에 상품을 매출하고 받은 약속어음 250,000원을 거래 은행에서 할인받고 할인료 20,000원을 차감한 나머지 금액은 당좌 예입하다.(매각거래로 회계 처리할 것)(3점)

[5] 9월 18일 천안상사에서 상품 3,000,000원을 매입하고, 8월 30일 기 지급한 계약금(500,000원)을 차감한 대금 중 1,000,000원은 보통예금에서 이체하고 잔액은 외상으로 하다.(3점)

[6] 9월 25일 다음의 급여명세표에 따라 판매직원 박희찬의 9월 급여를 당사 보통예금통장에서 지급하였다.(3점)

한국상사 2017년 9월 급여내역

(단위 : 원)

이 름	박희찬	지 급 일	2017.9.25.
기본급여	1,600,000	소 득 세	37,000
직책수당	100,000	지방소득세	3,700
상 여 금		고용보험	16,450
특별수당	100,000	국민연금	105,000
차량유지	200,000	건강보험	36,000
교육지원	·	기 타	
급 여 계	2,000,000	공제합계	198,150
노고에 감사드립니다.		지급총액	1,801,850

[7] 11월 19일 영업부에서 사용하는 업무용 승용차에 대한 자동차세 365,000원을 보통예금계좌에서 이체하여 납부하다.(3점)

[8] 12월 13일 한국상사는 상품인 문구를 현승상사에게 8,000,000원에 판매하고, 판매대금 중 60%는 현승상사가 발행한 9개월 만기인 약속어음으로 받았으며, 나머지 판매대금은 9월말에 받기로 하다.(3점)

일반전표입력메뉴에 입력된 내용 중 다음과 같은 오류가 발견되었다. 입력된 내용을 확인하여 정정 또는 추가입력 하시오.(6점)

[1] 7월 20일 대한상사에 대한 외상매입금 중 2,000,000원을 당사가 발행한 당좌수표를 발행하여 지급한 것으로 회계 처리하였는데, 실제로는 다른 거래처가 발행한 당좌수표로 지급된 것으로 확인되었다.(3점)

[2] 9월 19일 진정가구에서 구매한 가구 1,500,000원을 회사 비품으로 처리하였는데, 나중에 확인한 결과 회사대표의 자녀 결혼을 위해 보통예금으로 지출한 것이다.(3점)

문제6 다음의 결산정리사항을 입력하여 결산을 완료하시오.(12점)

[1] 우리은행의 보통예금은 마이너스 통장이다. 기말현재 보통예금잔액 −5,500,000원을 단기차입금계정으로 대체하다.(단, 음수로 입력하지 말 것)(3점)

[2] 한국상사에서 사용하고 있는 자산에 대한 당기분 감가상각비는 기계장치 680,000원, 차량운반구 500,000원, 비품 100,000원이다.(3점)

[3] 2017년 8월 1일에 아래와 같이 보험에 가입하고 전액 당기비용으로 처리하였다. 기말수정분개를 하시오.(단, 월할 계산하고, 음수로 입력하지 말 것)(3점)

• 보험회사 : ㈜나라	• 보험금납입액 : 1,200,000원
• 보험적용기간 : 2017년 8월 1일 ~ 2018년 7월 31일	

[4] 기말상품재고액은 16,500,000원이다.(단, 전표입력에서 구분으로 5:결산차변, 6:결산대변을 사용한다.)(3점)

문제7 다음 사항을 조회하여 답안을 | 이론문제 답안작성 | 메뉴에 입력하시오.(10점)

[1] 5월 말 현재 유동자산에서 유동부채를 차감한 금액은 얼마인가?(3점)

[2] 상반기(1월 ~ 6월) 현금으로 지급한 판매비와관리비는 얼마인가?(3점)

[3] 6월 30일 현재 기계장치의 장부가액은 얼마인가?(4점)

이론과 실무문제의 답을 모두 입력한 후 「답안저장(USB로 저장)」을 클릭하여 저장하고, USB메모리를 제출하시기 바랍니다.

이 론 시 험

A형	<1>	<2>	<3>	<4>	<5>	<6>	<7>	<8>	<9>	<10>	<11>	<12>	<13>	<14>	<15>
	2	4	2	2	3	4	2	1	1	3	3	1	3	4	4

[1] ② 부기는 기록, 계산하는 방법에 따라 단식부기와 복식부기로 분류된다. 복식부기는 일정한 원리나 원칙에 따라 현금이나 재화의 증감은 물론 손익의 발생을 조직적으로 기록, 계산하는 부기로 대차평균의 원리에 의하여 오류를 자동으로 검증하는 자기검증기능이 있다.

[2] ④ 선수수익

[3] ② 상품, 선급금, 현금, 당좌예금은 유동자산이다.

[5] ③ 출금거래는 현금이 나가는 거래.
현금은 통화(주화, 지폐)와 통화대용증권(타인발행수표, 자기앞수표 등)을 말한다.

[6] ④ 이익잉여금은 법인기업이 표시하는 항목이다.

[7] ② 단기매매증권 구입 시 수수료는 (판)수수료비용 계정으로 당기 비용 처리한다. 그러므로 취득원가는 600,000원이고 처분가액은 700,000원이어서 처분이익은 100,000원 계상된다.

[8] ① 재해손실, 잡손실만 영업외비용으로 이루어져 있다.

[9] ① 기말재고자산 과대평가 시 매출원가 과소계상, 당기순이익 과대계상

[10] ③ 선입선출법은 먼저 매입한 것이 먼저 판매되는 것이므로, 판매량 600개의 구성은 기초재고 50개, 5월10일 매입한 200개, 6월 25일 매입한 300개, 그리고 7월 15일 매입한 50개이다.
따라서 매출원가는 (50개×500원+200개×600원+300개×650원+50개×800원) = 380,000원이며, 기말재고자산가액은 (200개×800원) = 160,000원이다.

[11] ③ 210,000원 매출총이익-판매비와관리비(대손상각비)+영업외수익(이자수익)-영업외비용(기부금)= 당기순이익

[12] ① · 소모품 구입시 10.1. : (차) 소모품비 700,000원 (대) 현 금 700,000원
· 기말 결산시 12.31. : (차) 소 모 품 500,000원 (대) 소모품비 500,000원

[13] ③ 현금 및 현금성자산에는 현금, 당좌예금, 보통예금, 현금성자산, 소액현금 등이 포함된다. 그러므로 현금 120,000원, 보통예금 150,000원, 당좌예금 180,000원이 현금 및 현금성자산에 합산되어 기록된다.

[14] ④
① (차) 상품   1,000,000원   (대) 지급어음   1,000,000원
② (차) 상품   3,000,000원   (대) 받을어음   3,000,000원
③ (차) 외상매입금   5,000,000원   (대) 지급어음   5,000,000원
④ (차) 지급어음   6,000,000원   (대) 현금   6,000,000원

[15] ④ 상품 매출 시 발생한 운반비는 비용이다.

실 무 시 험

문제1

[답] 1. 대표자명 : 김정훈 -> 신민주로 수정 입력
  2. 업태 : 제조 -> 도,소매 로 수정입력
  3. 관할세무서 : '용인'세무서에서 -> '수원'세무서로 수정한다.

문제2

[답] 1. 전기분 재무상태표의 기말상품재고액 12,800,000원을 13,000,000원으로 수정후 전기분손익계산서 확인
  2. 전기분손익계산서의 여비교통비 54,000원을 540,000원으로 수정
  3. 전기분손익계산서의 광고선전비 680,000원 추가 입력

문제3

[1] ① 선급금: 수원상사 800,000원을 1,800,000원으로 수정한다.
       대전상사 1,700,000원을 700,000원으로 수정한다.
  ② 외상매입금: 국제상사 4,000,000원을 4,400,000원으로 수정한다.

[2] 계정과목 및 적요등록에서 판매비 및 일반관리비의 복리후생비(811)계정의 현금적요란의 9번에 추석선물대금지급이라고 입력한다.

문제4

[1] 7월 10일 일반전표입력
   (차) 건물 51,350,000원   (대) 보통예금 51,350,000원

[2] 8월 11일 일반전표입력

　(차) 장기대여금 30,000,000원(민국상사)　　　(대) 보통예금　28,000,000원
　　　　　　　　　　　　　　　　　　　　　　　　이자수익　2,000,000원

[3] 9월 2일 일반전표입력

　(차) 비품　500,000원　　　　　　　(대) 미지급금(연산냉난방기)　500,000원

[4] 9월 6일 일반전표입력

　(차) 당 좌 예 금　230,000원　　　(대) 받을어음(김해상점) 250,000원
　매출채권처분손실　20,000원

[5] 9월 18일 일반전표입력

　(차) 상품　　　3,000,000원　　　(대) 선급금(천안상사)　　500,000원
　　　　　　　　　　　　　　　　　보통예금　　　　　1,000,000원
　　　　　　　　　　　　　　　　　외상매입금(천안상사) 1,500,000원

[6] 9월 25일 일반전표입력

　(차) 급여(판) 2,000,000원　　　　(대) 예수금　　　　　198,150원
　　　　　　　　　　　　　　　　　보통예금　　　　1,801,850원

[7] 11월 19일 일반전표입력

　(차) 세금과공과(판) 365,000원　　　(대) 보통예금　　　365,000원

[8] 12월 13일 일반전표입력

　(차) 받을어음(현승상사)　4,800,000원　　(대) 상품매출　8,000,000원
　외상매출금(현승상사)　3,200,000원

문제5

[1] 7월 20일 일반전표수정

　<수정 전> (차) 외상매입금(대한상사) 2,000,000원　(대) 당좌예금 2,000,000원
　<수정 후> (차) 외상매입금(대한상사) 2,000,000원　(대) 현　　금 2,000,000원

[2] 9월 19일 일반전표수정

　<수정 전> (차) 비품　　　　1,500,000원　　(대) 보통예금 1,500,000원
　<수정 후> (차) 인 출 금　1,500,000원　　(대) 보통예금 1,500,000원

문제6

[1] 12월 31일 일반전표입력
   (차) 보통예금 5,500,000원   (대) 단기차입금(우리은행)   5,500,000원
[2] 12월 31일 일반전표입력
   (차) 감가상각비(판) 1,280,000원   (대) 감가상각누계액(기계장치)   680,000원
                                        감가상각누계액(차량운반구) 500,000원
                                        감가상각누계액(비품)   100,000원

[3] 12월 31일
   (차) 선급비용 700,000원   (대) 보험료(판) 700,000원

[4] 12월 31일 일반전표입력
   (결차) 상품매출원가   157,500,000원   (결대) 상품   157,500,00원
   상품매출원가 157,500,000원
     = 174,000,000원(시산표 또는 재무상태표의 상품잔액) − 16,500,000원(기말상
       품재고액)

문제7

[1] 118,610,230원
   [유동자산(162,785,230원)-유동부채(44,175,000원), 재무상태표 5월말 조회]

[2] 42,293,030원(월계표 조회)

[3] 8,500,000원(취득원가 10,000,000원, 감가상각누계액 1,500,000원)(재무상태표 조회)

이 론 시 험

다음 문제를 보고 알맞은 것을 골라 이론문제 답안작성 메뉴에 입력하시오.
(객관식 문항당 2점)

< 기 본 전 제 >

문제에서 한국채택국제회계기준을 적용하도록 하는 전제조건이 없는 경우, 일반기업회계
기준을 적용한다.

---

1. 다음 중 경영성과에 영향을 미치는 거래는?
① 외상매입금을 현금으로 지급하다.
② 외상매입금을 약속어음을 발행하여 지급하다.
③ 기업주 개인의 차입금을 기업이 대신 지급하다.
④ 차입금에 대한 이자를 현금으로 지급하다.

2. 다음 거래에 대한 결합관계를 바르게 나타낸 것은?

단기차입금 200,000원을 현금으로 지급하다.

① 자산의 증가 - 자산의 감소   ② 비용의 발생 - 자산의 감소
③ 부채의 감소 - 자산의 감소   ④ 부채의 감소 - 부채의 증가

3. 주어진 자료를 활용하여 빈 칸에 들어갈 금액을 계산하면?

기초자산	기초부채	기말자본	총수익	총비용
500,000원	200,000원	350,000원	250,000원	?

① 200,000원   ② 150,000원   ③ 100,000원   ④ 50,000원

4. 다음 중 빈 칸 안에 들어갈 (가), (나) 용어가 순서대로 되어 있는 것은?

발생한 거래 내역을 순서에 따라 장부에 분개하여 적는 장부를 (가)라 하고, 이러한 거래를 계정과목별로 기록, 계산, 요약하는 장부를 (나)라 한다.

	(가)	(나)		(가)	(나)
①	현금출납장	분개장	②	총계정원장	분개장
③	분개장	매출처원장	④	분개장	총계정원장

5. 다음 중 시산표에서 발견할 수 있는 오류는 무엇인가?
① 차변과 대변에 같이 틀린 금액으로 분개나 전기한 경우
② 금액은 동일하게 기입하였으나 차변과 대변 계정을 반대로 전기한 경우
③ 차변과 대변 어느 한쪽의 전기를 누락한 경우
④ 거래 전체의 분개나 전기가 누락된 경우

6. 다음 중 현금성자산에 해당되는 것은?
① 취득당시 만기가 3개월 이내인 정기예금
② 국고송금통지서
③ 배당금영수증
④ 우편환증서

7. 다음의 설명과 관련한 계정과목으로 옳은 것은?

(가) 상품 매출대금을 조기에 수취함에 따라 대금의 일부를 깎아주는 것
(나) 매출한 상품에 결함이 있어 상품을 회수하는 것

① (가) 매출할인 (나) 매출환입 ② (가) 매출환입 (나) 매출할인
③ (가) 매출할인 (나) 매출에누리 ④ (가) 매출에누리 (나) 매출환입

8. 다음 중 매출채권(A)과 매입채무(B)로 옳게 짝지어진 것은?
① (A) 단기대여금 (B) 지급어음   ② (A) 받을어음 (B) 외상매입금
③ (A) 지급어음   (B) 단기차입금 ④ (A) 받을어음 (B) 단기차입금

9. 당해연도 1월 1일에 취득원가가 5,000,000원이고, 잔존가치가 500,000원, 내용년수가 5년인 유형자산을 취득한 경우 연간 감가상각비는 얼마인가?(단, 유형자산의 감가상각방법은 정액법을 적용한다)
① 1,000,000원   ② 900,000원   ③ 800,000원   ④ 500,000원

10. 다음 자료에서 비유동부채 금액은?

• 외상매입금 : 6,000,000원	• 미지급비용 : 1,000,000원
• 장기차입금 : 2,000,000원	• 퇴직급여충당부채 : 5,000,000원

① 5,000,000원   ② 7,000,000원   ③ 8,000,000원   ④ 11,000,000원

11. 기말 결산 시 당기에 미지급된 이자비용을 반영하지 않은 오류가 발견되었다. 당기 재무제표에 미치는 영향으로 옳은 것은?
① 부채의 과소계상
② 순이익의 과소계상
③ 비용의 과대계상
④ 수익의 과소계상

12. 다음 중 분개 시 차변에 기입해야 하는 계정과목은?

결산일까지 현금시재 부족액 5,000원의 원인이 밝혀지지 않았다.

① 잡손실   ② 재해손실   ③ 현금   ④ 현금과부족

13. 다음 기말 결산정리사항 중 "수익과 비용의 발생"에 해당하는 것으로 짝지어진 것은?
① 임대료 선수분 계상 및 임차료 선급분 계상
② 임대료 선수분 계상 및 임차료 미지급분 계상
③ 임대료 미수분 계상 및 임차료 선급분 계상
④ 임대료 미수분 계상 및 임차료 미지급분 계상

14. 다음의 자료를 토대로 기말에 대손상각비로 추가로 계상할 금액은 얼마인가?(대손충당금은 보충법 적용)

• 기초 매출채권에 대한 대손충당금 잔액은 200,000원이다.
• 3월 3일 거래처의 파산으로 매출채권 250,000원이 회수불능되었다.
• 기말 매출채권 잔액 25,000,000원에 대해 1%의 대손을 설정하다.

① 50,000원   ② 100,000원   ③ 200,000원   ④ 250,000원

15. 다음 상품 자료에서 선입선출법으로 9월 말의 월말 재고액을 계산하면?

• 9/1 월초재고액 : 10개 @₩1,000	• 9/15 매입액 : 10개 @₩800
• 9/23 매출액 : 8개 @₩1,500	• 9/25 매입액 : 5개 @₩700

① 12,500원   ② 13,000원   ③ 13,500원   ④ 15,600원

실 무 시 험

수기상사(코드번호:0744)는 의료기기를 판매하는 개인기업이다. 당기(제7기) 회계기간은 2017.1.1.~2017.12.31.이다. 전산세무회계 수험용 프로그램을 이용하여 다음 물음에 답하시오.

─────────── < 기 본 전 제 > ───────────

문제에서 한국채택국제회계기준을 적용하도록 하는 전제조건이 없는 경우, 일반기업회계기준을 적용하여 회계처리 한다.

문제1　다음은 수기상사의 사업자등록증이다. 회사등록메뉴에 입력된 내용을 검토하여 누락분은 추가입력하고 잘못된 부분은 정정하시오(주소입력시 우편번호는 입력하지 않아도 무방함).(6점)

사 업 자 등 록 증

(일반과세자)

등록번호 : 123-03-85375

상　호　명 : 수기상사
대　표　자　명 : 안정수
개 업 연 월 일 : 2011. 1. 23
사업장소재지 : 경기도 안양시 만안구 안양로 125(안양동)
사업자의 종류 : 업태 도소매　　종목 의료기기

사업자 단위 과세 적용사업자 여부 : 여( ) 부(√)
전자세금계산서 전용 전자우편 주소 :

2011년 1월 23일

안양세무서장

 국세청
NATIONAL TAX SERVICE

다음은 수기상사의 전기분 재무상태표이다. 입력되어 있는 자료를 검토하여 오류부분은 정정하고 누락된 부분은 추가 입력하시오.(6점)

재 무 상 태 표

회사명 : 수기상사　　　　　　제6기　2016.12.31. 현재.　　　　　(단위 : 원)

과　목	금　액		과　목	금　액
현　　　　　금		50,000,000	외 상 매 입 금	45,000,000
당 좌 예 금		40,000,000	지 급 어 음	20,000,000
보 통 예 금		30,000,000	선 　 수 　 금	10,000,000
외 상 매 출 금	66,000,000		단 기 차 입 금	50,000,000
대 손 충 당 금	660,000	65,340,000	자 　 본 　 금	189,040,000
받 을 어 음	30,000,000		(당기순이익	
대 손 충 당 금	300,000	29,700,000	: 15,000,000)	
상　　　　　품		80,000,000		
비　　　　　품	20,000,000			
감가상각 누계액	1,000,000	19,000,000		
자산총계		314,040,000	부채와 자본총계	314,040,000

다음 자료를 이용하여 입력하시오.(6점)

[1] 신규거래처인 수암의료기㈜와 경동헬스㈜를 거래처등록메뉴에 추가등록 하시오.(단, 사업장 소재지 입력 시 우편번호 입력은 생략하고 직접 입력할 것)(3점)

수암의료기㈜ (코드:03084)	• 대표자명 : 장병희　• 사업자등록번호 : 218-81-19448 • 거래처유형 : 매입 • 사업장소재지 : 충청북도 청주시 서원구 예체로 68 • 업태/종목 : 도소매/의료기기
경동헬스㈜ (코드:05016)	• 대표자명 : 이경동　• 사업자등록번호 : 221-81-54306 • 거래처유형 : 매출 • 사업장소재지 : 대전광역시 서구 둔산남로 181 • 업태/종목 : 도소매/의료기기

[2] 수기상사의 거래처별 초기이월 채권과 채무잔액은 다음과 같다. 자료에 맞게 추가입력이나 정정 및 삭제하시오.(3점)

계정과목	거래처	잔액	계
외상매출금	원 봉 상 점	25,800,000원	66,000,000원
	분 평 상 사	18,700,000원	
	휴먼사랑㈜	21,500,000원	
지급 어음	신봉의료기	12,400,000원	20,000,000원
	복대헬스㈜	5,500,000원	
	사천건강㈜	2,100,000원	

문제4 다음 거래 자료를 일반전표입력 메뉴에 추가 입력하시오.(24점)

< 입력 시 유의사항 >

· 적요의 입력은 생략한다.
· 부가가치세는 고려하지 않는다.
· 채권·채무와 관련된 거래처명은 반드시 기 등록되어 있는 거래처코드를 선택하는 방법으로 거래
  처명을 입력한다.
· 회계처리시 계정과목은 등록되어 있는 계정과목 중 가장 적절한 과목으로 한다.

[1] 7월 16일 판매부서 건물의 엘리베이터 설치비 30,000,000원과 외벽 방수공사비 5,000,000원을 보통예금으로 지급하다.(단, 엘리베이터 설치비는 건물의 자본적 지출, 외벽 방수공사비는 수익적 지출로 처리함)(3점)

[2] 7월 29일 회사의 건물 취득 시 취득원가 75,000,000원과 취득세 2,000,000원 및 기타매입제비용 300,000원을 모두 보통예금으로 지급하다.(3점)

[3] 8월 5일 영업부서의 직원들이 사용할 필기구 등 사무용품 230,000원을 나라문구로부터 구입하고 신용카드(비씨카드)로 결제하였으며, 다음과 같은 신용카드전표를 받고 비용계정으로 처리하다.(3점)

```
단말기번호
8002124739                    120524121234
카드종류
비씨카드                        신용승인
회원번호
1111-2222-3333-4444
거래기간
2017/08/05 13:52:46
일반
일시불                          판매금액      230,000
                              합  계        230,000
대표자
이상수
사업자등록번호
123-09-53792
가맹점명
나라문구
가맹점주소
경기 안양 만안 박달동            서명

                                            Ahn
```

[4] 8월 18일 폭우로 인한 자연재해 피해자를 돕기 위해 현금 200,000원을 연제구청에 지급하다.(3점)

[5] 9월 30일 수동상사의 외상매입금 350,000원에 대하여 당좌수표를 발행하여 지급하다.(3점)

[6] 10월 10일 당사 보통예금통장에 50,000원이 입금 되었으나 그 내역을 알 수 없다.(3점)

[7] 10월 23일 다음의 휴대폰 이용요금 영수증을 수령하고 납부해야할 총 금액을 현금으로 지급하다.(3점)

기본내역	
휴대폰서비스이용요금	19,526
기본료	16,000
국내이용료	3,636
메세지이용료	60
할인 및 조정	-170
기타금액	4,764
당월청구요금	24,290
미납요금	0
납부하실 총 금액	24,290

[8] 11월 5일 사업주가 업무와 관련없이 사업주 개인용도로 사용하기 위해 신형 노트북 990,000원을 구매하고 회사 비씨카드(신용카드)로 결제하다.(3점)

문제5

일반전표입력메뉴에 입력된 내용 중 다음과 같은 오류가 발견되었다. 입력된 내용을 확인하여 정정 또는 추가입력 하시오.(6점)

[1] 8월 1일 화물트럭 구입 시 부담한 취득세 500,000원을 세금과공과금으로 처리하였음을 확인하였다.(3점)

[2] 10월 18일 우리은행으로부터 차입한 차입금 10,000,000원은 10개월 뒤 상환조건으로 차입하면서 선이자 200,000원을 차감한 금액을 보통예금 계좌로 이체받은 것으로 확인되었다.(단, 선이자는 비용으로 처리한다)(3점)

다음의 결산정리사항을 입력하여 결산을 완료하시오.(12점)

[1] 결산일 현재 현금실제액보다 현금장부잔액이 85,000원 많은 것으로 확인된다.(3점)

[2] 결산일 현재 장부에 계상되지 않은 당기분 임대료(영업외수익)는 300,000원이다.(3점)

[3] 소모품 구입 시 비용으로 처리한 금액 중 기말 현재 미사용한 금액은 150,000원이다.(3점)

[4] 매출채권(외상매출금, 받을어음) 잔액에 대하여 1%의 대손충당금을 보충법으로 설정하다.(3점)

문제7 다음 사항을 조회하여 답안을 │ 이론문제 답안작성 │ 메뉴에 입력하시오.(10점)

[1] 3월의 당좌수표 발행액은 총 얼마인가?(3점)

[2] 1월 1일부터 6월 30일까지 발생한 복리후생비 금액은 얼마인가?(3점)

[3] 4월 말 현재 외상매입금 잔액이 가장 많은 거래처의 금액은 얼마인가?(4점)

이 론 시 험

A형	<1>	<2>	<3>	<4>	<5>	<6>	<7>	<8>	<9>	<10>	<11>	<12>	<13>	<14>	<15>
	4	3	1	4	3	1	1	2	2	2	1	1	4	4	3

[1] ①,②,③ 교환거래, ④ 손익거래(이자비용)

[2] ③ 단기차입금-부채, 현금-자산에 해당하며 단기차입금과 현금이 둘다 감소한 경우이다.

[3] ① 기말자본은 기초자본에서 당기순이익을 더하여 계산한다. 총비용 = 기초자본(300,000원) + 총수익(250,000원) - 기말자본(350,000원) = 200,000원.

[5] ③ 시산표는 대차평균의 원리에 의하여 총계정원장까지의 전기가 올바르게 되었는지 확인하기 위하여 작성하는 계정집계표이다. 그러므로 차변과 대변금액이 다를 경우 확인이 가능하다.

[6] ① 현금성자산은 당기손익인식금융자산으로 취득 당시에 만기 또는 상환일이 3개월 이내에 도래하는 것을 말한다. 국고송금통지서, 배당금영수증, 우편환증서는 통화대용증권으로 현금계정으로 처리한다.

[8] ② 매출채권(받을어음, 외상매출금), 매입채무(지급어음, 외상매입금)

[9] ② 정액법에 의한 감가상각비는 취득가액에서 잔존가치를 차감한 금액을 내용년수로 나눈 금액이다. 따라서 감가상각비는 (5,000,000원 - 500,000원) ÷ 5년 = 900,000원이다.

[10] ② 7,000,000원 = 2,000,000원(장기차입금) + 5,000,000원(퇴직급여충당부채)

[11] ① 비용의 예상에 해당되므로 당기의 비용에 가산하고 미지급비용으로 회계처리한다. 즉 (차) 이자비용 (대) 미지급비용이므로 비용의 과소계상과, 부채의 과소계상이 발생한다. 또한 비용의 과소계상으로 순이익은 과대계상된다.

[13] ④ "발생"은 당해연도에 인식하지 않은 수익이나 현금으로 지급하지 않은 비용 중 당기에 속하는 수익과 비용을 의미함

[14] ④ 기초에 설정한 대손충당금을 3월 3일 대손처리에서 모두 사용하였으므로, 기말에 대손충당금을 전액25,000,000*1%=250,000원을 새로 보충해야함. 따라서 250,000원을 대손상각비로 계상함.

[15] ③ 월말재고액 (9/1 2개*@₩1,000) + (9/15 10개* @₩800) + (9/25 5개*@₩700) = 13,500원

실 무 시 험

문제1

[답] ① 사업자등록번호: 123-08-85376 → 123-03-85375
② 대표자명: 김정수 → 안정수
③ 사업장관할세무서: 동수원 → 안양

문제2

[답] ① 현금 : 5,000,000원을 50,000,000원으로 수정입력
② 대손충당금(외상매출금) : 66,000원을 660,000원으로 수정입력
③ 단기차입금 : 50,000,000원 추가입력

문제3

[1] 수암의료기㈜(03084)와 경동헬스㈜(05016)를 제시한 대로 입력
[2] 1. 거래처별초기이월 메뉴 108.외상매출금의 원봉상점 잔액을 5,800,000원에서 25,800,000원으로 수정
2. 252.지급어음계정의 사천건강(주) 2,100,000원을 추가 입력

문제4

[1] 7월 16일 일반전표입력
(차) 건 물   30,000,000원   (대) 보통예금   35,000,000원
수선비(판)   5,000,000원

[2] 7월 29일 일반전표입력

    (차) 건물   77,300,000원   (대) 보통예금   77,300,000원

[3] 8월 5일 일반전표입력

    (차) 사무용품비(판) 230,000원   (대) 미지급금(비씨카드)   230,000원

        또는 소모품비(판)   또는 미지급비용(비씨카드)

[4] 8월 18일 일반전표입력

    (차) 기부금   200,000원   (대) 현금   200,000원

    또는, 출금전표 기부금 200,000원

[5] 9월 30일 일반전표입력

    (차) 외상매입금(수동상사) 350,000원   (대) 당좌예금   350,000원

[6] 10월 10일 일반전표입력

    (차) 보통예금   50,000원   (대) 가 수 금   50,000원

[7] 10월 23일 일반전표입력

    (차) 통신비(판)   24,290원   (대) 현금   24,290원

[8] 11월 5일 일반전표입력

    (차) 인출금   990,000원   (대) 미지급금(비씨카드)   990,000원

문제5

[1] 8월 1일 일반전표입력

    <수정 전> (차) 세금과공과(판)   500,000원   (대) 현 금   500,000원

    <수정 후> (차) 차량운반구   500,000원   (대) 현 금   500,000원

[2] 10월 18일 일반전표입력

    <수정 전> (차) 보통예금 10,000,000원 (대) 장기차입금(우리은행) 10,000,000원

    <수정 후> (차) 보통예금 9,800,000원 (대) 단기차입금(우리은행) 10,000,000원

                이자비용   200,000원

[1] 12월 31일 일반전표입력 (차) 잡 손 실 85,000원 (대) 현 금 85,000원

[2] 12월 31일 일반전표입력 (차) 미수수익 300,000원 (대) 임대료(904) 300,000원

[3] 12월 31일 일반전표입력 (차) 소 모 품 150,000원 (대) 소모품비(판) 150,000원

[4] 12월 31일 일반전표입력
  (차) 대손상각비(판) 1,602,200원   (대) 109.대손충당금 1,460,000원
                                        111.대손충당금   142,200원
  외상매출금: 212,000,000원 × 1% - 660,000원 : 1,460,000원
  받을어음 : 44,220,000원 × 1% - 300,000원 : 142,200원

문제7

[1] 3,000,000원 (계정별원장 → 당좌예금계정 대변 월계액)

[2] 3,895,200원(계정별원장 조회)

[3] [답] 85,292,490원 (거래처원장 : 외상매입금 조회)

저자 소개

오은해
• 영남대학교 경영학 박사
• 현 대구한의대학교 통상경제학부 교수

■ 주요저서
• 경영과컴퓨터, 마인드탭, 2017.02.10.
• ERP 회계정보관리사, 마인드탭, 2015.08.20.
• 세무회계, 도서출판 글밭, 2015.01.10.
• 세무회계정보시스템, 한올출판사, 2014.03.05.
• Ebay Sales Manager, PnC미디어, 2014.01.30.
• 회계정보시스템 KcLep, 한올출판사, 2013.08.30.
• 1인 창조기업, 피앤씨미디어, 2013.03.02.
• 부가가치세의 이해, 대구한의대학교 출판부, 2013.02.20.
• on-line market place 소호(SOHO) 창업, 도서출판 대명, 2012.02.15.

NCS 기반 **재무 실무**

2018년 3월 10일 초판1쇄 인쇄
2018년 3월 15일 초판1쇄 발행

저 자   오 은 해
펴낸이   임 순 재
펴낸곳   **(주)한올출판사**
등록 제11-403호
121 - 849
주   소 서울시 마포구 모래내로 83(성산동, 한올빌딩 3층)
전   화 (02)376-4298(대표)
팩   스 (02)302-8073
홈페이지 www.hanol.co.kr
e-메 일 hanol@hanol.co.kr
ISBN 979-11-5685-641-2